AF547046

Der Krieg gegen das Gold

Das vorliegende Buch Der Krieg gegen das Gold, das im Jahr 1977 im kalifornischen Verlag '76 Press erschienen ist, liegt hier erstmals in deutscher Übersetzung vor. Alle Angaben in diesem Buch beziehen sich demnach auf das Jahr 1977 und früher.

1. Auflage Mai 2024

Titel der amerikanischen Originalausgabe: *The War on Gold*

Übersetzung aus dem Amerikanischen: Collin McMahon
Lektorat: Barbara Allgeier
Satz und Layout: Mohn Media Mohndruck GmbH, Gütersloh
Umschlaggestaltung: Nicole Lechner

ISBN: 978-3-98992-004-0

Gerne senden wir Ihnen unser Verlagsverzeichnis
Kopp Verlag
Bertha-Benz-Straße 10
72108 Rottenburg
E-Mail: info@kopp-verlag.de
Tel.: (0 74 72) 98 06-10
Fax: (0 74 72) 98 06-11

Unser Buchprogramm finden Sie auch im Internet unter:
www.kopp-verlag.de

Antony C. Sutton

Der Krieg gegen das Gold

KOPP VERLAG

Inhaltsverzeichnis

TEIL 1: Die Lehren der Geschichte

TEIL 2: Gold gegen Papier

Tabellen und Grafiken

Vorwort des Autors

Ich möchte mich bei all jenen bedanken, die mir mit ihren Ideen, ihrer Begeisterung und ihrer Sachkunde geholfen haben.

In den USA: Bob Markle, mein ehemaliger Redakteur, der ein Buch zum Thema Gold vorgeschlagen hat; Jim Foley, Pilot bei Pan Am, der mir zum ersten Mal vom »barbarischen Relikt« erzählt hat; Jim Blanchard III., der mir paketeweise Informationen zum Gold per Expresskurier geschickt hat, und Charles van Niekerk für seine Übersetzung der Rede von Paramount-Chef Matanzima.

In England: William Rees-Mogg, Chefredakteur der *Times*, für die aufschlussreiche Unterhaltung.

In Südafrika: Der ehemalige Finanzminister John E. Holloway; der Geschäftsführer der Südafrikanischen Nationalbank, C. L. Stals; der Chef von Valiant Press in Sandton City; F. R. »Red« Metrovich, für seine praktische Unterstützung; und Gail Crous, Kapstadt, für die Zeitungsausschnitte.

Und schließlich '76 Press, vor allem Gary Allen und Wallis »Chip« Wood, die mit großer Effizienz aus meinem Manuskript ein Buch gemacht haben.

Vielen Dank an diese und alle, die beim Entstehen dieses Buches geholfen haben! Alle Argumente und Fehler sind meine eigenen.

November 1976

Antony C. Sutton

Vorwort zur deutschen Ausgabe

Gold ist ein faszinierendes Element. Mit 79 Protonen und 118 Neutronen gehört es zu den schwersten Elementen im Periodensystem und schon seine Entstehung ist einem der spektakulärsten Ereignisse zu verdanken, die das Universum zu bieten hat: Eine Supernova reicht dafür nicht aus, weil selbst ihr Energieniveau zu niedrig ist. Zwei Neutronensterne müssen kollidieren für ein Feuerwerk, das groß genug ist, Gravitationswellen durch das gesamte Weltall zu schicken.

Gold begleitete die Menschheit vom Anbeginn der Zivilisation an und das ist kein Zufall, denn Zivilisation kann nur entstehen, wenn die Produktivität der Menschen einen gewissen Schwellenwert überschreitet. Dieser Schwellenwert erfordert ein Mindestniveau an Wissenschaft und Technik, die sich durch Innovation in den Produktionsprozess integriert. Das wiederum kann nur erreicht werden in einer arbeitsteiligen Organisation der Produktion, die es den Menschen ermöglicht, sich zu spezialisieren.

Um arbeitsteilig produzieren zu können, müssen die Menschen Waren und Dienstleistungen tauschen können, und zwar zu geringen Transaktions- und Suchkosten. Und genau an dieser Stelle kommt das Gold ins Spiel, denn eine so beschaffene Tauschwirtschaft benötigt ein Tauschmedium, auch bekannt als Geld.

Geld muss, um diese Tauschfunktion erfüllen zu können, bestimmte Eigenschaften aufweisen: Es muss knapp sein, damit es eine Wertaufbewahrungsfunktion einnehmen kann. Wer etwas gegen Geld verkauft, der erwartet, dass er mit diesem Geld später auch noch etwas kaufen kann und nicht, dass es kurze Zeit später wertlos wird. Nur ein knappes Gut wie Gold kann das leisten. Es muss außerdem von allen gleichermaßen begehrt werden. Gold leistet auch das, weil es schön anzusehen ist. Wie drückte es Gert Fröbe in seiner legendären Rolle als »Goldfinger« aus: »Ich habe das Gold schon immer geliebt. Seinen Glanz, seine göttliche Schwere.«

Geld muss beliebig teilbar sein, damit große und kleine Käufe getätigt werden können. Auch das leistet Gold aus physikalischen Gründen. Man kann aus 12 Kilogramm Gold einen Faden herstellen, der den gesamten Äquator der Erde mit 40 000 Kilometern umspannt.

Indem Gold zum Geld wurde, ermöglichte es den Beginn der Tauschwirtschaft zwischen den Menschen und damit ihre Spezialisierung sowie die zuerst langsame, dann immer schnellere Steigerung der Produktivität durch den wissenschaftlichen und technischen Fortschritt, der die Menschheit aus der Steinzeit in die lichten Höhen einer hochtechnologischen Zivilisation katapultierte.

Seit Anbeginn dieser Erfolgsgeschichte gab es Teilnehmer, die den für diesen Wohlstand erforderlichen persönlichen Preis in Form von Fleiß, Wettbewerb, ehrlicher Arbeit und kaufmännischen Tugenden einer freien und freiwilligen Tauschwirtschaft nicht bezahlen wollten. Sie wollten die Früchte genießen, aber nicht ihren Beitrag leisten. Sie verlegten sich lieber darauf, das wachsende Wesen einer arbeitsteiligen Wirtschaft parasitär auszubeuten. Sie vermischten Gold und Silber mit weniger edlen Metallen, streckten so die Geldbasis und verschafften sich auf Kosten ihrer Handelspartner einen unredlichen, weil betrügerischen Vorteil. Ein Betrug dieser Art kann umso erfolgreicher betrieben werden, je mächtiger und reicher ein solcher »Parasit« ist. Deshalb ist es nicht verwunderlich, dass es Könige und Herrscher – kurz der Staat – waren, die sich darauf verlegten, dieses Spiel auf die Spitze zu treiben. Sie erklärten dem Gold in seiner reinen, zuverlässigen und ehrlichen Form den Krieg, und das taten sie bereits vor Jahrtausenden.

Natürlich ist Gold selbst gar nicht die »Partei«, die betrogen wird, es ist ja nur ein chemisches Element ohne subjektiven Willen. Das Ziel des Krieges gegen das Gold sind vielmehr die Menschen, die einer harten und ehrlichen Arbeit nachgehen, Dinge produzieren, die alle wollen und die dann mit einem verdünnten Betrugsgeld bezahlt werden. Der Krieg gegen das Gold ist daher in Wahrheit ein

Krieg gegen die Menschen. Und weil es nur sehr wenige sind, die davon profitieren, aber 99,99 Prozent der Menschen auf der Verliererseite stehen, ist der Krieg gegen das Gold eigentlich ein Krieg gegen die Menschheit.

Dieser Krieg nahm unterschiedliche Formen an. Im Römischen Reich kam es beispielsweise zwischen 50 und 250 n. Chr. zur Ära der Münzverschlechterung. Der Silbergehalt des römischen Denars sank von 99,5 Prozent auf zuletzt 1,5 Prozent. Eigentlich war es nur noch eine Kupfermünze mit einer Silberbeschichtung, die den Anschein aufrechterhalten sollte. Die resultierende Inflation zerstörte das Weströmische Reich. Die Verarmung der Mittelschicht, die Schwächung der Produktivkräfte, die Dekadenz der Reichen und der Verfall der Verteidigungsfähigkeit gegen die Horden der Barbaren gingen dabei Hand in Hand.

Der Turbolader im Krieg gegen das Gold kam mit der Erfindung des Papiergeldes im 11. Jahrhundert durch die Chinesen. Kublai Khan machte das Papier zum alleinigen Zahlungsmittel und verbot den privaten Besitz von Gold. Damit legte er den Grundstein für eine Hyperinflation, die nach seinem Tod das Chinesische Reich ins Chaos stürzte.

Seitdem haben wir 500 Hyperinflationen gesehen, die Länder, Reiche, ja ganze Zivilisationen in den Untergang geführt haben. In fast jedem Fall ging der Kollaps mit Gewalt, Massenmord, oft sogar mit Völkermord einher. Keine einzige Papierwährung hielt länger als 100 Jahre, die meisten sind nach 50 Jahren am Ende, schlecht konstruierte Papierwährungen nach 25 Jahren. Manche sind so zerstörerisch, dass sie bereits Monate nach ihrer Einführung das gesellschaftliche und wirtschaftliche Chaos auslösen, wie die Assignaten-Inflation im revolutionären Frankreich der Jahre 1791 bis 1794. Sie führte bereits nach wenigen Monaten zur Hochinflation, die Annahme des Geldes musste unter Androhung der Todesstrafe durchgesetzt werden.

Der Krieg gegen das einzig wahre Geld, das Gold, wird unter allerlei Manipulation und Propaganda geführt. Man erzählt uns, dass das Papiergeld ein zivilisatorischer Fortschritt sei. Es gebe eine Evolution vom Metall zum Papier, dann zum elektronischen Geld und jetzt als Nächstes zum digitalen Zentralbankgeld. Man schafft Krisen, um den Menschen die Notwendigkeit eines »letztinstanzlichen Kreditgebers« einzureden, und behauptet, Papiergeld oder eine nur fraktionelle Golddeckung schaffe die notwendige »Flexibilität«, um Finanzkrisen zu lösen, aber in Wahrheit geht es um eine andere Form der Flexibilität: die Finanzierung politischer Wünsche der Regierung – von Sozialprogrammen, Wahlgeschenken und Bürokratiewachstum bis hin zur Finanzierung des totalen Krieges.

All das erfordert, dass Gold als Geld verdrängt, verteufelt, als antikes Relikt gebrandmarkt und idealerweise verboten werden muss. All das erfordert einen Krieg gegen das Gold.

Die letzten 150 Jahre haben den Krieg gegen das Gold daher auch historisch geprägt. Kurz vor Ausbruch des Ersten Weltkrieges kam es 1913, welch Zufall, zur Gründung der Federal Reserve, der Zentralbank der Vereinigten Staaten. Sie ist entgegen dem Glauben der Mehrheit der Menschen keine Behörde, auch wenn das Wort »Federal«, also Bundeseinrichtung, das suggerieren soll. Vielmehr ist sie eine private Bank im Eigentum der amerikanischen Finanzoligarchie mit dem exklusiven, also monopolistischen »Recht«, Geld zu drucken, und sie ist mit weiteren Privilegien ausgestattet, wie der Überwachung des gesamten Finanzwesens. Antony C. Sutton berichtet über diesen korrupten Akt detailliert in seinem Werk *The Federal Reserve Conspiracy*. Als 1914 in Europa der Krieg ausbrach, war es die allererste Maßnahme der Mächtigen, die Golddeckung ihrer Währungen mit einem Federstrich abzuschaffen. Damit war dem Fiatgeld, der Schaffung von Geld aus dem Nichts, der Weg geebnet. Nur diese Maßnahme ermöglichte die Finanzierung des totalen Krieges. Millionen Menschen wurden auf dem Altar dieses Geldes in den Schützengräben geopfert.

Eines der Resultate war die Hyperinflation im Deutschen Reich mit einer Spitzeninflation von 2400 Quadrillionen Prozent im November 1923. Im Zweiten Weltkrieg wiederholte sich das Spiel, aber die Zerstörung und das menschliche Leid wurden nochmal um den Faktor 10 gesteigert.

Die nach dem Zweiten Weltkrieg versuchsweise wieder eingeführte Goldbindung der Währungen scheiterte 1971 an den kumulierten Kosten der Kriege in Korea und Vietnam und dem Wettrüsten der Supermächte.

Papier ist die Währung des Krieges, Gold ist die Währung des Friedens. Das ist der tiefere Grund des Krieges gegen das Gold. Es ist der Krieg der Kriegstreiber gegen das eigene Volk.

März 2024

Dr. Markus Krall

Glossar

Begriffe, die von Marktmanipulatoren verwendet werden und was sie wirklich bedeuten.

Begriff der Marktmanipulatoren	Tatsächliche Bedeutung in diesem Buch
Vertrauenskrise	Wenn die Menschen feststellen, dass sie von Politikern und Bürokraten betrogen wurden.
Bankansturm	Wenn die Menschen feststellen, dass sie von Bankern betrogen wurden.
Wertloses »barbarisches« Relikt	Gold.
Dollarnote der Federal Reserve	Ein viereckiger Zettel, circa 15,25 x 6,35 Zentimeter, mit grüner und schwarzer Tinte und der Aufschrift bedruckt: »Dieser Geldschein ist gesetzliches Zahlungsmittel für alle Schulden, öffentlich oder privat«. Das Federal Reserve System hält das Monopol auf den Druck dieser Scheine.
Echtes Geld	Papier-Fiatwährung, die von einem staatlichen oder privaten Monopol herausgegeben wird, oder Metallmünzen (historisch als entwertete Münzen bekannt).
Gesetzliches Zahlungsmittel	Ein viereckiger Zettel, circa 15,25 x 6,35 Zentimeter, mit grüner und

schwarzer Tinte und der Aufschrift bedruckt: »Dieser Geldschein ist gesetzliches Zahlungsmittel für alle Schulden, öffentlich oder privat«.

»Special Drawing Rights«
Künstliche Währung oder Spielgeld; keine physischen Eigenschaften; wird nach Belieben in einem IBM-Computer erschaffen.

Gnome von Zürich
Bankiers in Zürich, die oft stark in liquiden Wertanlagen wie Gold und Silber investiert haben; schützen die Privatsphäre und das Eigentum ihrer Kunden.
Siehe Verantwortungsbewusste Banker.

Verantwortungsbewusste Banker
New Yorker Bankiers, die oft stark in New Yorker Stadtanleihen, REITs, Penn Central Eisenbahn, Lockheed, W. T. Grant und anderen »Dow Jones«-Wertpapieren investiert haben.
Siehe Gnome von Zürich.

Spekulanten
Menschen, die den Markt beobachten und darauf reagieren.
Siehe Finanzbeamte.

Finanzbeamte
Beamte, die den Markt beobachten und darauf reagieren.

Gold horten
Wenn Privatleute ihr Vermögen sicher (üblicherweise in Gold) investieren.
Siehe Reserven.

(Gold-)Reserven	Wenn Regierungen ihr Vermögen sicher investieren. Siehe Gold horten.
Mysterium	Das Vertrauen einzelner Privatleute in Gold als Wertanlage.
Amtliches Eingreifen in den Goldmarkt	Goldverkäufe des US-Finanzministeriums, um den Goldpreis zu drücken. Siehe Spekulation am Goldmarkt.
Spekulation am Goldmarkt	Goldkäufe oder -verkäufe durch einzelne Privatleute, die einen steigenden oder fallenden Goldpreis erwarten. Siehe Amtliches Eingreifen in den Goldmarkt.

Begriffe auf der schwarzen Liste des US-Finanzministeriums (die unter keinen Umständen verwendet werden sollten)

Assignate	Wertlose französische Papierwährung
Mandat	Wertlose französische Papierwährung
Kontinentaldollar	Wertlose amerikanische Papierwährung
Konföderiertendollar	Wertlose amerikanische Papierwährung
Papierpfund 1791–1820	Wertlose englische Papierwährung
Ungarischer Pengo	Wertlose ungarische Papierwährung

KAPITEL 1

Warum Gold?

»Kein Bundesstaat darf [...] Münzen prägen, Banknoten ausgeben, etwas anderes als Gold- oder Silbermünzen zum gesetzlichen Zahlungsmittel erklären [...].«

Die Verfassung der Vereinigten Staaten, Artikel 1, Absatz 10

Im Mai 1973 lasen Investmentmanager, Regierungsbeamte, Zentralbanker, Wirtschaftswissenschaftler und Politiker auf der ganzen Welt in der Zeitung, dass der Goldpreis auf dem freien Markt in London die fast unvorstellbare Schwelle von 100 US-Dollar pro Unze durchbrochen habe. Auf dem offiziellen Regierungsmarkt betrug der amtlich festgelegte Goldpreis 42,22 Dollar pro Unze. Die »professionellen« Geldmanager in Washington hielten in ihren primitiven Wahnvorstellungen sogar diesen Preis von 42,22 Dollar für zu hoch.

Es muss eine unangenehme Überraschung für die professionellen Geldmanager gewesen sein. Seit Jahrzehnten hatten sie in wissenschaftlichen Artikeln und Vorträgen behauptet, Gold sei nur ein veraltetes Erbe aus grauer Vorzeit, ein »barbarisches Relikt«, wie Lord Maynard Keynes sagte. In unserer modernen Welt aus Computern und Wirtschaftsexperten mit MBA-Abschlüssen war Gold für unsere

»gelenkten« Volkswirtschaften unnötig geworden. Das behaupteten sie jedenfalls.

Die damaligen Wirtschaftsexperten waren sich alle sicher, dass Gold keine Zukunft mehr hatte. Die Wirtschaftsexpertin der *New York Post*, Sylvia Porter, war überzeugt, dass die Rolle des Goldes

> [...] eine geringe sein wird. Diese Rolle wird immer kleiner werden, in den kommenden Jahren wird das Gold immer weiter aus dem Wirtschaftssystem verdrängt werden. Dieser Prozess begann im Prinzip mit dem Wirtschaftsgipfel von Genua 1922.[1]

Doch plötzlich durchbrach das Gold den unvorstellbaren Preis von 100 Dollar pro Unze. Eine solche Preissteigerung hatten Terminkontrakte auf Schweinebäuche oder Holz nur selten vorzuweisen.

Die etablierten Medien und die Wirtschaftspresse der USA machten gute Miene zum bösen Spiel. *Business Week* schrieb, Gold sei immer noch dem Untergang geweiht, aber offensichtlich hatten viele Menschen einfach noch nicht begriffen, dass die Zukunft Papiergeld gehörte anstatt Gold:

> Jahrtausendelang galt Gold als die Währung der Welt. Seit etlichen Jahrhunderten leben wir auf Pump, betrachten Gold aber immer noch als Währung. Man wird sich daran gewöhnen müssen, Papiergeld als die einzige Währung zu betrachten und Gold als kaum etwas Besseres als Schweinebäuche.[2]

Seit Menschengedenken galt Gold als Währungsträger (meistens als Wertanlage, seltener als Tauschwährung), so *Business Week*. Gold wurde sogar vor Silber verwendet. Silber ist zwar nicht so selten wie Gold, reines Silber jedoch schon. Und die metallurgischen Fähigkeiten, die für die Gewinnung von reinem Silber aus komplexen Erzen erforderlich sind, wurden später entwickelt als die einfacheren Goldschmelztechniken. In der Frühzeit war Gold zu selten und zu teuer für die alltägliche Verwendung als Tauschwährung. Antike Hochkulturen in Ägypten, China, Persien und Babylon verwendeten jedoch alle Gold als Werthalter. Die Geschichte lehrt uns, dass Papiergeld als Währung *nur dann* Bestand hat, wenn es gegen Gold einzutauschen ist. Noch nie in der Geschichte der Welt hat ein Papiergeldsystem ohne Golddeckung Bestand gehabt. Die Rolle des Goldes als Wertanlage ist auch geschichtlich bedeutend, wird aber von heutigen Wirtschaftswissenschaftlern und Politikern unklugerweise außer Acht gelassen.

Man kann nicht verstehen, warum Gold seit Jahrtausenden als Währung gilt, ohne einen Blick auf die einzigartige Rolle des Goldes und die möglichen Alternativen zu werfen. Warum gilt Gold seit Jahrtausenden auf der ganzen Welt als Währungsträger? Was macht Gold so besonders im Vergleich zu allen anderen Wertanlagen und Tauschwährungen? Bevor wir den heutigen Krieg gegen das Gold verstehen können, müssen wir erst die Geschichte des Goldes betrachten.

Die Chinesen haben seit etwa 1200 v. Chr. Gold und Silber verwendet, die Ägypter seit etwa 1000 v. Chr., die Babylonier und die Minoer etwa seit dem 3. Jahrhundert v. Chr. Im Byzantinischen Reich sorgte Gold 800 Jahre lang als stabile Währung für Wirtschaftserfolg und Wohlstand. Bemerkenswerterweise verwendeten all diese antiken Reiche ein relativ einheitliches Gewicht bei ihren Goldmünzen. An weit voneinander entfernten Orten gab es über Tausende von Jahren hinweg Goldmünzen mit fast demselben Gewicht. Man würde vielleicht erwarten, dass Handlichkeit und Tragfähigkeit zu bestimmten Ähnlichkeiten im Gewicht von Goldmünzen führen würden. Aber die erstaunliche Ähnlichkeit antiker Goldmünzen geht weit darüber hinaus. Diese Übereinstimmung scheint ein Produkt des intuitiven und universellen Vertrauens zu sein, das Gold genießt. 1892 stellte William Ridgeway die unterschiedlichen Standardgewichte antiker Goldmünzen folgendermaßen dar:[3]

Tabelle 1-1: **Standardgewichte antiker Goldmünzen**

Goldmünze	Gewicht in Gran* (= 65 Milligramm)
Ägyptischer Goldring	127
Mykenische Goldmünze	130–135
Homerisches Talent	130–135
Attischer Stater	135
Thasos	135
Rhodes	135
Kyzikos	130
Hebräische Goldmünze	130
Persischer Dareikos	130
Makedonischer Stater	130
Baktrischer Stater	130–132
Indische Standardgoldmünze (7. Jhd. n. Chr.)	140
Phönizische doppelte Goldmünze	260
Karthago	120
Sizilien und Süditalien	130–135
Etruskische Goldmünze	130–135
Gallische Goldmünze	120
Germanische Goldmünze	120

Mit anderen Worten, die antiken Goldmünzen waren beinahe nach Gewicht standardisiert. Sie schwankten nur zwischen 120 Gran bei karthagischen, germanischen und gallischen Goldmünzen und 135 Gran bei attischem und makedonischem Stater. Das homerische

* Anm. d. Verlages: Der Begriff »Gran« (auch Grän oder Grain) leitet sich vom lateinischen Wort *granum* ab (zu Deutsch »Korn«) und ist mit etwa 0,065 Gramm die kleinste römische Maßeinheit.

Talent und der persische Dareikos wogen 130 Gran; alle antiken Goldmünzen wogen zwischen 120 und 140 Gran. Woher stammt diese erstaunliche Einheitlichkeit über Jahrtausende hinweg, obwohl die Kommunikation langsam war und die Städte weit voneinander entfernt lagen? Laut dem Wirtschaftswissenschaftler A. R. Burns hatte diese konstante Größe ihren Ursprung in einem Handelszentrum, entweder Ägypten oder Chaldäa, von wo aus Händler und Reisende die Münzen in alle Welt trugen, wo ihr Gewicht als Vorbild diente.[4]

Das Wichtigste ist, dass diese antiken Goldmünzen in grauer Vorzeit wegen ihres *Goldgewichts* allgemein akzeptiert wurden. Was Gold zur allgemein anerkannten Währung machte, waren seine physischen Eigenschaften wie etwa die Tatsache, dass Gold nicht leicht gefälscht, gestreckt oder entwertet werden konnte und dabei extrem beständig war. Gold erzeugte die wichtigste aller monetären Eigenschaften: *Vertrauen*. Man hatte Vertrauen, dass Gold seinen Wert erhalten würde. Wir werden noch sehen, dass die psychologische Eigenschaft des Vertrauens den Kern der Werthaltigkeit einer jeden Währung bildet.

Auch in der Antike erzeugten Goldmünzen trotz primitiver Kommunikationswege zwischen weit verstreuten und sehr unterschiedlichen Völkern weltweites Vertrauen. Und so haben sich unabhängig voneinander in verschiedenen geografischen Gebieten ähnliche Gewichtseinheiten entwickelt. Einheitliche Gewichtsstandards erzeugten Vertrauen, und Vertrauen war die Voraussetzung für einen freien Münzverkehr. Erst im Mittelalter wurden Münzen häufig gestreckt oder verkleinert. Eine solche Münzentwertung kam jedoch für antike Gesellschaften, die sich noch nicht weit vom Tauschhandel wegentwickelt hatten, gar nicht infrage. Denn für sie spielte das Eigengewicht der Münzen immer noch eine wichtige Rolle neben ihrer Rolle als Währungseinheit.

In modernen Gesellschaften ist Geld Teil eines Wirtschaftssystems, das politischer Propaganda und Entscheidungen unterworfen ist. Daher ist die Münzentwertung und Währungsmanipulation schwerer zu erkennen und zu entlarven. In Zeiten knapper Kassen unterliegt der Staat immer der Versuchung, das Geld zu entwerten, um schnell mehr Geld zu produzieren und diese Entwertung hinter einer Flut von Propaganda zu verbergen.

Antike Reiche erkannten, wie wichtig Vertrauen in ihre Währung ist, und erhielten so den Wert ihres Geldes über lange Zeit, ohne es zu entwerten. Im Persischen Reich begann die Münzentwertung erst, als es im Niedergang begriffen war, und selbst dann eher in Form einer offenen Verringerung des Feingehalts als durch heimliche politische Spielchen. In Griechenland waren Goldmünzen immer aus reinem Gold. Gegen Ende der griechischen Vorherrschaft führten die Hellenen vergoldete Münzen ein, aber diese wurden nie als echte Goldmünzen ausgegeben. Auch das Makedonische Reich behielt bis fast zum Ende die Reinheit seiner Goldmünzen bei. Nur im späten Römischen Reich wurde die Münzentwertung zur offiziellen Regierungspolitik. Während der Römischen Republik waren die Goldmünzen fast immer aus reinem Gold. Nach dem Tod des ersten römischen Kaisers Augustus litt die Goldwährung ab 15 n. Chr. an einer fortschreitenden Entwertung aufgrund von Kriegskosten und korrupten Regierungen. Die verschiedenen Techniken der Münzentwertung kamen erst mit dem Römischen Reich zur weitreichenden Anwendung. Die östlichen Großreiche China, Persien und Ägypten kannten die Münzentwertung erst in der Neuzeit, mit Ausnahme des chinesischen Papiergeldes, von dem später die Rede sein soll.

Wenn die Zentralbanker und Systemvertreter mehr von Wirtschaftsgeschichte und weniger von ihren grandiosen Plänen für eine »Neue Weltordnung« verstanden hätten, hätte es niemanden gewundert, als das Gold im Mai 1973 den Preis von 100 Dollar pro Unze durchbrach. Die unveränderlichen Eigenschaften, die das Gold seit der Antike zur Weltwährung Nr. 1 gemacht haben, sind in der menschlichen Psyche immer noch stark verankert.

Das Papiergeld im alten China[5]

Die Chinesen waren der westlichen Welt mit vielen Erfindungen voraus. Dazu gehörte auch die Korruption des Papiergeldes. Das erste bekannte europäische Papiergeld wurde in Schweden 1661 verwendet.[6] Marco Polo dagegen fand bereits auf seinen Reisen im 13. Jahrhundert heraus, dass die Chinesen Papiergeld verwendeten. Von dem venezianischen Forscher und Entdecker ist folgende bewundernungsvolle Schilderung des Papiergeldsystems unter Kublai Khan überliefert:

> **Wie der Großkhan aus Baumrinde Papier macht, das im ganzen Reich als Geld gilt**
>
> Nachdem ich euch die Herrlichkeit der kaiserlichen Hauptstadt geschildert habe, beschreibe ich nun die kaiserliche Münzstätte derselben Stadt, in der er seine Münzen stampfen und prägen lässt. Anhand dieser Beschreibung werdet ihr erkennen, wie der mächtige Fürst so viel leisten kann, noch mehr als in diesem Buch geschildert, denn wie auch immer ich es erzähle, würdet ihr es nie glauben oder für wahr halten!
>
> In Cambaluc [Anm. d. Übers.: heute Peking] befindet sich die kaiserliche Münzstätte. Wenn man sieht, wie sie eingerichtet ist, könnte man sagen, der Kaiser kenne die letzten Geheimnisse der Alchemie.
>
> Nun schildere ich euch die Geldfabrikation. Der Khan ordnet die Beschaffung von Rinde an, und zwar von den Maulbeerbäumen, deren Blätter bekanntlich den Seidenraupen als Nahrung dienen. Der Bast zwischen Rinde und Holz ist sehr fein, daraus lässt er schwarzes papierähnliches Material herstellen. Es sind Blätter, die folgendermaßen aufgeteilt werden: Der kleinste Schein ist einen

halben Groschen wert, der nächstgrößere einen ganzen. Dann gibt es größere Scheine, die einen halben Silbergroschen und noch größere, die einen ganzen Silbergroschen gelten, diese entsprechen einem venezianischen Silbergroschen. Es werden auch Scheine zu 2, 5 und 10 Groschen herausgegeben und noch wertvollere zu 1, zu 3 bis zu 10 Byzantiner-Dukaten.

Alle Geldscheine werden mit dem Siegel des Großkhans versehen. Er lässt davon eine solche Menge herstellen, dass man alle Schätze der Welt kaufen könnte. Mit diesem Geld, das fabriziert wird, wie ich eben geschildert habe, wird alles bezahlt; in sämtlichen Provinzen, in jedem Königreich, im ganzen kaiserlichen Machtbereich ist es das einzige Zahlungsmittel. Sollte sich jemand weigern, es anzunehmen, droht ihm die Todesstrafe. Doch ich kann euch sagen, jeder Einzelne, alle Völker des Reiches empfangen das Papiergeld gerne, denn wohin sie auch immer gehen, die Scheine gelten überall, die Leute erstehen damit ihre Waren, Perlen, Edelsteine und Gold und Silber. Alles und jedes können sie kaufen, die Scheine haben ihren Wert. Aber stellt euch vor: Ein Zehner-Byzantiner-Schein ist nicht einmal so schwer wie ein einziger Byzantiner-Dukaten.

Oft im Jahr kommen die Händler gruppenweise nach Cambaluc und bringen dem Kaiser Perlen, Edelsteine, Gold und Silber und andere wertvolle Sachen wie Gold- und Seidenstoffe. Der Großkhan ruft die zwölf Beamten zu sich. Diese sind für das Amt gewählt worden, die Waren der Kaufleute zu begutachten, einzuschätzen und den entsprechenden Wert in Papiergeld auszuzahlen. Die zwölf Kundigen untersuchen alles nach ihrem Gutdünken, setzen den Preis fest und entrichten ihn in Papierwährung.

Die Kaufherren freuen sich über die Scheine, denn damit können sie kaufen, was ihnen beliebt und gefällt im Tatarenreich. Es ist die pure Wahrheit: Mehrere Male im Jahr liefert die Kaufmannschaft Waren im Wert von ungefähr vierhunderttausend Byzantinern, der Kaiser vergütet alles in Papiergeld.

Aber hört weiter: Oftmals im Jahr wird in den Städten der Befehl bekannt gemacht, jeder Besitzer von Edelsteinen und Perlen, von Gold und Silber müsse alles zur kaiserlichen Münzstätte bringen. Jedermann gehorcht, und eine Unmenge von kostbaren Gegenständen sammelt sich an und wird in papierne Scheine umgesetzt. Auf diese Weise häufen sich edle Metalle und Steine aus dem ganzen Reich in den Schatzkammern des Großkhans.

Und noch etwas Wichtiges will ich euch mitteilen: Nach einer gewissen Zeit nützt sich das Papiergeld ab oder zerreißt; dann bringt man es zur Münzstätte und tauscht es gegen neue Scheine; drei Prozent werden dabei abgezogen. Und noch etwas: Will jemand Gold oder Silber erstehen, etwa um kostspieliges Geschirr, Prunkgürtel oder sonst etwas Wertvolles anzufertigen, so kauft er mit Papiergeld die Edelmetalle in der kaiserlichen Münzstätte.

Nun versteht ihr, warum in keinem Schatzhaus der Welt so ein Reichtum anwachsen kann wie im Tatarenreich. Ich übertreibe nicht, wenn ich behaupte, alle Mächtigen unseres Jahrhunderts besitzen nicht so viel wie der Khan allein.[7]

Die Chinesen mussten schließlich durch bittere Erfahrung lernen, dass Marco Polos Bewunderung für ihr Maulbeerbaum-Papiergeld unbegründet war. Aus der Geschichte lernen wir, dass Geld einen inneren Wert besitzen muss, der dem Nennwert entspricht, wenn es seine Aufgabe erfüllen soll. Die Berater des Khans warnten den Fürsten, dass Maulbeerbaumrinde an sich wertlos war und eines

Gegenwerts bedürfte, damit die Menschen Vertrauen in seine Werthaltigkeit hätten. Ursprünglich war das chinesische Papiergeld gegen Gold, Silber, Kupfer und Eisen eintauschbar – im Wert von drei Siebteln des Nennwertes. In China wurden statt Silber oder Gold, das selten war, Kupfer und Eisen als Gegenwert verwendet. Das chinesische Papiergeld entstand aus einem Problem, das in der westlichen Welt seltener war: Es gab zu viele Eisen- und Kupfermünzen – vor allem das schwere Eisengeld Westchinas war schwierig zu transportieren und von Hand zu Hand weiterzugeben. So entstand das Papiergeld im Tausch zwischen Privatleuten als handliche Alternative zu den schweren Eisenmünzen. Der Staat erkannte den Nutzen dieser Währung, griff in diese Transaktionen ein und machte aus dem Papiergeld ein Staatsmonopol.

Das chinesische Papiergeld wurde etwa 1000 n. Chr. zur offiziellen Währung und wurde allgemein akzeptiert, solange man es gegen Eisen, Kupfer, Gold und Silber als Hartgeld eintauschen konnte. Die erste Ausgabe von Papiernoten blieb etwa 65 Jahre lang frei konvertibel. Dann beschränkte der Staat den Umtausch auf einen einzigen Termin alle 3 Jahre. Das führte dazu, dass nach Auslauf jeder Dreijahresfrist nur wenige Geldscheine eingetauscht wurden. »Das Ergebnis war, dass der Staat immer unvorsichtiger wurde. Die immer größer werdenden Forderungen des Militärs führten dazu, dass die Staatsreserven auf der Bank bald überschritten wurden.«[8] Nach einem weiteren Jahrhundert »betrug die Papiergeldmenge im Umlauf mindestens zwanzigmal so viel (wie zur ersten Ausgabe). Ihr Wert litt dementsprechend darunter«.[9]

Ein chinesischer Autor beschrieb das mongolische Papiergeld folgendermaßen:

> Es waren bereits zu viele Geldscheine im Umlauf, um den Wert aller Waren zu messen. Und als infolge der Kriegswirren der Regierung die

> Geldmenge nicht mehr für die Staatsausgaben ausreichte, druckte sie immer neue Geldscheine, die immer weniger wert waren, und die Preise für Waren stiegen immer weiter an. Als die Geldscheine letztendlich nicht mehr akzeptiert wurden, musste das Gesetz zurückgenommen werden, das sie eingeführt hatte. Als sie noch ihren vollen Wert hatten, wurden die Geldscheine akzeptiert, doch in Zeiten ihres Verfalls, als sie keinen Gegenwert mehr hatten, wurde immer neues Papiergeld gedruckt, bis es völlig wertlos war.

Die Inflation während des Vietnamkrieges, die 1971 zum Ende des Goldstandards führte, weist Parallelen zur Situation in China vor 700 Jahren auf. Die Kriege Chinas gegen die Tataren führten zu einem enormen Anstieg der Geldmenge:

> War ihnen zuvor daran gelegen, die Banknoten zu behalten, waren sie nun genauso erpicht darauf, sie einzutauschen. Doch wer die Noten zu den festgelegten Terminen eintauschen wollte, erhielt keine harte Währung dafür. Den Haltern der bereits entwerteten Papierwährung wurden neue Noten namens Kreditscheine ausgestellt.[10]

Die Regierung verfügte, das Papiergeld sei ohne Frage genauso wie Hartgeld zu behandeln und einzutauschen:

> Per Gesetz wurde angeordnet, dass der Gegenwert von Eisen- und Kupfergeld in Papiergeld zu bezahlen sei und einen gleichen Wert wie Metallgeld haben solle.[11]

Das ausbeuterische Papiergeldsystem der Mongolen führte letztlich zu ihrem Sturz und der Vertreibung aus China. Das Papiergeld sollte erst im 19. Jahrhundert mit dem Einzug westlicher Ideen und Praktiken wieder in China eingeführt werden. Nach dem Zweiten Weltkrieg war diese Fiatwährung* für eine der schlimmsten Inflationsphasen der Geschichte verantwortlich.

Der goldene Solidus des Byzantinischen Reiches

Der »Besant«, den Marco Polo in seiner Beschreibung des Reiches von Kublai Khan erwähnt, war im Gegensatz zum chinesischen Papiergeld eine Goldmünze des Byzantinischen Reiches, die den erfolgreichsten Einsatz des Goldstandards der Geschichte darstellt. Byzantinische Goldmünzen waren von 491 bis 1453 n. Chr. beinahe 1000 Jahre im Einsatz, lange vor der Einführung des chinesischen Papiergeldes und lange nach dem Kollaps von Kublai Khans Maulbeerbaum-Wechsel.

Der Solidus oder Besant wurde zwischen 491 und 1000 n. Chr. mit einem Feingehalt von 995 geprägt, so wie viele heutige Goldmünzen auch. Dieser Feingehalt übersteigt die »Münzschmelze«-Goldbarren von Fort Knox mit 985.[12] Das Byzantinische Reich beherrschte nach dem Niedergang Westroms den Welthandel vom Atlantik bis nach China. Unter Kaiser Konstantin wurde der goldene Solidus für die nächsten 800 Jahre zum Weltstandard und zur Grundlage eines weltumspannenden Handelsreiches in der gesamten erforschten Welt.

Die Qualität der byzantinischen Goldmünzen war so hoch, dass sie von China bis zur Bretagne und von der Ostsee bis nach Äthiopien ohne Zweifel akzeptiert wurde. Der Besant wurde nicht nur von byzantinischen Händlern und Reisenden verwendet, sondern ebenso von anderen Ländern. Auch die englischen Schatzmeister des Mittelalters

* Anm. d. Übers.: Der Begriff »Fiat« leitet sich vom lateinischen Verb *fieri* ab (dt.: »entstehen«, »werden«). »Fiatgeld« oder »Fiatwährung« bezeichnet ein (von einer Regierung oder einem Staat) künstlich erschaffenes Zahlungsmittel ohne fixen realen Gegenwert.

verwendeten den Besant. Der Niedergang des Byzantinischen Reiches begann erst 1204 mit der Plünderung durch die Kreuzritter.

Kurzum unterstreicht die 2000-jährige Geschichte der Münzen bis zum Ende des Byzantinischen Reiches die Schlüsselrolle des Goldes im Währungssystem. Goldmünzen wurden nach Gewicht gegen andere Metallmünzen und Tauschmittel gehandelt. Diese Tauschwirtschaft verhinderte die Entwertung von Goldmünzen, da sie ein alternatives Handelssystem darstellte. Der byzantinische Besant stellte mit seiner konstanten Reinheit und seinem gleichbleibenden Feingehalt den ersten weltweiten Goldstandard dar. Inflation in Form von reduzierten Münzstandards und beschleunigter Prägung primitiver Münzwährung war bereits bekannt, eine Münzentwertung (die Verringerung des Feingehaltes von Geldmünzen) ebenfalls. Schon im 5. Jahrhundert v. Chr. gab es vergoldete Münzen. A. R. Burns bemerkte zu diesen vergoldeten Münzen:

> Sie sind als nächstmögliches Äquivalent der Antike zum modernen Papiergeld interessant. Ihr Metallwert war viel geringer als ihr offizieller Wert. Sie boten somit der Inflation den Nährboden, ohne auf Entwertung oder Fälschung zurückzugreifen.[13]

Aus dieser frühen geschichtlichen Erfahrung erkennen wir, dass Staaten die Macht der Münze immer eng an den Regierungssitz binden wollen und dass Krieg, Korruption und bloße Gier zur Entwertung und Inflation der Währung führen. Nur eine harte Währung schützt vor staatlichen Übergriffen auf das Währungssystem. Die Macht der Geldschöpfung ist damit eng mit der realen politischen Macht verbunden. So war es schon immer und so ist es noch heute.

TEIL 1

Die Lehren der Geschichte

KAPITEL 2

Keinen Kontinentaldollar wert

»Unsere amerikanischen Banker haben das gefunden, wonach die alten Alchemisten vergeblich gesucht haben: Sie haben einen Weg entdeckt, alles in ihren Taschen zu Gold zu verwandeln. Sie lassen sich nur schwerlich davon überzeugen, dass ein System, dass für sie selbst so vorteilhaft erscheint, für den Rest der Gesellschaft sehr schädlich sein kann.«

William Gouge, *A Short History of Paper Money and Banking in the United States* (Philadelphia: T. W. Ustick, 1833)

Am Ende des 18. und in den Anfangsjahren des 19. Jahrhunderts haben Frankreich, England und die jungen Vereinigten Staaten bittere Erfahrungen mit Papiergeldsystemen gemacht. Diese Erfahrungen waren derart unschön und in vielerlei Hinsicht sogar tragisch, dass die zivilisierte Welt ein Jahrhundert lang, bis zum Ausbruch des Ersten Weltkrieges 1914, vollends den Goldstandard übernahm, mit nur seltenen und kurzlebigen Ausrutschern in Richtung Papiergeld. Im

19. Jahrhundert herrschte ein intellektuelles Klima vor, in dem sich weitgehend alle über den Wert eines stabilen Goldstandards einig waren.

Die drei vorangegangenen monetären Phasen, die heute in den USA fast unbekannt sind, waren: a) die französische Assignat-Mandats-Inflation von 1789 bis 1796. Am Ende dieses Experiments mit der Inflation wurde auf dem Place Vendôme alles Papiergeld öffentlich verbrannt. Danach wurde der Gold-Napoleon eingeführt, eine Phase, die bis heute einen enormen psychologischen Einfluss auf die Haltung der Franzosen zu Gold hat.

Dann folgte b) das britische Papierpfund von 1797 bis 1821. Dieses Experiment folgte dem französischen Inflationschaos mit den Assignaten und Mandaten auf dem Fuß. Aufgrund der Lehren der Währungskatastrophe im Nachbarland Frankreich beendete Großbritannien rasch das »Experiment Papierpfund« und kehrte 1821 wieder zur vollen Umtauschbarkeit gegen Edelmetalle zurück. Großbritannien behielt bis 1914 den Goldstandard. Doch da die Engländer nie, wie ihre französischen Nachbarn, den vollen Wertverlust zu spüren bekamen, drang die Goldlektion nie so tief in die britische Psyche ein.

Das dritte Beispiel ist der amerikanische Kontinentaldollar von 1775 bis 1779. Die Lehren der Kontinentalwährung wurden in die US-Verfassung integriert, sind aber kaum ins amerikanische Bewusstsein vorgedrungen. Der Fehler des Kontinentaldollars wurde im amerikanischen Bürgerkrieg mit den Greenbacks* wiederholt, und naiverweise noch einmal 1913 mit der Währungsausgabebefugnis des »Federal Reserve Act«. Die Erfahrungen mit dem Kontinentaldollar und dem Greenback hinterließen wenig Eindruck in den USA, bis

* Anm. d. Verlages: »Greenback« (dt.: »Laubfrosch«) ist a) in der Börsensprache die gebräuchliche Bezeichnung für die Währung US-Dollar, benannt nach dem grünen Aufdruck auf der Rückseite des Geldscheins, und b) die erste einheitliche Währung der amerikanischen Nordstaaten nach dem US-Bürgerkrieg (1861–1865).

auf die Redewendung »Keinen Kontinentaldollar wert« und den heute umstrittenen Artikel 1, Absatz 10 der amerikanischen Verfassung.*

Die französischen Assignaten (1789–1796)

Die Argumente der französischen Geldvernichter des 18. Jahrhunderts zeigen eine frappierende Ähnlichkeit zu den Argumenten der »Weichwährungsbefürworter« im US-Bürgerkrieg der 1860er- und der »Goldstandardabschaffer« der 1970er-Jahre.

1789 führten in Frankreich der träge Handel und die Wirtschaftsflaute einerseits zu Forderungen nach der Einführung von Papiergeld, andererseits erinnerten sie an die katastrophalen Erfahrungen Frankreichs mit dem Papiergeld des schottischen Wirtschaftswissenschaftlers John Law zwischen 1716 und 1720. Nach langem Hin und Her empfahl die französische Nationalversammlung eine begrenzte Ausgabe von 400 Millionen Livre** Papiergeld. Alle Lektionen von John Laws Papiergeldexperiment wurden unter dem akuten wirtschaftlichen Druck von der Mehrheit der Nationalversammlung beiseitegeschoben, so wie unsere modernen Geldentwerter sämtliche historischen Erfahrungen mit Papiergeld ignorieren. Die ersten Assignaten hatten gepfändetes Kircheneigentum als Gegenwert und wurden von hehren Regierungsverlautbarungen begleitet, dass Frankreich schon bald wieder rosigen Zeiten entgegengehen würde. Schon bald wären die Papierassignaten wertvoller als Goldmünzen, hieß es.

---

* Anm. d. Übers.: »Kein Bundesstaat darf [...] Münzen prägen, Banknoten ausgeben, etwas anderes als Gold- oder Silbermünzen zum gesetzlichen Zahlungsmittel erklären [...]«, Verfassung der Vereinigten Staaten von Amerika, Artikel 1, Absatz 10, *https://usa.usembassy.de/etexts/gov/gov-constitutiond.pdf.*

** Anm. d. Verlages: Die Livre (frz.: »Pfund«) war vom 9. bis zum 19. Jhd. eine französische Währungseinheit.

Eine Weile lang ging alles gut. Handel und Kreditwirtschaft blühten wieder auf. Der Wohlstand breitete sich wieder in ganz Frankreich aus. Doch nach einem halben Jahr stellte die Regierung fest, dass die genehmigten 400 Millionen Assignaten ausgegeben waren:

> In der Nationalversammlung herrschte Chaos. Einige Träumer und Spinner warben laut und nachdrücklich für das Papiergeld. Viele Mitläufer hatten nichts dagegen. Nur einige wenige Standhafte trotzten der allgemeinen Strömung.[14]

Montesquious Bericht* vom August 1790 empfahl, wenn auch zögerlich, eine weitere Ausgabe von Papierassignaten. Trotz der Inflationsgefahr schrieb er: »Wir müssen das Land retten. Eine weitere Erhöhung der Geldmenge wird Frankreich wiederbeleben.«

Genau wie die heutige »Papiergeldfraktion« behauptet, dass sich seit 1790 »die Zeiten geändert haben«, glaubte Montesquiou, Frankreich habe sich seit den Zeiten von John Law 1716 verändert. Hinter den Papierassignaten stünden als Garantie der Grundbesitz der Nation sowie das Vertrauen und die Vernunft des französischen Volkes. Chabroud beschrieb die Vorteile des Papiergeldes folgendermaßen:

> Die Erde ist die Quelle allen Wertes. Man kann die Erde nicht in einen Wirtschaftskreislauf einbringen, aber dieses Papier steht stellvertretend für den Wert der Erde. Die Gläubiger der Nation werden dadurch nicht das Nachsehen haben.[15]

Heute wird in ganz ähnlicher Weise argumentiert, dass die Banknoten und Kredite der amerikanischen Notenbank durch den gesamten

---

* Anm. d. Verlages: Der Bericht stammt von dem franz. Politiker und General Anne-Pierre de Montesquiou-Fézensac (1739–1798).

Reichtum und Wohlstand der Vereinigten Staaten gedeckt seien und dass wir uns das auf jeden Fall »selbst zu verdanken haben«. Leider verstehen Chabroud und seine modernen Pendants nicht, dass das Papiergeld nur so lange als werthaltig angesehen wird, wie seine Halter das Vertrauen aufbringen, dass sie diesen Wert behalten oder an andere werden weiterreichen können. Der berühmte Staatsmann Talleyrand lieferte den Franzosen das einschneidendste Argument gegen Papiergeld:

> Man kann die Menschen zwingen, 1000 Livre Papiergeld für 1000 Livre Hartgeld zu akzeptieren. Aber man kann niemanden zwingen, 1000 Livre Hartgeld für 1000 Livre Papiergeld zu geben. Das ist der springende Punkt. Das ist der Grund, weshalb das ganze System auseinanderfällt.[16]

Was Talleyrand meint, ist, dass niemand Menschen zwingen kann, ihr Edelmetall gegen Papiergeld einzutauschen. Viel eher werden sie Papiergeld hergeben und Edelmetall horten. Daher lautet das Greshamsche Gesetz:[17] »Schlechtes Geld vertreibt gutes.«

An dieser französischen Debatte des 18. Jahrhunderts waren fast alle wichtigen Zeitungen und bedeutenden Wissenschaftler beteiligt. Es half wenig, an das Debakel mit John Laws Papiergeld nur wenige Jahrzehnte davor zu erinnern. Am 29. September 1790 genehmigte die Nationalversammlung weitere 800 Millionen Assignaten. Frankreich befand sich damit unabwendbar auf Kurs in die Inflation. Edelmetall verschwand aus dem Währungshandel. Die kleineren Silber- und Kupfermünzen wurden zur Seltenheit, stattdessen war eine Vielzahl verschiedener Papiergeldscheine im Umlauf. Kirchen mussten ihre Glocken und auch ihre Devotionalien einschmelzen lassen. Die Bürger waren dazu angehalten, ihren Schmuck und Edelmetalle ebenfalls einschmelzen zu lassen. Sogar der König schickte angeblich Gold und Silberbarren zur Münzstätte.

Die Preise schossen in die Höhe, die Nachfrage nach Papiergeld und kleineren Münzen ebenfalls. Unter diesem unmittelbaren Druck waren bereits 1791 sämtliche Versprechen, keine Assignaten mehr zu drucken, längst vergessen. Weitere 600 Millionen wurden gedruckt. Diese Tranche hatte eine weitere Inflationsrunde und Wirtschaftsdepression zur Folge. Aufgrund der Unsicherheit über den künftigen Wert des Geldes wurde nicht mehr investiert. Es begann ein Wettrennen um physische Güter, egal welcher Art, um sein Vermögen zu sichern. Spekulationen um diese Güter verdrängten Sparsamkeit und Fleiß.

Die Wirtschaftskrise führte zu Unruhen. Im Februar 1791 stürmte ein Mob die Pariser Lebensmittelgeschäfte. Der Staat terrorisierte daraufhin die Lebensmittelhändler und -verkäufer und gab ihnen die Schuld an den Preissteigerungen, die die Regierung durch ihr Gelddrucken selbst verursacht hatte. Astronomische Steuern wurden erhoben, der Handel kollabierte. Die Wohlhabenden, Erfolgreichen und Klugen flohen aus Frankreich. Zurück blieben die weniger Betuchten und die Verbraucher, die dem unvermeidlichen Kollaps der französischen Wirtschaft ausgeliefert waren.

Als Nächstes versuchte es die Regierung wie heute auch mit Preisdeckeln. Sie führte mit der Oberpreisgrenze die ultimative wirtschaftliche Absurdität ein. Gremien von Wirtschaftsfachleuten bestimmten Obergrenzen für Preise auf alle Waren. In der Folge lieferten die Landwirte keine Lebensmittel mehr in die Städte. Obwohl täglich Todeslisten von Bauern und Händlern veröffentlicht wurden, die aufgrund ihrer Verstöße gegen die Oberpreisgrenze mit der Guillotine zu rechnen hatten, gingen Paris und andere Städte leer aus. Die französische Regierung drohte jedem, der Gold- oder Silbermünzen verwendete oder zwischen Papiergeld und Hartgeld unterschied, mit 6 Jahren Gefängnis. Auf die Weigerung, Assignaten als Zahlungsmittel anzunehmen oder mit einem Abschlag zu berechnen, stand ein Bußgeld von 3000 Francs.[18]

Auf ein wiederholtes Vergehen stand eine 20-jährige Gefängnisstrafe. Ab Mai 1794 gab es die Todesstrafe, wenn man fragte, ob eine Transaktion mit Gold oder Papier bezahlt werden sollte. Diese Schreckensherrschaft erreichte am 13. November 1793 ihren Höhepunkt, als die Regierung sämtlichen Handel mit Edelmetallen verbot. Es war ein letzter Verzweiflungsakt. Nach 2 Jahren Wirtschaftschaos waren im Dezember 1795 insgesamt 50 Milliarden Papierassignaten im Umlauf, und ihr Wert war nahezu null. Ein Goldfranc war 600 Papierfranc wert, wenn man überhaupt einen Goldanbieter fand.

Dann kam der Tag, als sogar die Politiker der Nationalversammlung und die Staatsbeamten ein Einsehen hatten. Die Franzosen verbrannten ihr ganzes Papiergeld und die Produktionsmittel gleich dazu. Andrew Dickson White beschrieb es folgendermaßen:

> Am 18. Februar 1796 um 9:00 Uhr morgens wurden im Beisein einer großen Menschenmenge die Druckerpressen, Druckplatten und Papier der Assignatenherstellung zum Place Vendôme gebracht und dort, wo heute die Napoleonsäule steht, feierlich in alle Einzelteile zerschlagen und verbrannt.[19]

Als 1796 mit den Mandaten ein letzter Versuch unternommen wurde, Papiergeld herauszugeben, fielen sie innerhalb weniger Monate auf 3 Prozent ihres Nennwertes. So wandte sich Frankreich dem Gold-Napoleon zu und erfreute sich 100 Jahre lang dank eines vollen Goldstandards großen Wohlstands. Noch heute besitzen Franzosen aus dieser wichtigen historischen Lektion heraus zwei- bis dreimal so viel Gold wie ihre Regierung, die selbst einen gesunden Respekt vor dem Gold hat und es eifrig hortet. Die Lektionen der Assignaten und Mandate waren nicht umsonst. Die französischen Bürger und die meisten ihrer Politiker geben sich nicht der Illusion hin, dass Papiergeld so viel wert ist wie Gold.

Während die französischen Experimente mit Papiergeld durch eine Wirtschaftskrise und »harte Zeiten« herbeigeführt worden waren, ging dem britischen Experiment mit dem Papierpfund von 1797 bis 1821 ein Krieg voraus, ähnlich wie 1971, als die Kosten des Vietnamkrieges die USA dazu verleiteten, den Goldstandard aufzugeben.

Das britische Papierpfund (1797–1821)

Unser zweites Beispiel eines Papiergelddebakels im 18. Jahrhundert fand auf der anderen Seite des Ärmelkanals statt. Als England Frankreich 1793 den Krieg erklärte, war das britische Pfund eine solide Währung mit voller Umtauschbarkeit gegen Gold. Ein Pfund Sterling war 123 ¼ Gran 22-karätiges Gold wert. Silbermünzen waren unter 25 Pfund nach Nennwert und über 25 Pfund nach Gewicht eine legale Währung. Es gab kein Papiergeld im allgemeinen Umlauf, dafür jedoch etwa 12 Millionen Banknoten der Bank of England im Großraum London und etwa dieselbe Menge bei den Banken auf dem Land außerhalb Londons. Etwa 20 bis 30 Millionen Pfund an Goldmünzen waren zudem im Umlauf. Man nannte sie nach der Herkunft des Goldes auch »Guineas«.

Die Mini-Finanzpanik von 1792 aufgrund der Angst vor einem Krieg mit Frankreich beruhigte die Regierung mit einer Kreditlinie von 2 Millionen Pfund an notleidende Geschäftsleute. Anfangs stiegen die Kriegskosten nur langsam an, später schneller. Um ihre Defizite auszugleichen, verließ sich die Regierung auf Kredite der Bank of England. Die Goldvorräte in den Tresoren der Bank betrugen 1796 nur noch 400 000 Pfund (1794 waren es noch 7 Millionen Pfund). Der Schuldenstand der Bank belief sich auf beinahe 16 Millionen Pfund. Dieser alarmierende Abfluss der Goldvorräte veranlasste die Bankvorstände zu einem Besuch bei Premierminister Pitt. Bei einem Treffen des englischen Establishments (König, Premierminister Pitt, Lord Chancellor, Herzog von Portland und Graf von Liverpool) wurde beschlossen, die Bank of England sollte kein Gold mehr ausgeben, bis »das Parlament eine Entscheidung treffen kann«. Die nicht allzu unglückliche Bank of England konnte nun ihren Kunden diese Regierungsanweisung zeigen (freilich ohne zu erklären, was hinter den Kulissen vorgefallen war) und künftig den Umtausch von Papiernoten gegen Gold verwehren. So wurde die Konvertierbarkeit für die Bank of England de facto außer Kraft gesetzt, nicht aber für andere Banken, die Banknoten herausgaben. Bei der anschließenden Debatte im House of Lords wurde vielfach angemerkt, dass das Papierpfund ohne Gegenwert in Gold einem langsamen und unaufhaltsamen Wertverlust ausgesetzt sei und ohne die Goldbindung unweigerlich den Weg der französischen Assignaten gehen würde.

Der Kommentar eines zeitgenössischen schottischen Bankers unterstreicht die Bedeutung des Goldstandards in dieser und anderen Bankenkrisen:[20]

> Am Montag, den 20. April, kamen große Menschenscharen aufgebracht zu unserer Wechselstube und wollten ihre verzinsten Banknoten wieder eintauschen. Dieser Zustand hielt die ganze Woche und 2 Tage der folgenden Woche an. Nicht nur wir waren betroffen – die öffentlichen Banken noch mehr. Wir glaubten schon, der Ansturm sei noch größer als 1793. Am Morgen des 1. März traf ein Eilkurier vom Büro Thomas Coutts & Co. aus London bei den Vorständen der Bank of Scotland ein und teilte ihnen mit, dass die Nachfrage nach Gold bei der Bank of England so groß geworden war, dass die Vorstände den Finanzminister unterrichten mussten. Dieser veranlasste eine Regierungsanweisung, die der Bank untersagte, weitere Papiernoten gegen Gold einzutauschen.
>
> Einer der Vorstände der Bank of Scotland, Mr. Mansfield, setzte unseren Mr. Anderson von dieser Tatsache in Kenntnis, der mir sogleich Kunde davon machte, noch vor der üblichen Öffnungszeit.

Im Verlauf des Krieges waren meine Gedanken oftmals angesichts des Zustandes des Königreiches und Europas düster gewesen. Doch nun hielt ich die Nation angesichts der Vorgänge bei der Bank of England, die seit jeher eine Bastion des öffentlichen und privaten Vertrauens gewesen war, für unwiederbringlich ruiniert.

Mr. Hay, Mr. Anderson, mein Sohn und ich begaben uns so schnell wie möglich in die Wechselstube, die um 10 Uhr morgens wie gewohnt voller Menschen war, die Gold forderten. Bald gesellten sich der Kassierer Mr. Simpson, der Vizevorstand der Royal Bank Mr. James und der Schatzmeister der Bank of Scotland Mr. Fraser dazu. Wir schickten nach Mister Hog, dem Geschäftsführer der British Linen Company, denn es war keine Frage der Etikette oder der Gewohnheiten der öffentlichen oder privaten Banken mehr. Es ging uns nur noch darum, wie wir in solcher Not unser aller Wohlergehen sichern konnten.

Wir begaben uns also zur Bank of Scotland, wo die anderen Vorstände bereits versammelt waren. Nach einiger Beratung stimmten wir überein, dass man dem Beispiel der Bank of England folgen und die Austauschbarkeit gegen Gold aufheben musste. Der Bürgermeister ordnete ein Treffen der Beteiligten um 2 Uhr nachmittags an, welches trotz der Kurzfristigkeit sehr zahlreich besucht wurde [...].

Im Gegensatz zur Bank of England konnten sich die schottischen Banken nicht hinter der Regierungsanweisung zur Aufhebung von Goldzahlungen verstecken. Die schottischen Banken mussten entweder zahlen oder den Bankrott erklären. Die Erzählung des Bankers William Forbes unterstreicht die wichtige Rolle des Vertrauens bei einer Bankenkrise, den Glauben der Kunden, dass ihr Geld sicher ist:

Nachdem der Regierungsbefehl, die Goldzahlungen der Bank of England auszusetzen, bekannt wurde, wurde von den Anwesenden sofort einstimmig eine Resolution eingebracht, um den Banken von Edinburgh sämtliche Unterstützung zukommen zu lassen – darunter unserer Firma – und ihre Banknoten mit derselben Bereitschaft wie bisher anzunehmen. In ganz Edinburgh wurde eine Handreichung in Umlauf gebracht und in allen Zeitungen veröffentlicht. Eilbotschaften wurden nach Glasgow, Greenock, Paisley, Ayr, Perth, Dundee und Aberdeen entsandt – überall, wo es Banken gab –, um sie über den Vorgang in Kenntnis zu setzen.

Sobald sich auf der Straße die Kunde verbreitete, machten sich Verwirrung und Aufruhr breit, die kaum zu beschreiben sind, wenn man es nicht erlebt hat. Unsere Wechselstube und alle Bankfilialen wurden von Menschen überrannt, die für ihre Zinspapiere Gold verlangten und Silber für ihre Banknoten. Vergebens brachten wir die Regierungsanweisung vor – die nur für die Bank of England galt – und den Beschluss der Banken von Edinburgh. Sie waren jedoch für jedes Argument taub. Es gab zwar keine Gewaltandrohung, doch der Lärm und die Unruhe, die sie erzeugten, war schier unerträglich. Man muss dabei wissen, dass die meisten Beteiligten den niedersten und ungebildetsten Ständen entsprangen: Fischweiber, Wagner, Gepäckträger und Metzgersgehilfen, die alle zugleich nach Wechsel verlangten und sich gegenseitig vor den Tischen bedrängten, an denen wir und die Kassierer bemüht waren, die Gemüter zu besänftigen.

Unsere Zinspapiere bezahlten wir prompt wie eh und je. Doch anstelle unserer eigenen Geldnoten wie bisher bezahlten wir nun mit Banknoten der öffentlichen Banken. Die Einlagen waren bei uns nicht in Edelmetallen, sondern in solchen Noten getätigt worden, wie wir sie den Eigentümern wieder aushändigten. Was unsere

Geldnoten anging, fühlten wir die Not unserer Halter, die nun nicht mehr in der Lage waren, die Notwendigkeiten des Lebens damit zu kaufen, denn es gab keine Noten weniger als 20 Shilling, und daher konnten sie sie nicht mehr einwechseln. Denn ab dem Moment, da bekannt wurde, dass Zahlungen in Hartgeld nicht mehr möglich waren, zahlte keiner mehr mit Shilling. In der Folge verschwanden Gold und Silber aus dem Handel und wurden nur noch gehortet [...].

Am Samstag hatten wir den übelsten Aufruhr zu bewältigen. Zahlreiche Handwerksmeister bestanden darauf, ihre Handwerker mit Silber bezahlen zu können. Uns blieb nur, sie im Vertrauen in ein Nebenzimmer zu führen und ihnen dort ein oder zwei Banknoten in Silber zu wechseln, da ihr Anliegen berechtigt und notwendig war, wir uns aber nicht trauten, den Handel im offenen Handelsraum auszuführen, da sonst ein Tumult entstanden wäre.

Es war eine angenehme Überraschung, dass binnen kurzer Zeit nach dem Aussetzen der Ausgabe von Edelmetall der Andrang schwand; nachdem der erste Aufruhr und Alarm vorbei war, begann das ganze Land bemerkenswerterweise alle Geschäfte, die nicht von Edelmetall gestützt waren, mit Papiergeld zu vollziehen. Das war umso verwunderlicher, da der Regierungs- und der Parlamentserlass lediglich für die Bank of England galten, während alle anderen Banken in England und Schottland ohne Schutz des Parlamentes ihren Geschäften nachgehen mussten.

Wie mit dem Bankenregulierungsgesetz von 1797, das jedes Jahr für weitere 25 Jahre verlängert wurde, bestätigte das Parlament die Aussetzung der Konvertierbarkeit in Gold. Banknoten waren keine legale Währung, durften aber von der Bank of England herausgegeben werden. Die anderen Banken, die keine Geldnoten herausgeben durften, tauschten ihre Währungen in die der Bank of England, um die Kunden zu bezahlen. Umgehend begannen die Menschen, Gold und Silber zu horten, und Großbritannien führte ein Papiergeldsystem ein.

Die damalige Regierung war zum Glück kompetent genug, selbst in Kriegszeiten die Ausgaben zu zügeln. Die französische Krise garantierte beinah einen vorsichtigen Umgang mit dem Recht, Banknoten herauszugeben. Dennoch nahm die Menge der Noten, die im Umlauf waren, stetig zu, und gemeinsam mit dem Haushaltsdefizit brachte dies zwei unvermeidliche Ergebnisse: a) einen allgemeinen Preisanstieg und b) einen Anstieg des Goldpreises.

Bis zum Jahr 1809 war 1 Pfund Sterling nur noch 107 anstatt 123 ¼ Gran Gold wert. Im Jahr 1810 richtete das Parlament den Goldausschuss ein, um den »hohen Preis« der Goldbarren zu untersuchen, der in Wahrheit vom *niedrigen* Wert des Pfunds rührte. Die Feststellungen des Goldausschussberichts [engl. Bullion Report] von 1810 waren eindeutig, darunter jene, dass »eine Papierwährung, die ursprünglich auf einem Gegenwert in Edelmetall beruhte, diesen nicht mehr besitzt und nur durch eine Begrenzung der Geldmenge ausgerichtet am Goldpreis auf den ausländischen Märkten stabil gehalten werden kann«.[21]

Der Goldausschussbericht von 1810 ist ein wichtiges historisches Dokument, dessen Argumente und Schlussfolgerungen bis heute Relevanz besitzen. Zu den Parlamentsabgeordneten, die Zeugen hörten und den Bericht verfassten, gehören der Banker Alexander Baring und der Finanzautor Henry Thornton.[22] Ein anonymer, sehr gut informierter Zeuge vom europäischen Kontinent stellte dem Ausschuss seinen enormen Erfahrungsschatz im Umgang mit Geldmärkten zur Verfügung. Gemeinhin wird angenommen, es habe sich dabei um Nathan Mayer Rothschild gehandelt, den Begründer der Rothschild-Dynastie in Großbritannien.

Teil 1 des Berichtes befasste sich mit dem »hohen Goldpreis«. Die meisten Zeugen betonten, dass es auf dem Kontinent weder einen Anstieg des Goldpreises gegeben hatte noch eine Verknappung des Goldes in England. Wohl aber gab es seit 1797 einen Überfluss an

Papiergeld, »das nicht in handelbare Münzen umtauschbar war«. Daher veränderte sich das Verhältnis von Gold zu Papiergeld. Dieselbe Menge Gold kostete nun mehr Papierpfund. Der Goldausschussbericht beschrieb diese historische Erfahrung folgendermaßen:

> Nach eingehender Untersuchung muss der Ausschuss feststellen, dass es ein großer Fehler ist, anzunehmen, der Handel mit fremden Ländern und der Goldpreis werden von der Geldmenge nicht beeinflusst, auch wenn diese nicht gegen Gold eintauschbar gemacht wird. Die Tatsache, dass der Umtausch dieses Geldes schwieriger wird und der Goldpreis höher, wenn zu viel Papiergeld ausgegeben wird, wird nicht nur durch führende Wirtschafts- und Finanzenexperten bestätigt, sondern in der praktischen Realität durch die Geschichte jedes Landes, das bisher eine Papierwährung eingeführt hat; in allen solchen Ländern erwies sich der Goldpreis als bestes Maß, ob die Ausgabe eines solchen Papiergeldes übermäßig war oder nicht.[23]

Mit anderen Worten: Der Goldvorrat ist begrenzt, die Papiergeldmenge nicht. Je mehr Papiergeld ein Land also herausgibt, desto höher steigt der Goldpreis.

In Teil 3 beschrieb der Ausschuss »Die Kontrolle der Notenausgabe« und sprach dabei die Bank of England von Schuld frei, da sie nach der Aussetzung der Umtauschbarkeit in Gold ihrem normalen Tagesgeschäft nachgegangen sei. »Durch die Aufhebung der Umtauschbarkeit wurde die Begrenzung durch den Goldmangel aufgehoben, und das Papiergeld stand praktisch unbegrenzt zur Verfügung.« Das Zinsgesetz deckelte die Zinshöhe, womit Marktkräfte die Exzesse nicht ausgleichen konnten. Nach einem Seitenhieb auf die Direktoren der Bank of England, die »die Wahrheit so wenig erkennen, dass sie der Ansicht sind, ihr Prinzip funktioniere auch bei einem sehr niedrigen Zins«, stellte der Ausschuss fest, dass die Geldmenge zu hoch war und immer noch zunahm und dass die Umtauschbarkeit in Gold die alleinige Sicherheit gegen solche Exzesse bot. Die einzige mögliche Reform sei die Wiederaufnahme des Goldstandards. Der Ausschuss empfahl, den Goldstandard innerhalb von 2 Jahren wieder aufzunehmen. Die Zusammenfassung der Ausschussfeststellungen besagte:

> Dem Parlament wird vorgetragen: dass gegenwärtig zu viel Papiergeld in diesem Land im Umlauf ist, woraus eindeutig der hohe Goldpreis entsteht und der unvorteilhafte Wechselkurs mit dem Ausland; dass dieser Exzess auf die mangelhafte Kontrolle der Papiergeldausgabe durch die Bank of England zurückzuführen ist und auf die Aufhebung des Gegenwerts in Gold, das ihr wahrer und natürlicher Kontrollmechanismus war. Im Allgemeinen ist der Ausschluss der Ansicht, dass es neben der Umtauschbarkeit in Gold keinen sicheren, zuverlässigen und dauerhaft ausreichenden Schutz gegen eine übermäßige Papiergeldausgabe gibt. Der Ausschuss kann nicht anders, als die Entscheidung zu bedauern, die Umtauschbarkeit aufzuheben, was als zeitweilige Maßnahme gedacht war und nun so lange fortgeführt wurde. Vor allem, dass sie durch die Verlängerungsgesetze als permanente Kriegsmaßnahme erschien.[24]

Der Goldausschussbericht sagt also mit erfrischender Klarheit: *Die Inflation ist das Ergebnis einer gestiegenen Geldmenge.* Natürlich gibt es auch mal eine Zunahme der Goldmenge. In der Regel liegt es jedoch an der Menge des Papiergeldes. Diese Inflation äußert sich in höheren Preisen. Der einzige zuverlässige Schutz gegen Inflation ist die Umtauschbarkeit in eine begrenzte Menge an Edelmetallen.

Der Bericht bemühte keine der heutigen Schimpfwörter, mathematischen Manipulationen, Fingerzeige in Richtung Gewerkschaften oder Unternehmer, Klagen über exzessiven Konsum oder andere praktische, obwohl unschuldige Sündenböcke. Der Bericht des Goldausschusses von 1810 formuliert es klar und deutlich: Inflation ist ein Anstieg der Geldmenge. Um die Inflation zu begrenzen, muss man sich an die jeweilige geldausgebende Instanz wenden, ob es sich dabei nun um eine Zentralbank oder eine Notenpresse der Regierung handelt, und die Menge des ausgegebenen Geldes reduzieren. Die Erfahrung lehrt, dass die einzige effektive Beschränkung der Geldmenge ihr Gegenwert in Edelmetallen wie Gold oder Silber ist.

Unsere ersten beiden Beispiele der Diskussion »Papiergeld oder Gold« stammten aus Europa. Doch die Vereinigten Staaten haben ihre eigenen bitteren Erfahrungen mit dem inflationären Papiergeld gemacht. Als Nächstes betrachten wir also den Kontinentaldollar.

Das Kontinentaldollar-Desaster

Die frühen amerikanischen Siedler benutzten Gold und Silber als Währung, manchmal auch Tauschwaren wie Tabak und Mais. Die erste amerikanische Fiatwährung wurde 1690 in Massachusetts ausgegeben, damit die Regierung die Soldaten bei mehreren Militärexpeditionen bezahlen konnte. Je mehr von diesem Geld ausgegeben wurde, desto weniger wurde es in Gold und Silber wert.[25]

Andere Kolonien imitierten die Papiergeldausgabe von Massachusetts mit ähnlichen Ergebnissen. Nach Adam Smith fiel sogar der Wert des Papiergeldes der Kolonie Pennsylvania, obwohl es den Ruf hatte, Mäßigung walten zu lassen. »Das Papier hatte einen Abschlag von nie weniger als 11 Prozent gegenüber Gold oder 7 Prozent Abschlag gegenüber Silber«, schrieb William Gouge.[26]

Der fluktuierende Wert der Geldnoten der Kolonialverwaltungen hing von der Kreditwürdigkeit der ausgebenden Instanz und der gedruckten Geldmenge ab. Ihre Qualität und ihre Umtauschbarkeit waren zwar schlechter als die der Banknoten, jedoch »wurde ihr Charakter von den Menschen besser verstanden«, so Gouge. »Sie kannten die Regierung, deren Autorität und Ressourcen. Wenn sie Schaden nahmen, wussten sie durch wen, wenn auch nicht in welchem Ausmaß.«[27]

Der Kontinentaldollar, der 1775 während des Revolutionskrieges ausgegeben wurde, war zwar nicht das erste Papiergeld Nordamerikas, ist jedoch in seiner Ausgabemenge und seinem Wertverlauf im Vergleich zu Gold- und Silbermünzen ausführlich dokumentiert. Diese Kontinentaldollars, die in verhältnismäßig großer Menge ausgegeben wurden, mussten mit etwa 10 Millionen Dollar an Gold- und Silbermünzen konkurrieren. Laut Greshamschem Gesetz verschwanden diese Gold- und Silbermünzen vom Markt, sobald die diversen Papiergeldwährungen (private Banknoten, Zinspapiere, Kontinentaldollars und Kreditscheine) auftauchten.

Im Januar 1777 forderte der Kontinentalkongress die Parlamente der dreizehn Bundesstaaten auf, den Kontinentaldollar zur gesetzlichen Währung zu machen. Daraufhin verlor die Papierwährung immer weiter an Stabilität im Vergleich zu Edelmetallen. Die Geldmenge nahm immer weiter zu, und der Wert des Papierdollars nahm ab.

Im Gegensatz zum britischen Papierpfund oder dem heutigen Federal-Reserve-Dollar war der Kontinentaldollar in Gold und Silber umtauschbar – und blieb es auch trotz Wertverlust. Zum Beispiel stand auf einem der Geldscheine:

> **Der Vereinigten Kolonien. 3 Dollar. Berechtigt den Inhaber zum Bezug von 3 spanischen Silberdollar oder dem Wert davon in Gold oder Silber, gemäß Kongressbeschluss vom 10. Mai 1775 in Philadelphia. Kontinentalwährung.**

Trotz dieses Versprechens, in Gold- und Silbermünzen zu zahlen, und trotz des patriotischen Appells erlitt der Kontinentaldollar einen rapiden und totalen Wertverlust. Die Kontinentalnoten waren innerhalb von 6 Jahren wertlos. »Not worth a Continental« [dt. etwa:»Keinen Kontinentaldollar wert«] wurde zum geflügelten Wort.

Tabelle 2-1: **Wert des Kontinentaldollars in Silbermünzen**

Geschätzter Wert pro 1 Dollar in Silbermünzen				
Datum	**Geldmenge**	**Webster**	**Del Mar**	
November 1775	5,0 Millionen Dollar	–	1,00 Dollar	in Kontinentaldollar
November 1776	19,5 Millionen Dollar	1,00	1,00 Dollar	in Kontinentaldollar
November 1777	31,5 Millionen Dollar	3,00	3,00 Dollar	in Kontinentaldollar
November 1778	86,0 Millionen Dollar	6,00	6,34 Dollar	in Kontinentaldollar
November 1779 (keine Ausgabe mehr)	226,0 Millionen Dollar	32,00–45,00	26,00 Dollar	in Kontinentaldollar
November 1780	226,0 Millionen Dollar	80,00–100,00	73,00 Dollar	in Kontinentaldollar

Quelle: Alexander Del Mar, *The History of Money in America* (Hawthorne: Omni, 1966).

Die Entwertung des Papiergeldes wurde durch die Einfuhr französischer Silberkronen und »Louis d'Or« vorangetrieben. Französische Truppen, die 1780 im Revolutionskrieg mitkämpften, kauften vor Ort mit Edelmetallen ein. Diese Goldkäufe standen mit dem amerikanischen Papiergeld in Konkurrenz, das die Regierung zur Kriegsfinanzierung nutzte. Der Wareneinkäufer des Bundesstaates Virginia beklagte, die Franzosen lockten mit ihrem Gold »Waren aus weiter Ferne an«.[28] Ein anderer berichtete:

> Das verführerische Metall entfaltet eine solche Wirkung, dass den Regierungsbeamten keine einzige Unze verkauft wird. Für diese Kronen und Louis d'Or gehen die Leute durch dick und dünn. Aus diesem widerstreitenden Interesse erwarte ich allerschlimmste Konsequenzen. Die amerikanische Armee wird ohne Zweifel darunter leiden.[29]

Der Wechselkurs des Kontinentaldollars schwankte in verschiedenen Landesteilen. Tabelle 2-1 verzeichnet laut Del Mar und Webster die Wechselkurse in der Stadt Philadelphia. Am 25. Dezember 1779 wurde der Kontinentaldollar 35 zu 1 gegen Edelmetall in New England, New York, North Carolina, South Carolina und Georgia gehandelt, jedoch 40 zu 1 in Pennsylvania, New Jersey, Delaware, Maryland und Virginia. Virginia hinkte den fallenden Kursen in Philadelphia um etwa einen Monat hinterher.

Im ersten Jahr wurde der Kontinentaldollar 1 zu 1 gegen Edelmetall getauscht. Von 1777 bis 1778 fiel der Kurs erst langsam und dann immer schneller, als die Menschen begannen, Edelmetalle zu horten und Papiergeld zu verschmähen. Bis 1779 und 1780 fiel das Papiergeld von 12 zu 1 auf 100 zu 1. Bis Mai 1781 verschwand das Papiergeld aus dem allgemeinen Handel und wurde nur noch als Spekulationsobjekt zu Kursen von 400 bis 1000 Kontinentaldollar für 1 Gold- oder Silberdollar gehandelt.

Warum hat der Kongress überhaupt damit begonnen, Papiergeld herauszugeben? Ein Kongressabgeordneter brachte es auf den Punkt (und sprach damit für Generationen von Politikern in den 200 Jahren nach ihm):

> Wozu sollte ich meinen Wählern Steuern aufbürden, meine Herren, wenn man doch bei der Notenpresse nach einem Wagen voll Geld schicken kann, von dem ein Bogen das Ganze bezahlen kann?[30]

Die Last der Geldentwertung lag damals wie heute bei all denen, die ihr Vertrauen unvorsichtigerweise in die Regierung gesetzt hatten. 1777 handelte es sich dabei um die Anhänger der Partei der Whigs, die am Papiergeld festgehalten hatten, anstatt es gegen Gold und Silber zu tauschen. Infolgedessen verloren viele von ihnen ihr Vermögen und ihren Lebensunterhalt. Die Anhänger der Partei der Tories dagegen, die der Regierung misstrauten, hatten ihr Papiergeld schnell veräußert und ihr

Gold gehortet. Damals wie heute wurden all diejenigen, die ihr Vermögen vor dem Papiergeld der Regierung beschützen wollten, »als Tories, Spekulanten und mit anderen Schmähnamen beschimpft«.

Es gab 1777 genauso viele Missverständnisse über die Gründe für die Geldentwertung wie heute: »Es ist eine Schande«, sagte eine patriotische alte Dame 1777, »dass der Kongress die armen Soldaten darben lässt, während es in ihrer Macht steht, so viel Geld wie nötig zu drucken«.[31] Das ist im Prinzip nichts anderes, als wenn unsere heutigen Abgeordneten mittels Federal Reserve System die Wirtschaft auf Kredit aufblähen, um die Arbeitslosen und Sozialhilfeempfänger zu entlasten.

1776 beobachtete der Kongress bereits den Wertverlust des Kontinentaldollars und erließ ein Gesetz, um diesen aufzuhalten. Es erinnerte an den sagenhaften König Knut den Großen, der seinen Thron an den Strand platzieren ließ und der Flut befahl, seine Füße nicht nass zu machen. Wenn der Kontinentaldollar nicht von selbst seinen Wert erhielt, dann würde der Kongress ihn eben festschreiben. In den späten 1770er-Jahren war sich der Kongress sicher, dass er die Märkte regulieren und bestimmen konnte, was die Menschen als Geld akzeptieren würden. Daher beschloss der Kongress im Januar 1776: »Wer auch immer die Bezahlung mit Kontinentaldollars ablehnt, soll zum Staatsfeind erklärt, als solcher behandelt und vom Gesellschaftsleben ausgeschlossen werden.«

5 Jahre lang verabschiedete der Kongress alle möglichen Gesetze, Währungsverfügungen, Preisobergrenzen und schwerwiegende Strafmaßnahmen, um den Wert des Kontinentaldollars zu erhalten. Ein »werter, jedoch unauffälliger Bürger Philadelphias« namens Pelatiah Webster beschrieb dies folgendermaßen:

> [...] Männer aller Art zitterten vor diesen ungeheuren Gewalten und wagten es nicht, in dieser ganzen Zeit, die Hand dagegen zu erheben, obwohl deren unbändige Energie immer an ihrem Zwecke scheiterte,

> sie die Übel sogar verschlimmerten, die sie bekämpfen sollten, und alle Vorteile zerstörten, die sie befördern sollten. [...] Viele Tausende wohlhabende und vermögende Familien wurden durch diese fatalen Maßnahmen in den Ruin getrieben und liegen immer noch darnieder, ohne die geringste segensreiche Wirkung für das Land oder die große und edle Sache, für die wir uns einsetzten.[32]

Nach 1779 wurden keine Kontinentaldollars mehr herausgegeben. Dennoch nahm ihr Wert in Gold- und Silbermünzen weiter ab und erreichte bis Ende 1780 etwa 100 zu 1 – und später sogar 0. 1781 unterlagen sie einem Abschlag von 99,5 bis 99,9 Prozent. Bei der öffentlichen Kreditausschreibung 1790 wurden sie zu einem Kurs von 100 zu 1 akzeptiert. Es ist richtig, dass die Zahlen für die Ausgabe echter Banknoten zu hoch angesetzt sind, weil die Briten die Kolonien in großem Umfang mit Fälschungen überschwemmten:

> Die britische Regierung unterstützte nach Kräften die Geldfälschung, um den Wert des Kontinentaldollars zu zerstören und den Amerikanern aufgrund der Mittellosigkeit eine Niederlage aufzuzwingen.[33]

Wenn der Kontinentaldollar nur ein einzelnes Beispiel dafür wäre, dass Gold Papiergeld schlägt, könnte man vielleicht glauben, dass die Geldentwertung durch die britischen Fälschungen verursacht wurde. Der Kontinentaldollar ist jedoch nur ein Beispiel unter vielen – alle unter unterschiedlichen Umständen –, aber alle deuten darauf hin, dass Gold oder Silber im Wettbewerb mit Papiergeld vom Markt verschwinden und das Feld dem Papiergeld überlassen, welches unweigerlich immer mehr an Wert verliert. Wie Webster sagt:

> So fiel, endete und verstarb die Kontinentalwährung im Alter von 6 Jahren. Andere Blasen dieser Art, so wie die Mississippi-Blase in

> Frankreich und die Südsee-Blase in England, brauchten nur wenige Monate, um den Totalverlust zu erleiden. Der Kontinentaldollar hielt dagegen länger und blieb bis zuletzt rege im Umlauf, selbst als der Kurs bei 500 zu 1 lag. Dennoch verschwand er sang- und klanglos [...].[34]

Die bittere Erfahrung des Kontinentaldollars blieb nicht ohne Wirkung. Die Gründerväter der USA hielten diese Lektion des Papiergeldes in der Verfassung fest. So heißt es in Artikel 1, Absatz 10: »Kein Bundesstaat darf […] Münzen prägen, Banknoten ausgeben, etwas anderes als Gold- oder Silbermünzen zum gesetzlichen Zahlungsmittel erklären […].« Im Jahr 1792 führte der Kongress ein Währungssystem ein, das rein auf Gold und Silber basierte und völlig auf Papiergeld verzichtete. Papiergeld wurde zu dieser Zeit aus gutem Grund verschmäht. Alexander Hamilton schrieb dazu:

> Den Regierungen der Bundesstaaten ist die Ausgabe von Papiergeld wohlweislich untersagt, und die Regierung der Vereinigten Staaten sollte den Geist dieses Verbotes beherzigen.[35]

Dieser Artikel 1, Absatz 10 ist von 1792 bis heute unverändert Teil der Verfassung geblieben. Laut Supreme Court (Oberstes Gericht der USA) haben Vorschriften, die für die einzelnen Bundesstaaten gelten, ebenfalls für die Bundesregierung zu gelten, wie bereits Alexander Hamilton festgestellt hat. Doch im heutigen Amerika sind keine Gold- und Silbermünzen mehr im Umlauf. Die Währung der Vereinigten Staaten basiert rein auf Papiergeld.[36] Als Nächstes werden wir sehen, wie wir in diese Lage gekommen sind und was getan wird, um unsere heutige Papiergeldblase zu erhalten.

KAPITEL 3

Die Wirkung des Goldstandards

»Die Menschheit soll nicht an einem goldenen Kreuz gekreuzigt werden.«

William Jennings Bryan, 1896

Schon bald haben Politiker und Geschäftsleute die Lektionen dieser frühen Experimente mit Papiergeld wieder vergessen. Im 19. Jahrhundert verglich man dieses gerne mit der Dampfmaschine. Das Papiergeld könne eine treibende Kraft für die Wirtschaft sein, ähnlich wie die Dampfmaschine, so hieß es. Eine Kraft, die vom eher knappen Gold und Silber nicht ausging. Es war eine frühe Version des modernen – und ebenso falschen – Arguments, dass es zu wenig Gold gebe, um eine moderne Wirtschaft zu betreiben. Diesen Behauptungen liegt der geheime Wunsch zugrunde, genug Geld für alle zu haben – ein Ding der Unmöglichkeit, bis alle Waren in solchem Überfluss vorhanden sind, dass sie kostenlos werden. All jene, die sich der Geschichte des Geldes bewusst waren, rieten davon ab. In seinem Standardwerk von 1833, *A Short History of Paper Money and Banking in the United States*, zeigt William Gouge auf, wie falsch der Vergleich Dampfmaschine und Papiergeld ist. Bei der Dampfmaschine kann man Unfällen mit Sicherheitsvorrichtungen vorbeugen, nicht aber beim Papiergeldsystem. Gouge schreibt:

> Wir können uns lange damit amüsieren, uns neue Arten des Papiergeld-Bankwesens auszudenken. Wir können vermuten, dass eine Währung, die bei jedem Versuch nur Unheil angerichtet hat – ob in China, Persien, Hindustan, der Tatarei, Japan, Russland, Schweden, Dänemark, Österreich, Frankreich, Portugal, England, Schottland, Irland, Kanada, den Vereinigten Staaten, Brasilien und Buenos Aires –, große Wohltaten bringen könnte, wenn wir sie nur richtig einsetzten. Wir können uns einreden, dass Papiergeld zwar immer ins Verderben geführt hat, aber nur weil es nicht richtig benutzt wurde. Wenn das erfundene Geld nicht dem Wesen nach übel ist, kann man davon ausgehen, dass etwas in der menschlichen Natur uns daran hindert, es adäquat einzusetzen. Es bedarf keiner weiteren Experimente, um der Menschheit diese Wahrheit aufzuzeigen.[37]

William Gouge schrieb diese Anklage 1833, basierend auf der Erfahrung zahlreicher Papiergeldkatastrophen, darunter jene in Frankreich, England und den Vereinigten Staaten, die wir bereits besprochen haben. Gouge arbeitete von 1834 bis 1862 beim US-Schatzamt im Stab des Finanzministers und als Berater mehrerer demokratischer Regierungen. Er stand philosophisch in der Laissez-faire-Tradition von Andrew Jackson und Thomas Jefferson und argumentierte, dass Menschen »Gold und Silber als Geld verwenden, weil sie an diesen Edelmetallen besondere Qualitäten ausmachen, die sie als werthaltig auszeichnen und die, in Münzform geprägt, als Handelsmedium dienlich sind«.[38]

Alle Übel von Wirtschaftsschwankungen, Spekulationen, Depression bis hin zur Inflation schrieb Gouge dem Papiergeld zu und führte als Beweis die niedrige Anzahl vorrevolutionärer (und damit dem Papiergeld vorhergehende) Firmenpleiten an und die niedrige Anzahl solcher Pleiten in Städten wie Hamburg und Bremen, die ebenfalls auf Papiergeld verzichtet hatten.

Im vorangegangenen Kapitel haben wir die tragischen Papiergeldinflationen in Frankreich und den Vereinigten Staaten und die kleinere Inflation in England vor 1820 umrissen, die die Grundlage für Gouges Gedanken und seine Schriften bildeten. In diesem Kapitel vergleichen wir diese bitteren Erfahrungen mit dem Papiergeld mit der unangefochtenen Herrschaft des Goldstandards im 19. Jahrhundert.

Von 1814 an, als Frankreich den Gold-Napoleon einführte, gefolgt von der Einführung des Goldstandards in Großbritannien 1821, beherrschte das Gold bis 1914 die Weltwirtschaft. In diesem Jahrhundert wuchsen die Großmächte Europas und die Vereinigten Staaten von rückständigen, ländlichen Gesellschaften zu modernen Industrieriesen heran. Der Welthandel florierte und nahm ein bisher nie gekanntes Ausmaß an. Der Menschheit blieben die Geißel der Inflation und ihre unweigerliche Folge, die Depression, erspart, da es der strenge Goldstandard den Regierungen unmöglich machte, ihre Währungen zu entwerten. Die kleinen Krisen, die es gab und die in unseren Wirtschaftsgeschichtsbüchern dramatisiert werden, haben meist mit Bankmanipulationen von Krediten und Märkten oder mit einer falschen Regierungspolitik zu tun – und nicht mit dem Goldstandard an sich.

Autor Franz Pick hat die außerordentliche Stabilität des Goldstandards im 19. Jahrhundert im Vergleich mit 1500 Währungsabwertungen in den 30 Jahren von 1946 bis 1976 verglichen. »Das sogenannte goldene Zeitalter der Währungsstabilität sieht heute wie das Paradies aus«, so Pick. Folgende große Währungen folgten dem Goldstandard:[39]

Französischer Franc	1814–1914	100 Jahre Stabilität mit dem Goldstandard
Holländischer Gulden	1816–1914	98 Jahre Stabilität mit dem Goldstandard
Pfund Sterling	1821–1914	93 Jahre Stabilität mit dem Goldstandard
Schweizer Franken	1850–1936	86 Jahre Stabilität mit dem Goldstandard
Belgischer Franc	1832–1914	82 Jahre Stabilität mit dem Goldstandard
Schwedische Krone	1873–1931	58 Jahre Stabilität mit dem Goldstandard
Deutsche Mark	1875–1914	39 Jahre Stabilität mit dem Goldstandard
Italienische Lira	1883–1914	31 Jahre Stabilität mit dem Goldstandard

Was für ein Kontrast! Heute, also im Jahr 1977, besitzt nur noch der Schweizer Franken mit seinen Goldreserven langfristige Stabilität. Die restlichen Weltwährungen, darunter auch der Dollar, machen eine Runde der Entwertung und Wechselkursschwankung nach der anderen durch und treiben Investoren, Export, Manager und Touristen zur Verzweiflung. Es gibt heute keine festen Wechselkurse und keine Stabilität mehr, weil stabile Wechselkurse den Goldstandard voraussetzen.

Die Lateinische Münzunion

Die Lateinische Münzunion* wurde 1865 nach einigen kurzen Treffen zwischen Frankreich, Belgien, Italien, der Schweiz und Griechenland

* Anm. d. Verlages: Offiziell »Union monétaire latine«.

ins Leben gerufen. Sie ist ein hervorragendes Beispiel, wie eine Währungsunion funktionieren sollte, im Gegensatz zu den heutigen Währungsabkommen, die nur wenige Monate halten, wenn überhaupt. Die wichtigste Funktion solcher Konferenzen scheint heute zu sein, den Finanzbeamten üppige Luxusreisen in sonnige Ferienparadiese zu spendieren. (Solche Währungskonferenzen werden nur sehr selten in Reykjavík auf Island oder in Dakar im Senegal abgehalten.)

Jedenfalls schlugen diese Länder eine Goldmünze gleichen Gewichts und Wertes, mit einem Feingehalt von 900. Andere Länder wie Finnland und Spanien in Europa, Russland und die Philippinen in Asien sowie Kolumbien und Venezuela in Lateinamerika zogen mit gleichwertigen Münzen nach. Die französische 100-Franc-Goldmünze mit 32,2580 Gramm, zwischen 1855 und 1913 geprägt, war der Standard der Münzunion. Die kolumbianische 20-Peso-Münze (1859–1877) wog ebenfalls 32,2580 Gramm und hatte einen Feingehalt von 900. Die belgische 100-Franc-Münze (1853–1912), die guatemaltekische 20-Peso-Münze (1869–1878), die griechische 100-Drachmen-Münze (1876), die italienische 100-Lire-Münze (1832–1927), die russische 25-Rubel-Münze (1896–1908), die Schweizer 100-Franken-Münze (1925) und die venezolanische 100-Bolivar-Münze (1875–1889) wogen alle 32,2580 Gramm und hatten einen Feingehalt von 900. Sogar nach der Auflösung der Lateinischen Münzunion 1926 wurde der Standard weiterverwendet – wie bei der albanischen 100-Franc-Münze (1926–1938) und der liechtensteinischen 100-Franken-Münze von 1952.

Er kam zwar nicht der 1000-jährigen Geschichte des byzantinischen Gold-Solidus nahe, aber der französische 100-Franc-Goldstandard behielt seinen Wert ein Jahrhundert lang – länger als jede Papierwährung der Weltgeschichte. Die Lateinische Münzunion war ein effektives internationales Währungssystem, das über 60 Jahre lang Währungsstabilität garantierte und den Handel erleichterte. Man vergleiche nur, was mit denselben Ländern passierte, als sie den Goldstandard für

Papiergeld verließen. Frankreich hat seit 1914 zwei katastrophale Inflationsphasen durchlebt. Griechenland erlebte, wie der Wert der Drachme auf null fiel. Das russische Papiergeld wurde 1917 und ein paar Jahre danach wertlos, und die sowjetische Papierwährung war auf dem Weltmarkt nicht handelbar. Die italienische Lira besaß nur einen Bruchteil ihres früheren Wertes.

Warum also nicht den wackeligen Papiergeldpakt und die heutigen, mit der heißen Nadel gestrickten, zeitweiligen Abkommen gegen eine Währungsunion durch den Goldstandard ersetzen? Die einfache Antwort: Ein Goldstandard ist unpolitisch und lässt sich nicht von Politikern und utopischen Akademikern instrumentalisieren. Gold ist die effektivste Disziplinarmaßnahme gegen finanzielle Verantwortungslosigkeit. Vom Papiergeldinflationssystem leben zu viele Profiteure, um ein stabiles und gerechtes Währungssystem zu ermöglichen. Die einzige effektive Möglichkeit, heute die Stabilität eines Goldstandards zu schaffen, bestünde darin, das Papiergeld *individuell* zu ignorieren und zu umgehen und zur Verwendung von Goldmünzen und Verträgen mit Gold überzugehen.

William Jennings Bryan hatte einen emotionalen Wahlslogan: »Die Menschheit soll nicht an einem goldenen Kreuz gekreuzigt werden.« Aber weder Bryan noch unsere heutigen Politiker wollten für das monetäre Chaos aus Inflation, Deflation und Instabilität geradestehen, das Papiergeldsysteme verursachen.

Während die Erfahrung des 19. Jahrhunderts mit dem Goldstandard nahelegt, dass eine 100-prozentige Golddeckung nicht nötig ist, um Währungsstabilität herzustellen, ist sie trotzdem die beste Sicherheit, solange wir von eigennützigen Politikern regiert werden. Der französische Franc, der die Basis der Lateinischen Münzunion bildete, war zeitgleich mit ungedecktem Papiergeld im Umlauf. Die folgende Tabelle stellt die relativen Geldmengen in Papier und Gold dar, die in Frankreich im Umlauf waren:

Tabelle 3-1: **Verhältnis von Papiergeld und goldgedeckten Francs von 1801 bis 1886**

Jahr	Gold- und Silbermünzen	Papiergeld	Gesamt	Anteil Edelmetall
1801	2290	30	2320	98,7 %
1806	2300	65	2365	97,3 %
1814	2100	25	2125	98,8 %
1830	2615	225	2840	92,1 %
1833	2625	215	2840	92,1 %
1837	2850	204	3054	93,3 %
1847	2500	240	2740	91,2 %
1849	2575	435	3010	85,5 %
1852	2875	670	3545	81,1 %
1860	3600	750	4350	82,8 %
1870	3750	1750	5500	68,2 %
1876	5000	2550	7550	66,2 %
1886	6000	2800	8800	68,2 %

Quelle: Alexander Del Mar, *Money and Civilization* (Hawthorne, Kalifornien: Omni 1975), Seite 290–291.

Bis 1847 machten Goldfrancs über 90 Prozent aller im Umlauf befindlicher Währung aus. Auffällig ist, dass Krieg und Revolution im Laufe des 19. und 20. Jahrhunderts zu Veränderungen im Verhältnis von Gold zu Papiergeld führten. 1849 können wir eine abrupte Veränderung des Papiergeldanteils im Zuge der Märzrevolutionen 1848 feststellen. In den 1860er-Jahren fiel im Zuge von Krieg und Kriegsvorbereitungen der Edelmetallanteil von 82 Prozent auf 68 Prozent. Mit dem Kriegsausbruch 1914 wurde der Goldstandard aufgehoben, doch 1849 und 1870 wurde das Gold nur teilweise von Papier ersetzt.

Diese europäische Tradition der Goldmünzen und goldgestützten Geldnoten (bis 1914) wurde in den USA nicht so gründlich oder nachdrücklich angenommen wie in Europa. Der Bundesstaat Kalifornien, Heimat des Goldrausches, kam bis 1870 ohne Papiergeld aus, aber bereits im 19. Jahrhundert spielte das Papiergeld eine wichtige Rolle in der amerikanischen monetären Tradition.

Die amerikanische Erfahrung mit Gold

Bis zum Jahr 1830 waren relativ wenige Goldmünzen in den USA im Umlauf, weil das US-Finanzministerium Gold unterbewertete und damit den Export von Goldmünzen befeuerte (siehe Seite 131–132). Von 1830 bis zur Jahrhundertmitte waren im Osten der USA sowohl Papiergeld als auch Goldmünzen im Umlauf, im Goldrausch-Kalifornien gab es bis zum Bürgerkrieg praktisch nur Goldmünzen. Manche wurden durch die Bundesgeldpresse herausgegeben, noch mehr in den 1840er- und 1850er-Jahren von privaten Münzstätten, und manche Goldbarren des Schätzamtes wurden halblegal als Währung verwendet. Die Kalifornier wehrten sich gegen den Einsatz des Greenbacks durch den Bund im Bürgerkrieg. Die Kaufleute von San Francisco beschlossen für sich, den Goldstandard beizubehalten. Der Konkurrenzkampf zwischen privaten und staatlichen Prägeanstalten wurde 1864 zwar unterbunden, aber noch 1914 bemühte sich das US-Finanzministerium, in San Francisco die privaten Goldmünzen aus dem Verkehr zu ziehen.

Bemerkenswert ist, dass die privaten Goldmünzen in Kalifornien und Colorado einen höheren Standard als die der Bundesregierung aufwiesen. Die Privatbank Clark, Gruber & Co. aus Denver, Colorado, münzte 1860 bis 1861 zum Beispiel den Eagle (Anm. d. Verlages: »Adler«, US-amerikanische Goldmünze im Wert von 10 Dollar), Half Eagle (»Halber Adler«) und den Quarter Eagle (»Viertel Adler«).

Diese hatten denselben Feingehalt wie die Regierungsmünzen, waren aber 1 Prozent schwerer als die Münzen des Bundes, um dem Abrieb vorzubeugen. Wäre die Bundesregierung nur so vorsichtig im Umgang mit ihrem Ruf! Die Gründe für diesen hohen Standard liegen auf der Hand: Eine Privatfirma muss in erster Linie auf ihren guten Ruf achten, und der Ruf einer Münzfirma hängt primär vom vollen Gewicht ihrer Goldmünzen ab. Einer Regierung kann ihr Ruf egal sein. Im Zweifelsfall kann der Staat seinen Bürgern mit Polizeigewalt eine Währung aufzwingen. Diese Erfahrung legt nahe, dass eine Rückkehr zu Privatmünzen wie in Kalifornien und Colorado Mitte des 19. Jahrhunderts das Vertrauen und den Wert des Geldes wiederherstellen würde.

Der amerikanische Bürgerkrieg (1861–1865) brachte den USA die erste Aufhebung der Umtauschbarkeit der Währung in Gold und die erste, nicht durch Gold gedeckte Fiatwährung. (Der Kontinentaldollar war immer in Gold und Silber umtauschbar, sogar als der Wert fiel.) Im Jahr 1861 kamen mehrere Ereignisse zusammen, die einen Sturm auf die Banken auslösten: ein Abfluss der Bankreserven aufgrund von Staatsanleihen, die Gefahr eines Krieges mit England und ein drohender Staatsbankrott. Mangels Goldreserven setzte das Bankensystem die Umtauschbarkeit von Papiergeld gegen Gold aus, und die USA verließen den Goldstandard von 1862 bis 1879. Im Jahr 1862 genehmigte der Kongress die Ausgabe von Papiergeld, die sogenannten »Greenbacks«. Bis zum Ende des Bürgerkrieges waren 450 Millionen Dollar Papiergeld im Umlauf. Der Papier-Greenback wurde von Anfang an mit einem Abschlag zum Gold gehandelt. Durch die so verursachte Inflation verdoppelten sich in den letzten 3 Jahren des Bürgerkrieges die Lebenshaltungskosten.[40]

Auf der Internationalen Währungskonferenz 1867, bei der die USA prominenter Teilnehmer waren, wurde der Goldstandard allgemein angenommen. Im Ergebnis setzte der US-Kongress das Gewicht des Golddollars per Gesetz bei 1612,90 Milligramm fest, »um die Einheit der Währung in der Christenheit, von San Francisco bis Konstantinopel, dauerhaft festzulegen«.[41] Der Dollar blieb jedoch bis 1879 vom Gold abgekoppelt. Das US-Papiergeld verlor gegenüber Gold und dem Pfund Sterling, das immer noch von Gold gestützt war, enorm an Wert. 1879 kehrten die USA wieder zum Goldstandard zurück. Auf Umtauschbarkeit und feste Wechselkurse folgte eine Zeit der relativen Stabilität und des Industriewachstums.

Wenn man das gesamte 19. Jahrhundert betrachtet, ging den relativ kurzen Wirtschaftszyklen (1819–1820, 1839–1843, 1857–1860, 1873–1878 und 1893–1897) jeweils eine lockere Geldpolitik voraus. Auf jede von der Regierung finanzierte Wachstumsphase folgte ein Wirtschaftsrückgang. Dasselbe Muster kann man im 20. Jahrhundert in den Jahren 1920–1921, 1929–1933 und seit dem Zweiten Weltkrieg feinjustiert unter der keynesianischen Ordnungspolitik* beobachten.

Die offizielle Bewertung von Gold im US-Währungssystem unterscheidet sich wie Tag und Nacht, je nachdem, ob man Erklärungen liest, die vor oder nach 1960 geschrieben wurden. Vor 1960 galt Gold als Herzstück des amerikanischen Währungssystems. Laut dem offiziellen Handbuch des Federal Reserve System von 1947 ist Gold »die Grundlage der Federal-Reserve-Kredite. […] Im amerikanischen Währungssystem wird der Standarddollar durch Gewicht in Gold definiert«.[42]

Bis 1961 wurden internationale Wechsel in Gold vollzogen, so das Federal-Reserve-Handbuch: »Goldbewegungen von einem Land zum anderen sind die Grundlage des internationalen Handels.«[43] Internationale Zahlungen konnten dadurch beglichen werden, dass man in den USA einen Kredit aufnahm, indem man Dollars auf dem Konto hatte oder indem man bei der US-Regierung Gold einwechselte. Letztere

---

* Anm. d. Verlages: John Maynard Keynes (1883–1946) war ein britischer Ökonom, dessen Wirtschaftstheorie die wirtschaftspolitische Grundlage des modernen Wohlfahrtsstaates darstellt.

Möglichkeit war eine Notfallmaßnahme und bestand meistens daraus, dass das besagte Land eine bestimmte Goldmenge bei der Federal Reserve in New York gutgeschrieben bekam. Nur selten wurde tatsächlich physisches Gold in andere Länder geschickt; dies geschah in der Regel nur bei Anlässen, die das internationale politische Misstrauen widerspiegelten.[44]

Das Gold floss seit der Neubewertung durch Präsident Franklin Roosevelt 1934 bis 1948 in die USA. Es war das Ergebnis der gesunden Handelsüberschüsse der USA. Doch seit 1948 wandert das Gold aus den USA ab, vor allem in den 1960er-Jahren. Nach der herkömmlichen Geldlehre werden durch einen Abfluss des Goldes die Währungsreserven verringert. Wenn ein bestimmter Gegenwert des Geldes in Gold gesetzlich vorgeschrieben ist (40 Prozent im Jahr 1914, 25 Prozent vom Zweiten Weltkrieg bis zur Aufhebung durch Präsident Johnson 1968), nimmt mit schwindenden Goldreserven auch die Geld- und Einlagenmenge ab. Dadurch nehmen Importe ab und Exporte zu, womit das Handelsdefizit korrigiert und der Goldabfluss abnehmen wird.

Diese Disziplinarfunktion des Goldes stört viele Politiker, Wirtschaftslenkungsbürokraten und -wissenschaftler. Für einen Politiker ist es immer das einfachste, mit gedrucktem Geld Stimmen zu kaufen, und die Bürokraten haben jeden Anlass, das Spiel mitzumachen und ihre Macht auszubauen. Unter dem Einfluss der neuen Philosophie »Etwas aus Nichts schaffen« zielen die offiziellen Aussagen darauf ab, die Golddeckung schlechtzureden:

> Die Finanzkraft der Federal Reserve ist heute so stark, dass sie bei Bedarf die Kredit- und Geldmarktwirkung aller Goldbewegungen nach Belieben ausgleichen kann.[45]

Dies bedeutet, dass Politiker vor einer Wahl (»bei Bedarf«) nach Gutdünken die Warnsignale des Goldabflusses ignorieren, die automatischen Kontrollmechanismen aushebeln (»nach Belieben ausgleichen«)

und immer mehr Geld und Kredite in den Markt pumpen können (um die unerwünschten »Kredit- und Währungseffekte der möglichen Goldbewegungen« zu eliminieren).

Zu den Taschenspielertricks, die unsere großmannssüchtigen Kollektivisten zu ihrer Rechtfertigung einsetzen, gehört die Behauptung, dass es nicht genug Gold gebe und der Markt »mehr Liquidität« benötige. Diese Binsenweisheit wird meistens in der Form ausgedrückt, dass es nicht genug Gold in der Welt gebe, um damit ein Währungssystem zu unterhalten. Sogar die offizielle Stimme des Kapitalismus, *Business Week*, unterschrieb diesen Fehlschluss mit der Behauptung, Gold sei »bei 100 Dollar pro Unze zu teuer, um als Geld zu dienen«.[46]

Die Redakteure der *Business Week* und alle kompetenten Wirtschaftswissenschaftler sollten es besser wissen. Es ist völlig irrelevant, wie viel Gold existiert. Was zählt, ist der Goldpreis. Der Markt sorgt dafür, dass es genug Gold für sämtliche Nachfrage gibt, inklusive des Einsatzes als Währung. Das ist die erste Regel von Angebot und Nachfrage, die in jedem Einführungskurs in die Wirtschaftswissenschaften gelehrt wird. Dennoch akzeptieren scheinbar erstaunlich viele, sonst gut unterrichtete Ökonomen (die alle diesen Grundlagenkurs belegt haben müssen) und Finanzkommentatoren diese Ente. (Mehr zur Theorie dahinter auf Seite 120.) Seine Eignung als Währung liegt sogar genau in der Tatsache begründet, dass die Goldmenge begrenzt ist. Die Seltenheit bestimmt den Wert und beschränkt die Möglichkeit für finanziellen Missbrauch. Für Papiergeld hingegen gibt es keine Grenze, daher gibt es auch keine Untergrenze für seinen Wert. Daher die Inflation. Die modernen Wirtschaftswissenschaftler haben vielleicht versucht, die Quantitätstheorie des Geldes zu beerdigen, aber ihr frommer Wunsch ändert nichts an der wirtschaftlichen Realität.

Ein marktgerechter Goldpreis könnte bei einer 100-prozentigen Deckung aller aktuellen Papiergeldnoten leicht bei 800 bis 1000 Dollar pro Unze liegen (1977).[47] Das wäre auf jeden Fall eine angenehme Überraschung für all jene, die vorausschauend genug waren, Gold zu besitzen. Es würde jedoch die psychische Vernichtung all jener bedeuten, die ihre Karriere darauf aufgebaut haben, allen das Blaue vom Himmel zu versprechen. Deshalb müssen diese zum Zwecke ihrer eigenen Selbsterhaltung ihre Kampagne gegen das Gold fortsetzen.

Der totalitäre Angriff auf das Gold

Der Leser mag sich nun fragen: Wenn nur Gold für Stabilität sorgen kann, warum dann die allgegenwärtige Propaganda für das Papiergeldsystem? Vor allem, wenn am Ende immer das wirtschaftliche Chaos steht? Wir haben bereits die Politiker als Mitschuldige ausgemacht, aber Bankiers, Wirtschaftswissenschaftler und Akademiker sind genauso daran schuld.

Wenn wir früher Geldmarkterfahrungen in die Moderne übertragen haben, sollte es uns nicht wundern, dass alle totalitären Systeme, vom Frankreich unter John Law bis zum Dritten Reich unter Adolf Hitler und dem Sowjetreich unter Josef Stalin, gegen Gold Krieg geführt haben. Es ist sogar eine Grundvoraussetzung für autoritäre Staaten, dass der individuellen Souveränität, die das Gold bietet, ein Ende gesetzt werden muss. Gold bedeutet Selbstbestimmung. In einer Diktatur muss alle Souveränität in den Händen der herrschenden Elite konsolidiert werden.

Ein frühes Beispiel ist das Papiergeldsystem des Bankiers John Law im Frankreich des 18. Jahrhunderts. Nachdem er eine Privatbank auf der Grundlage von Papiergeld statt Edelmetallen gegründet hatte, lud der französische Königshof Law ein, »zum Wohle Frankreichs« ein ähnliches System einzuführen: die Banque Royale. Natürlich ging es dabei in erster Linie um das Wohl des autoritären Staates. Während unser heutiges System den Launen der Politiker ausgeliefert ist, hing John Laws System von der Laune des Königs ab. Die Druckereien machten Überstunden, und den französischen Bürgern wurde das

Papiergeld per Gesetz aufgezwungen. Als die Franzosen protestierten, schlug Law dem König vor, »die Menschen zu verpflichten, das Papiergeld anzunehmen«.[48]

Es war verboten, Edelmetalle in bestimmte Städte zu transportieren, und die Bezahlung oder Annahme von Silber- oder Kupfermünzen war ab einer bestimmten Menge ebenfalls untersagt. Kurz bevor die Papierblase platzte, brach die Wirklichkeit unsanft herein. Aufmerksame Beobachter merkten, dass der Wert aller Papiere, die die Banque Royale ausgegeben hatte, nicht mit allen Edelmetallen der Welt zu decken war, geschweige denn mit denen, die im Besitz Frankreichs waren. Diese aufmerksamen Zeitgenossen begannen, ihr Papiergeld in Gold, Diamanten und Immobilien einzutauschen und die Füße danach still zu halten.

Daher schlug John Law im 18. Jahrhundert einen Kurs ein, den auch der Schatzmeister und Ex-Banker William Simon 200 Jahre später einschlagen sollte. Er erklärte den Krieg gegen das Gold, um das Monopol des Papiergeldes zu wahren. Das Papiergeld wurde durch ein königliches Dekret für wertvoller als Gold erklärt. Als diese Verordnung ignoriert wurde, wurden Preiskontrollen eingeführt. John Law musste zuvorderst das *Vertrauen* in Papiergeld bewahren. Je mehr John Law das Gold angriff, desto begehrter wurde es. Als das Gold vom Markt verschwand, tauschten die Menschen ihr Papiergeld in alles, was Wert hatte: Juwelen, Kleidung, Lebensmittel, sogar Bücher. Wie der Law-Biograf Georges Oudard bemerkte: »In Ermangelung besserer Alternativen kaufte Lagrange, einer der prominentesten ›Verwirklicher‹, eine Gesamtausgabe von Bayles Lexikon.«[49]

Als Laws Frau ihm berichtete, dass ein Pariser Ladenbesitzer 1000 Papierlivre für Stoff im Wert von 360 Goldlivre verlangte,

schickte Law nach dem Mann und erklärte ihm, dass es im Königreich nur eine Währung gab und das Papiergeld genauso gut war wie Gold. »Nein«, sagte der Mann, »wenn Sie meinen Stoff verbrennen,

> bleibt Ihnen danach immer noch etwas übrig. Aber wenn ich eine Ihrer 1000 Livre-Noten verbrenne, habe ich nur noch Asche«.[50]

Seit 1960 hat das US-Finanzministerium viele ähnliche Maßnahmen wie John Law getroffen, um das Vertrauen in Papiergeld zu stärken und das Gold vom Markt zu drängen. Und die »Verwirklicher« sind wieder am Werk. Die heute am »Goldfieber« Erkrankten wissen ganz genau um den Irrtum des Papiergeldes – und investieren nach Kräften in handfestes Gold und Silber. Wie erwähnt, brachte der berühmte französische Staatsmann Talleyrand 1790 das Problem der »Papiertiger« auf den Punkt:

> Man kann die Menschen zwingen, 1000 Livre Papiergeld für 1000 Livre Hartgeld zu akzeptieren. Aber man kann niemanden zwingen, 1000 Livre Hartgeld für 1000 Livre Papiergeld zu geben. Das ist der springende Punkt. Das ist der Grund, warum das ganze System auseinanderfällt.

Kurz gesagt, kann man die Menschen vielleicht zwingen, Papiergeld für ihre Waren und Dienstleistungen anzunehmen, aber man kann sie nie wirklich überzeugen, ihr Gold gegen Papier einzutauschen. Warum nicht? Weil die Menschen das Gold lieber horten, als es herzugeben.

Wie zu Laws Zeiten funktionieren aktuelle sozialökonomische Ideen wie der Keynesianismus, die die Aufgabe der individuellen wirtschaftlichen Freiheit und Kontrolle erfordern, in totalitären Gesellschaften am besten. Um effektiv zu funktionieren, setzen sie voraus, dass das Gold als Tauschwährung eliminiert wird. In einem verständlicherweise wenig bekannten Vorwort zur deutschen Ausgabe seines Buches *Allgemeine Theorie der Beschäftigung, des Zinses und des Geldes* gab Keynes dies selbst zu. Er schrieb:

> Die Theorie der gesamtwirtschaftlichen Nachfrage [...] kann dennoch viel leichter an die Bedingungen des Gesamtstaates angepasst werden

> als die Theorie der Produktion und Verteilung einer bestimmten Produktion, die unter den Bedingungen des freien Wettbewerbs und einer gehörigen Portion Laissez-faire aufgestellt wurde [...].

Der Nazistaat, der Keynes wohl beim Verfassen dieses Vorworts vorschwebte, erklärte dem Gold ebenfalls den Krieg. Im Fall des Dritten Reiches war es der letzte Schritt der Welteroberungspläne der Nazis, nicht der erste. Am 25. Juli 1940 beschrieb Reichsbankpräsident Walther Funk die neue Wirtschaftsordnung der Nazis und behauptete, dass die US-Goldreserven in Fort Knox (damals 20 Milliarden Dollar wert) bald wertlos sein würden. Die Parallelen zwischen diesem Streben der Nazis nach einer »Neuen Weltordnung«, mit fünf oder sechs regionalen Wirtschaften, und den heutigen Bemühungen Jimmy Carters und der Trilateralen Kommission in den USA nach einer »Neuen Weltordnung« sind bemerkenswert.[51]

Der heutige Angriff aufs Gold ist der wesentliche Bestandteil eines Plans für eine neue Wirtschaftsordnung unter der Vorherrschaft eines einzigen Landes. In den 1940er-Jahren war es Nazideutschland. Heute sind es die Vereinigten Staaten. Der Krieg gegen das Gold, den wir heute beobachten und in diesem Buch diskutieren, ist ein Dollar-Imperialismus, der den US-Dollar konkurrenzlos als einzige Weltwährung erhalten soll.[52] Damit soll ein totalitärer Weltstaat unter der Führung der Wall Street geschaffen werden.

Die sogenannte »Diktatur des Proletariats« der Sowjetunion hat, was das Gold angeht, einen extrem pragmatischen Ansatz gewählt. Lenin verurteilte das Gold noch als wertloses Relikt des Kapitalismus, aus dem man höchstens Kloschüsseln fertigen könne. Sein Nachfolger Stalin erkannte jedoch den Beitrag des kalifornischen Goldrausches 1849 zum amerikanischen Wirtschaftswachstum. Zuverlässigen Quellen[53] zufolge beschloss Stalin, denselben Goldmechanismus einzuführen, um den sowjetischen Kommunismus voranzubringen.

Während der Besitz von Gold den Sowjetbürgern streng verboten ist, sind Russlands Goldvorräte ein wichtiges Werkzeug beim Kauf moderner Technologien, die für ihre marode Wirtschaft so dringend gebraucht werden, um den militärischen Machtapparat der UdSSR weiter auszubauen. Während sich die USA 1975 auf einem Kreuzzug gegen das Gold befanden, fuhr die Sowjetunion den gegenteiligen Kurs und gab zum ersten Mal seit 1923 eine Goldmünze für den Außenhandel heraus. Die Neuauflage der Tscherwonetz-Zehnrubelmünze mit einem Feingewicht von 7,74 Gramm und einer 900er Rotgoldlegierung war nur ausländischen Käufern vorbehalten. Die eminent praktisch eingestellten Sowjets fanden im Gold ein zweischneidiges Schwert, um ihre totalitäre Gesellschaft aufzubauen und den sowjetischen Imperialismus auszudehnen. Dem russischen Volk im Inland wird natürlich die Souveränität, die das Gold verleiht, verwehrt. Doch nach außen wird die universelle Akzeptanz des Goldes benutzt, um Nahrung und Technologie zu beschaffen und die inneren Schwächen einer totalitären Gesellschaft zu kaschieren.

Eine totalitäre »Neue Weltordnung« ist vermutlich das traurige Schicksal des einst vielversprechenden amerikanischen Traums einer freiheitlichen Gesellschaft mit begrenzter Regierungsmacht. Diese Gesellschaft wandelt sich zu einem totalitären Albtraum, und der Krieg gegen das Gold ist die wichtigste Voraussetzung, um diesen totalitären Staat einzuführen. Die Politik der USA besteht darin, den Dollarwettbewerber Gold vom Welthandel zu verdrängen. Dieses monopolistische Ziel wird langfristig und schrittweise vollzogen. Gewiss wird sich irgendwann in der Zukunft, unter dem Druck der wirtschaftlichen Ereignisse, das Gold wieder durchsetzen, und die Eliten des Establishments werden vor der Wahl stehen, sich entweder der Disziplinierung durch den Goldstandard zu beugen oder nackte Gewalt einzusetzen, um amerikanischen Bürgern und der Weltöffentlichkeit ein künstliches Papiergeld aufzuzwingen. Die Geschichte der totalitären Eliten legt uns nahe, dass sie lieber Gewalt anwenden werden, als den Bürgern das Recht zuzugestehen, zu entscheiden, welches Geld ihnen lieber ist.

Wir können diese Diskussion über Gold als Hort der individuellen Freiheit und den Grund für den Angriff auf Gold mit einem Zitat von Friedrich August von Hayek beenden:

> Beinahe alle Regierungen der Weltgeschichte, bis auf die Zeit des Goldstandards, haben ihre Macht als Währungsemittent dazu genutzt, ihr Volk zu betrügen und auszurauben. Was gefährlich ist und abgeschafft werden sollte, ist nicht das Recht der Regierung, Geld auszugeben, sondern ihr exklusives Recht, dies zu tun, und die Macht, die Menschen zu zwingen, dieses Geld zu einem bestimmten Kurs zu akzeptieren.[54]

Kurzum kann die individuelle Freiheit nur unter einem Goldstandard ohne fiskalische Monopolmacht garantiert werden. Darum ist die Disziplinierung durch das Gold so wichtig.

KAPITEL 4

Die Inflationsblase nach 1920

»Von allen Erfindungen, um die arbeitende Klasse der Menschheit zu betrügen, war keine effektiver als die Flut des Papiergeldes.«

Daniel Webster

»Bis heute ist noch nicht bewiesen worden, dass man eine Behörde einrichten kann, der man die Befugnis zur Verwaltung der Währung anvertrauen könnte, ohne dass dies letztlich katastrophale Folgen hätte.«

Adolph Miller, Mitglied des Federal Reserve Board; zitiert nach Percy L. Greaves, *Understanding the Dollar Crisis* (Boston: Western Islands, 1973), Seite 231

Die heutige Geldlandschaft der Welt ist einzigartig in der Geschichte. Alle Länder benutzen eine Papiergeldwährung, und nur eine Handvoll Währungen – zum Beispiel der Schweizer Franken – haben noch eine rudimentäre, disziplinierende Bindung an Gold. Die unverantwortliche

Inflation der Geldmenge hat auf der Welt zwei- und dreistellige Inflationsraten verursacht. Täglich werden wir an das treffende Zitat von Ludwig von Mises erinnert:

> Die Regierung ist die einzige Instanz, die ein so nützliches Gut wie das Papier nehmen, es mit Tinte bedrucken und vollkommen wertlos machen kann.

Das Federal Reserve System der Vereinigten Staaten ist eher ein privatwirtschaftliches Monopol der gesetzlichen Währung, das vom Kongress verliehen und von den Gerichten bestätigt wird, als ein Regierungsmonopol wie in Frankreich oder Deutschland. Die Verantwortung für eine Inflation der Notenausgabe liegt allein bei der Federal Reserve, genauso wie die Manipulation und Erhöhung der riesigen Schuldenpyramide (gemeint ist die Kaufkraft, die von Banken mittels Computer- oder Buchhaltungseinträgen geschaffen wird). Die Notenausgabe und Schuldenaufnahme sind die einzigen Ursachen der Inflation. Alle anderen sogenannten »Ursachen« von Preissteigerungen sind lediglich Symptome. Die traurigen Konsequenzen von John Laws Banque Générale in Frankreich, den Assignaten, dem Kontinentaldollar und anderen Beispielen, die unweigerlich die Konsequenz der Geldinflation illustrieren, werden einfach ignoriert. Trotz dieser historischen Lektionen erleben wir seit 1920 bis heute (Anm. d. Verlages: Ersterscheinung des Buches war 1977) außerordentliche Inflationen.[55]

In den vorangegangenen Kapiteln haben wir die Ausgabe von Assignaten, Papierpfund und Kontinentaldollar betrachtet sowie die darauffolgenden Preissteigerungen. Wir haben gesehen, wie die Ausgabe des Greenbacks im amerikanischen Bürgerkrieg zu einer Preisverdoppelung geführt hat. Nach den 1920er-Jahren haben die meisten Regierungen unter ideologischem Druck die Disziplinierung durch den Goldstandard verworfen, die Geldmenge aus politischen Motiven aufgebläht und so eine Ära der enormen Preissteigerungen herbeigeführt. Die Inflation ist also ein politisches und kein wirtschaftliches Problem. Politische Entscheidungen werden gefällt, um die Geldmenge zu erhöhen oder eine Politik zu betreiben, die solche Steigerungen herbeiführt. Eine Erhöhung der Geldmenge treibt automatisch die Preise nach oben. Die Inflation wird durch die politische Intervention in die Wirtschaft verursacht. Kurzum: durch den Sozialismus. Ein reines Laissez-faire-System würde zu fallenden Preisen führen (außer die Menge an Gold nimmt dramatisch zu). Doch unsere moderne Politik steht dermaßen Kopf, dass man der freien Marktwirtschaft die Schuld an der Inflation gibt, zusammen mit allen anderen sozialen und wirtschaftlichen Übeln der Menschheit.

»Es gibt einfach zu wenig Gold ...«

Das heutige wirtschaftsfremde Argument gegen Gold ist ein Resultat dieses politischen Ursprungs der Inflation. Das landläufige Argument gegen Gold lautet, dass es zu wenig Gold gebe, um als Währung zu fungieren. Technischer ausgedrückt: Gold könne nicht »genügend Liquidität« liefern, um eine moderne Wirtschaft oder den Welthandel damit zu betreiben.

Die Versuche nach 1920, den Goldstandard durch ein Papiergeld- und Schuldensystem zu ersetzen, stammen aus der Resolution Nr. 9 der Konferenz von Genua 1922. Diese Resolution empfahl die Einführung des Goldumtauschstandards, mit dem der Einsatz von Gold eingespart werden soll, indem man Reserven in Form von ausländischen Wechseln hält. Aber ein Goldumtauschstandard ist nicht dasselbe wie ein Goldstandard. Der Einsatz ausländischer Währungen als Reserve anstelle von Gold öffnete dem heutigen Inflationschaos eine weitere Tür. Selbst gut informierte Quellen tappen in die Falle, einen

Goldumtauschstandard (nach 1922) mit einem echten Goldstandard (vor 1914) zu verwechseln.[56]

Angeblich um das Finanzsystem der Welt zu verbessern, zielte die Konferenz von Genua in erster Linie darauf ab, das Gold aus dem Währungssystem zu verdrängen. Ein ähnliches System war 1898 in Indien eingesetzt worden, bei dem das Gold nur für Außenhandelszahlungen verwendet werden durfte. 1922 wurden das Pfund Sterling und der Dollar willkürlich dem Gold gleichgesetzt, um beim Einsatz von Gold »haushalten« zu können.

Wer die Entwicklung dieser »Neuen Weltordnung« studiert, stößt unweigerlich auf Mitglieder des »Runden Tisches« der Konferenz von 1922. Sie beanspruchen sogar, die Hauptarbeit geleistet zu haben. Weniger als ein Jahrzehnt später veranstaltete die Chatham House Study Group des Royal Institute of International Affairs (die »Vorstufe« des Runden Tisches) eine Konferenz über die internationalen Auswirkungen von Gold. Ein Beitrag von Sir Otto Niemeyer, »Wie man Gold spart«, nahm eine herausragende Stellung auf der Konferenz ein.[57] Darin behauptete Niemeyer:

> Es liegt mir sehr viel daran, festzustellen, dass eine Goldmünze im internationalen Währungshandel kein Zeichen von wirtschaftlichem Fortschritt ist. Ganz im Gegenteil – es ist ein Zeichen beinahe mittelalterlicher Dekadenz.[58]

Wir können vielleicht verstehen, warum der Bankier Niemeyer und das Royal Institute of International Affairs mit ihrer ganz eigenen politischen Agenda Gold als »zu selten« für eine Verwendung als Währung empfanden. Es ist jedoch viel schwerer zu verstehen, warum ein so kompetenter Ökonom wie R. G. Hawtrey in dieselbe Falle tappt und von einer »Goldknappheit« spricht (siehe Seite 166, eine wirtschaftliche Analyse des Konzepts der »Goldknappheit«).

Ein Koffer fürs Monatsgehalt

Zwischen den Weltkriegen verursachte die Angst vor einer Deflation, die jedem Bankier missfallen muss, eine Angst vor einer Goldwährung. Doch in Wahrheit war die Inflation die größere Gefahr. Die Hyperinflation in Deutschland 1923 ist die bekannteste dieser Inflationen,[59] ein Ereignis von ungeheurer Tragweite. Der Zusammenbruch der Reichsmark stürzte Millionen in Armut, zerstörte den deutschen Mittelstand und trug wesentlich zum Aufstieg der Nationalsozialisten bei.

Ein deutsches Gesetz aus dem Jahr 1875 erlaubte eine »flexible« Währungsausgabe. Dahinter steckten dieselben deutschen Bankinteressen, die der Bankier Paul Warburg den Vereinigten Staaten bescherte – der Schöpfer und geistige Vater des »Federal Reserve Act« von 1913 mit seiner »flexiblen« Währung. Das deutsche Reichsmarksystem sah keinerlei Golddeckung seiner Währung vor, das Federal Reserve System eine lediglich 40-prozentige Deckung, die nun auf null zurückgefahren wurde.

Als Deutschland 1914 in den Krieg zog, waren 2904 Millionen Reichsmark im Umlauf, gedeckt von 2092 Millionen Goldmark. Am Ende des Krieges 1918 waren 22 188 Millionen Reichsmark im Umlauf, immer noch durch 2000 Millionen in Gold gedeckt. Unter dem Druck der Reparationen, die die Wall Street ihnen aufgebürdet hatte, warf die deutsche Regierung die Notenpresse an. Bis zum Jahr 1923 wurden jede Woche 250 Milliarden Reichsmark gedruckt, bei einer winzigen Goldreserve von 467 Millionen Mark. Ende 1923 waren 2,27 US-Cent *1 Milliarde* Reichsmark wert. Die Mark fiel stündlich. Die meisten Menschen waren den Tag lang hektisch damit beschäftigt, ihre Papiermark in irgendetwas von greifbarem Wert zu verwandeln – egal was. Ein ehemaliger Redakteur der *Frankfurter Zeitung* beschrieb die Lage folgendermaßen:

> Große Wäschekörbe voller Papiergeld wurden in die Redaktionsräume getragen, wo die Redakteure sie sortierten, zählten und

verteilten. Sobald man seinen Lohn erhalten hatte, stürmte man zur Tür hinaus, um damit zu kaufen, was man konnte. Alles war wertvoller als dieses Geld.

Es entstand ein Spekulations- und Schwarzmarkt mit Stoff, Edelmetallen, Devisen und so weiter. Dies hatte zur Folge, dass die Produktion der Industrie zurückging.

In den Städten wurden Waren aufgrund von Preiskontrollen und Rationierung Mangelware. Auf dem Land herrschte Naturalienhandel. Die Eisenbahnstationen waren voller Menschen, die aufs Land fuhren, um dort mit den Bauern um Lebensmittel zu feilschen.[60]

Dieses tragische Phänomen wiederholte sich nach dem Zweiten Weltkrieg 1945 bis 1946, als 44704 Millionen Reichsmark im Umlauf waren, aber nur 21 Millionen Goldmark dahinterstanden. Das Papiergeld wurde wieder wertlos, die Deutschen mussten mit Zigaretten, Seife und Kaffee als bevorzugte Mittel Tauschhandel treiben.

Andere europäische Papierwährungen sind in denselben Abwärtsstrudel geraten: der ungarische Pengo, die griechische Drachme, der französische Franc, die italienische Lira und das aktuelle britische Pfund. Wenn wir uns heute die Goldreserven der europäischen Zentralbanken ansehen, sind diejenigen, die ihre Goldreserven in jüngsten Jahrzehnten erweitert haben, auch diejenigen, die früher eine Hyperinflation erlebt haben.

Die Schwelle zur weltweiten Hyperinflation

Wenn man die Weltwirtschaft des Jahres 1977 ansieht, ist die Inflation das dringendste Problem. In vielen Ländern der Welt wird jeder Zuwachs des Bruttoinlandsprodukts (BIP) sofort durch Preissteigerungen aufgezehrt. In Argentinien, wo Präsidentin Isabel Perón von einer Militärjunta gestürzt wurde, lag die Inflation bei 600 Prozent im Jahr. Bei so einer Inflation kommt die normale Wirtschaftstätigkeit zum Stillstand. Das Land befindet sich am Rande des wirtschaftlichen Ruins. Sogar während einer Depression war die Inflation in Europa zweistellig (43,6 Prozent auf Island, 15–25 Prozent in England, in Frankreich weit über dem Regierungsziel von 9 Prozent, und sogar die Schweiz erlitt 3,4 Prozent Inflation im Jahr).

Nirgends in Europa gibt es genug Goldreserven, um für echte Währungsdisziplin zu sorgen oder als Preisbremse zu dienen. Island hat nur eine 1,7-prozentige Golddeckung (siehe Tabelle 4-1). Westdeutschland hat die größte Goldreserve im Wert von 8,0 Prozent der Währung – dennoch gibt es dort eine signifikante Inflation. Diese Umstände bestätigen alle die Erfahrung des 19. Jahrhunderts: Während Goldreserven die Preiserhöhung bremsen können, kann nur eine 100-prozentig goldgedeckte Währung ohne schwerwiegende Schuldenprobleme stabile Preise und Wechselkurse garantieren.

Tabelle 4-1: **Verbraucherpreisanstiege in den OECD-Ländern 1975**

	Inflationsrate 1975	**Anteil Goldreserven an der Geldmenge (M1)**
Island	43,6 %	1,7 %
UK	25,0 %	3,0 %
Italien	11,2 %	4,2 %
Frankreich	9,6 %	5,0 %
USA	7,6 %	4,2 %
BRD	5,4 %	8,0 %
Schweiz	3,4 %	6,3 %

Quelle: Internationaler Währungsfonds. Die Geldmenge M1 bezeichnet den Bargeldumlauf ohne Sichteinlagen des Federal Reserve System.

Grafik 4-1: **Geldmenge und Inflation in den USA**

Jährliche Veränderung der Geldmenge im Vergleich zur Veränderung des US-Verbraucherpreisindexes

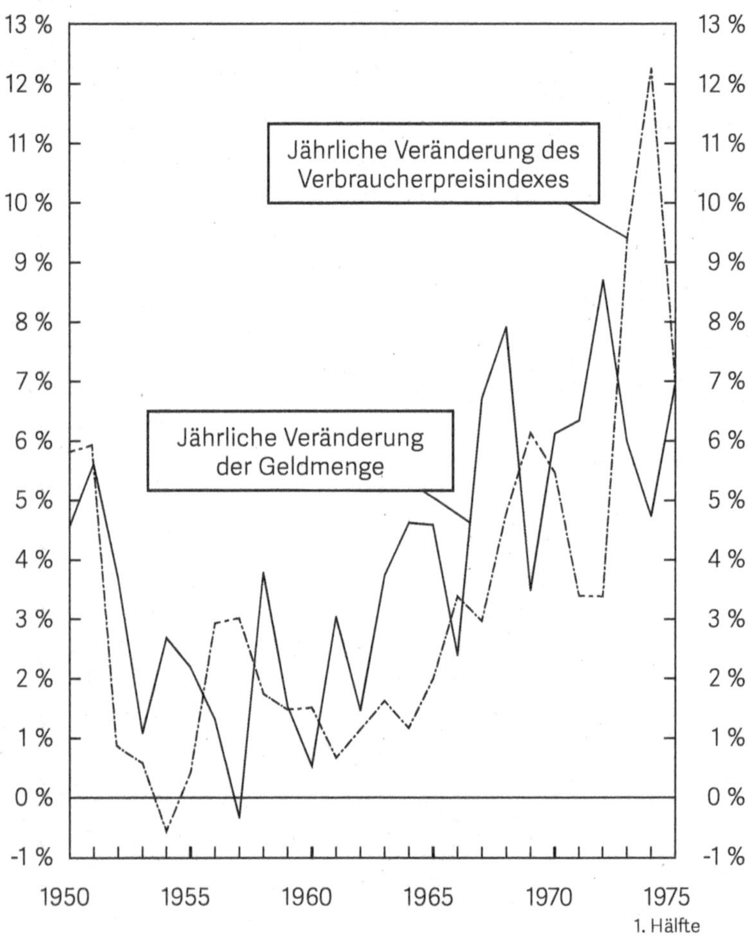

Quelle: J. Aron, *Gold Statistics and Analysis*, Oktober 1975 (New York: J. Aron & Company, Inc., 1975).

Grafik 4-1 zeigt in dramatischer Weise die Entwicklung der Geldmenge und der Preissteigerungen in den Vereinigten Staaten. Die jährliche Veränderung der Geldmenge wird zusammen mit den jährlichen Veränderungen des Verbraucherpreisindexes dargestellt. Der allgemeine Trend zeigt eindeutig nach oben, wobei die Preissteigerungen hinter dem Zuwachs der Geldmenge bleiben.

Was sagt uns dieser Zusammenhang zwischen Geldmenge und zukünftigen Preisen? Niemand hat das so gut auf den Punkt gebracht wie Ludwig von Mises:

> Der Inflationismus ist nicht eine Spielart der Wirtschaftspolitik, sondern ein Instrument der Zerstörung. Wenn dem nicht bald ein Ende gesetzt wird, zerstört es den Markt komplett. [...] Der Inflationismus hat keinen dauerhaften Bestand; wenn er nicht schleunigst beendet wird, führt er unweigerlich zum völligen Zusammenbruch. Es ist eine Maßnahme von Menschen, denen die Zukunft ihrer Nation und ihrer Zivilisation egal ist. Es ist die Politik der Madame de Pompadour: *Après nous, le déluge* [dt.: »Nach uns die Sintflut«].[61]

Gold: Anlage der letzten Zuflucht

All jene, die dem Herdentrieb unterliegen, werden von der Flut der Geschichte überwältigt. Aber es gibt immer ein paar wenige, die aufmerksam beobachten, mitdenken und vorsorgen, um der Katastrophe zuvorzukommen. Für all jene ist Gold eine sichere Bank gegen die Inflation.

Gold ist der traditionelle Vermögensspeicher in Zeiten von Inflation und finanzieller Umwälzungen. Und auch in den 1970er-Jahren bleibt das so. Bei jeder Währungskrise oder Preisexplosion schießt der Goldpreis nach oben, da immer mehr Menschen nach einer zuverlässigen und handfesten Wertanlage suchen. Während des nicht enden wollenden Vietnamkrieges tauschten Vietnamesen, die die Niederlage der demoralisierten Vereinigten Staaten kommen sahen, klammheimlich ihr Vermögen in Tael. Tael sind dünne Goldstreifen von etwa 1 Unze Gewicht aus Hongkong und Singapur. In den US-Flüchtlingslagern von Camp Pendleton, Fort Chaffee, Eglin Air Force Base, Indiantown Gap Military Reservation und dem Flüchtlingslager auf Guam wurden große Mengen solcher Tael gehandelt. Eine einzige Firma, U.S. Silver, war für etwa ein Drittel der circa 15 Millionen Dollar Goldverkäufe verantwortlich und schätzte den Gesamtexportwert der goldenen Tael auf etwa 250 Millionen Dollar.[62] Während das US-Finanzministerium also Gold abschaffen und aus dem Verkehr ziehen möchte, läuft auf den US-Militärposten eine anschauliche Demonstration der althergebrachten Zuverlässigkeit des Goldes als Notnagel in der Krise!

Selbst die Regierung verlässt sich, wie mehrere Beispiele zeigen, auf Gold als letzte Sicherheit. Wenn das Papiergeld der Regierung wertlos geworden ist, nehmen Banken und ausländische Regierungen immer noch gerne Gold als Sicherheit. Das interne Finanz- und Wirtschaftschaos aufgrund politischer Umwälzungen brachte Portugal 1975 an den Rand der Staatspleite. Das Land hatte jedoch stetig Gold angespart und verfügte über 4,2 Milliarden Dollar Goldreserven. Ein Teil davon diente als Sicherheit für einen Notkredit in Höhe von 250 Millionen Dollar von der Bank für Internationalen Zahlungsausgleich (Bank for International Settlements; BIS). Ein Kredit der Eurobank über 150 Millionen Dollar von der Morgan Guaranty Trust Company und First National City Bank of New York wurde ebenfalls mit Goldreserven abgesichert.[63] Dabei sind die Vorstände dieser renommierten Wall-Street-Banken dieselben, die uns ständig weismachen wollen, dass Gold ausgedient hat und abgeschafft gehört. Wenn das Gold so wertlos ist, warum wird es dann immer wieder als Sicherheit genutzt?

Im Februar 1976 erhielt Portugal einen weiteren Kredit über 250 Millionen Dollar, diesmal von der Bundesrepublik Deutschland.

Wieder diente Gold als Sicherheit. Wie andere Länder behält Portugal seine Goldreserven im Tresor und beleiht sie, anstatt sie zu verkaufen. Die Logik ist offensichtlich: Einen Kredit kann man mit Papiergeld abbezahlen, aber sobald man sein Gold verkauft hat, ist es weg.

Auch das ehemals wohlhabende und glanzvolle Uruguay hat sich unlängst mit seinen Goldreserven vor der Katastrophe gerettet. Vor dem Zweiten Weltkrieg erfreute sich Uruguay einer der höchsten Lebensstandards von ganz Südamerika, einer hohen Alphabetisierungsquote und einer ansehnlichen Wirtschaftsentwicklung. Doch dann kam der Sozialstaat! Schon 1956 nannte der *Manchester Guardian* Uruguay »das traurige Spektakel eines kranken Wohlfahrtsstaates«. Jeder dritte Uruguayer stand im Staatsdienst, ständig wurde gestreikt, und Uruguay hatte mit riesigen Schuldenbergen zu kämpfen. Dieses Haushaltsloch wuchs bis in die 1960er-Jahre um ein Vielfaches, die Kapitalflucht setzte ein, die Hälfte jedes Lohns ging an die Sozialkassen, und beinahe die halbe Bevölkerung lebte von der Regierung. Das Währungssystem war ein Desaster. In den 1950er-Jahren war der uruguayische Peso die stabilste Währung Südamerikas, etwa 50 US-Cent wert. Der Wertverlust verlief folgendermaßen:

1950	1 Peso = 0,50 Dollar
1961	1 Peso = 0,09 Dollar
1965	1 Peso = 0,01 Dollar
1968	1 Peso = 0,005 Dollar

Jeder Preisanstieg ist das Ergebnis einer Erhöhung der Geldmenge. In Uruguay stieg die Geldmenge von 2,9 Millionen Pesos 1961 auf 27,5 Millionen Pesos 1972. Ende der 1960er-Jahre standen die Zinsen bei bis zu 50 Prozent. 1975 brauchte Uruguay dringend einen ausländischen Kredit, hatte aber nur eine wertlose Papierwährung zu bieten. Eine Gruppe europäischer Banken bot einen Kredit an, mit Gold als Sicherheit. Zum Glück war Uruguay vernünftig genug, seine Goldreserve zu behalten.

Der Kredit von 110 Millionen Dollar wurde mit 940 000 Unzen (zu 117 Dollar je Unze) abgesichert.

Der kleine afrikanische Goldproduzent Ghana verlagerte seine Goldveredelung und den Verkauf von London nach Zürich, um einen Kredit von Schweizer Banken zu bekommen.[64]

Im September 1974 erhielt Italien einen Kredit von 2 Milliarden Dollar von der Bundesrepublik Deutschland gegen Sicherheiten in Gold im Wert von 120 Dollar pro Unze.

Das Beispiel Großbritanniens mit dem fallenden Pfund illustriert, was ohne Goldreserve passiert. 1974 schrieb *Reuters*:

> Die Banken von Kuwait haben vorsichtig begonnen, ihre Reserven in Gold umzutauschen, was laut einheimischen Finanzquellen ein Novum wäre. Davor investierten die Banken lieber in westeuropäische oder amerikanische Währungen beziehungsweise traditionellere Alternativen wie Immobilien. Jetzt streben sie laut Quellen eine Goldreserve von 5 bis 10 Prozent ihrer Reserven an.[65]

Was hat Kuwait mit Großbritannien und dem Pfund Sterling zu tun? Der neuen, goldfreundlichen Haltung in Kuwait folgte die Weigerung 1975, Papierpfund zu akzeptieren: »Ohne Gold kein Öl.«

Warum ist Gold so begehrt als letztes Mittel? Um als werthaltige Anlage oder Tauschwährung zu dienen, muss eine Ware Eigenschaften besitzen, die von vielen Menschen wertgeschätzt werden. Vor allem muss man sich darauf verlassen können, dass ein Gut allgemein als Wertanlage akzeptiert wird, sodass es viele mögliche Käufer geben wird, wenn man sich entschieden hat, den fraglichen Rohstoff gegen einen Gegenwert umzutauschen. Seit Menschengedenken erfüllt Gold unhinterfragt diese Rolle. Die allgemein anerkannte Werthaltigkeit von Gold beruht auf seinen einzigartigen physischen Eigenschaften, die kein anderer Rohstoff aufweist: Es ist robust, selten, schwer abzubauen (die Menge kann also nicht beliebig erhöht werden). Papiergeld kann dagegen rasch in beliebiger Menge vervielfacht werden, indem man andere Zahlen auf die Noten druckt oder Einsen und Nullen in einem Computer verschiebt. Es gibt keine Begrenzung der Menge, daher weiß man nie genau, wie viel davon im Umlauf ist. Der Wertgegenstand Gold kann auch nicht leicht zerstört werden und verfällt nicht. Alles Gold, das je gefördert wurde, existiert bis heute noch.

Die Nagelprobe für Wertgegenstände

Falls es unter unseren Lesern noch Skeptiker und Zweifler geben sollte, liefert das 20. Jahrhundert die Probe aufs Exempel für den relativen Wert von Goldmünzen und Papierwährungen als Wertanlage.

Nehmen wir mal an, der Leser hätte 1914 die Wahl gehabt, 10 Dollar in einen Geldschein der Federal Reserve oder in eine Goldmünze (beispielsweise eine 10-Dollar-Liberty-Eagle-Münze) anzulegen. Was wäre der Gewinn oder Verlust nach 62 Jahren gewesen? Welche Geldanlage war werthaltiger?

Von 1914 bis 1976 wäre der Wert des Zehndollarscheins der Federal-Reserve-Bank auf ein 22stel seines Wertes geschrumpft, falls der Geldschein nicht ganz entwertet wurde. Im Diagramm 4-1 (siehe Seite 89) wird dieser Wertverlust durch die schattierte Fläche veranschaulicht. Vom numismatischen Wert abgesehen wäre der Wert der 10-Dollar-Liberty-Eagle-Goldmünze bis 1976 enorm gestiegen. Die 10-Dollar-Liberty-Eagle-Goldmünze von 1914 enthält 16,7 Gramm Gold mit einem Feingehalt von 900 und ist damit etwa 65 Dollar in heutigem Bargeld wert (bei einem Goldpreis von 130 Dollar pro Unze). Diese 65 Dollar gleichen vielleicht nicht den Wertverlust aus, den 10 Dollar seit 1914 verloren haben, aber Feingold hat diesen Wertverlust wenigstens teilweise abgefedert. Um dieselbe Kaufkraft wie 10 Dollar im Jahr 1914 zu haben, müsste der Goldpreis bei etwa 400 Dollar pro Unze liegen. Wenn man den numismatischen Wert mit einbezieht, liegt der

Wert einer 10-Dollar-Liberty-Eagle-Goldmünze von 1914 heute bei etwa 110 Dollar in Federal-Reserve-Banknoten. Der Goldinvestor 1914 hätte also offenbar seinen Wert besser erhalten als der Papiergeldhalter.[66]

Eine weitere Methode, den relativen Wertverlust der Federal-Reserve-Banknoten zu messen, liegt im Marktpreis des Silberdollars. Ein Beutel voller 1000-Morgan-Silberdollars, per Nennwert 1000 Dollar, wäre heute etwa 3000 Dollar wert. Wenn unser Investor 1914 10 Silberdollar statt 10 Dollar in Federal-Reserve-Banknoten gekauft hätte, würde er heute ebenfalls besser dastehen (ohne Sammlerwert). Interessanterweise bewertete die US-Bundessteuerbehörde (Internal Revenue Service) diese Münzen zu ihrem Nennwert, das heißt 1 Dollar. Das eröffnet die interessante Möglichkeit, Geschäfte (zum Beispiel Immobiliengeschäfte) in Silberdollars auszuführen, das Geschäft für steuerliche Zwecke jedoch zum Nennwert dieser Silberdollars zu verbuchen.[67]

Kurzum, wenn man 1914 vor der Wahl gestanden hätte, wie man 10 Dollar in Form von Gold, Silber oder Papiergeld aufbewahren sollte, wäre es historisch betrachtet die richtige Wahl gewesen, in Gold und Silber anzulegen.

Diagramm 4-1: **Entwicklung der relativen Kaufkraft von 10 Dollar als Papiergeld versus Liberty-Goldmünze, 1914–1976**

Federal-Reserve-Banknote

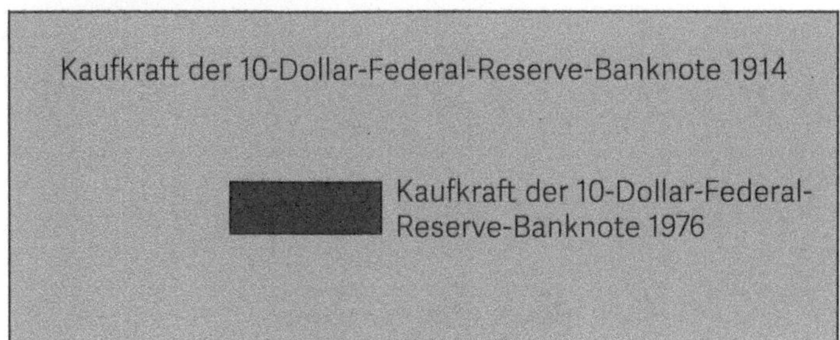

10-Dollar-Liberty-Goldmünze 1914

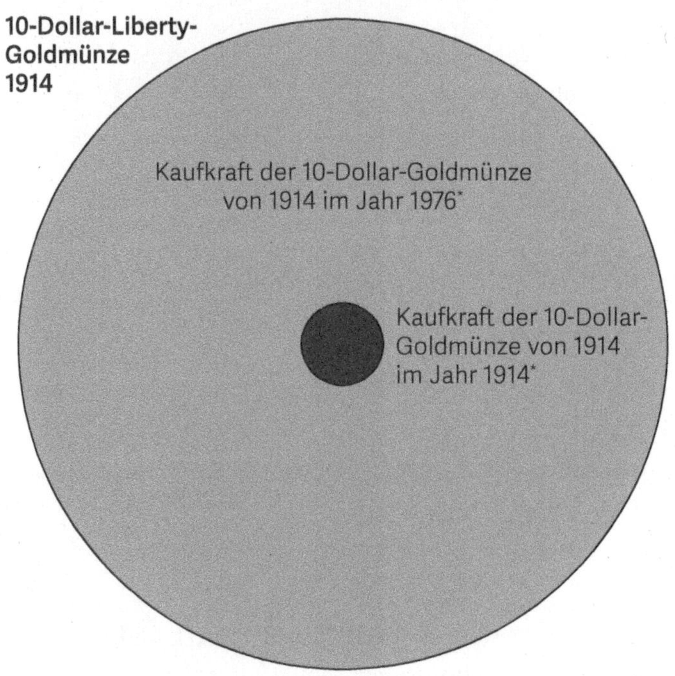

* Goldgewicht 16,7 Gramm, mit einem Gegenwert von 65,00 Dollar am 31. März 1976.

KAPITEL 5

Die Papiergeld-fabrik

Patman: Woher hatten Sie das Geld, um 1933 diese 2 Milliarden Dollar an Staatsanleihen zu kaufen?
Eccles: Wir haben es geschaffen.
Patman: Womit?
Eccles: Mit unserem Recht, Geld zu verleihen.
Patman: Es steht also nichts dahinter als die Kreditwürdigkeit der Regierung?
Eccles: So funktioniert unser Geldsystem. Wenn es in unserem Geldsystem keine Schulden gäbe, gäbe es kein Geld.

Befragung des Vorsitzenden des Federal Reserve Board Marriner Eccles durch den Abgeordneten Wright Patman im Banken- und Währungsausschuss des US-Abgeordnetenhauses am 30. September 1941

Wenn unser Geldsystem nicht auf Gold basiert und wir nicht die Möglichkeit haben, uns unseren Monatslohn in 10-Dollar-Liberty-Goldmünzen auszahlen zu lassen, was für ein Geldsystem haben wir dann? Man könnte es ohne Übertreibung eine Papiergeldfabrik oder Schuldenmaschine nennen.

Die Aussage des Vorsitzenden des Federal Reserve Board Marriner Eccles – »Wenn es in unserem Geldsystem keine Schulden gäbe, gäbe es kein Geld« – bringt das US-Geldsystem und die Notwendigkeit für den Krieg gegen das Gold auf den Punkt. Unser Geldsystem – und das beinahe aller Länder der Welt – beruht auf Schulden. Das Papiergeld oder Guthaben des einen sind die Schulden eines anderen. Dieses System basiert auf der kühnen Annahme, dass Menschen weiterhin die Schulden anderer als ausreichendes Zahlungsmittel akzeptieren werden.

Wenn jedoch eine ausreichende Anzahl dieser Gläubiger das Risiko nicht mehr hinnehmen will, die Schulden anderer als Zahlungsmittel zu akzeptieren, was dann? Wenn die »Papiergeldgläubiger« plötzlich lieber handfestere Werte als Papierschuldscheine haben wollen, die aus dem Nichts vom Federal Reserve System geschaffen worden sind? Ein Immobiliendarlehen hat auf dem Papier zum Beispiel einen Gegenwert in der jeweiligen Immobilie, auch wenn es als Schuldschein Teil der wackligen Schuldenpyramide ist (siehe Kapitel 8). Physische Gegenstände (wie Häuser, Autos, Rinder oder ein Eimer voll Nägel) sind greifbarer und daher verkäuflicher als anonyme und schwer nachvollziehbare Versprechen auf Papier. Wie wir gesehen haben, sind Gold und Silber ultimative, handfeste Werte. Aufgrund dieser allgemeinen Akzeptanz wagt es nicht einmal das goldfeindliche US-Finanzministerium, seine Goldreserven komplett aufzugeben.

Was hält das auf Papierschulden aufgebaute Federal Reserve System am Laufen? Kurzum: Vertrauen. Das Vertrauen, dass jemand ein im Prinzip wertloses Stück Papier, das aus dem Nichts geschaffen wurde und durch nichts gedeckt ist, im Austausch für reale, greifbare Güter akzeptieren wird. Wenn dieses Vertrauen einmal schwindet, dann beginnt die Panik. Dann werden die Menschen sich beeilen, Papiergeld oder Schulden gegen handfeste Waren zu tauschen – egal welcher Art. Sobald diese Panik einsetzt, meistens angefacht durch rapide Preissteigerungen, werden die Besitzer von Papiergeld immer weniger wählerisch, was sie als Ware, im Tausch für ihr Papiergeld, akzeptieren. Gemäß Greshamschem Gesetz vertreibt schlechtes Geld (in diesem Fall ungedecktes Papier) gutes (handfeste Werte wie Gold und Silber). Insofern hat die Antigoldlobby mit ihrer Behauptung recht, dass Gold »nur eine weitere Ware« sei, denn irgendwann wird man immer die Wahl zwischen Papiergeld und Rohstoffen jeder Art haben, unter denen Gold und Silber seit jeher die beliebtesten sind.

Das auf Schulden basierende Geldsystem ist also ein riesiges Schneeballsystem. Das Prinzip von Eccles, »Wenn es in unserem Geldsystem keine Schulden gäbe, gäbe es kein Geld«, basiert auf der Annahme, dass die Bürger immer bereit sein werden, die Schulden anderer im Austausch für ihre Wertgüter zu akzeptieren. Wenn das Vertrauen der Bürger in den Wert ihres Papiergeldes schwindet, ist das Ende nah, zumindest das Ende des Papiergeldsystems. Das Federal Reserve System von Eccles ist eine Papiergeldfabrik und ein Pyramidensystem, das auf einer kleinen Menge greifbarer Goldreserven basiert. Ausländische Devisen zählen nicht zu dieser greifbaren Basis, denn mit seltenen Ausnahmen basieren die Währungen dieser Länder ebenfalls auf einem Schuldensystem. Die einzige handfeste Basis der Papiergeldpyramide sind nach wie vor Gold- und Silberreserven.

Wie kam es dazu, dass der stabile Goldstandard in den USA durch solch ein potenziell katastrophales System abgelöst wurde? Wie kam dieses System einer Schuldenpyramide, aufbauend auf einem winzigen Fundament aus Gold, zustande?

Das Geheimtreffen auf Jekyll Island und die Entstehung der Federal Reserve

Das Federal Reserve System ist ein gesetzliches Privatmonopol des US-Währungssystems. Die Bundesregierung hat nur wenig Einfluss darauf. Es gibt nicht einmal eine Buchprüfung durch den US-Rechnungshof. Das Federal Reserve System hat die absolute Macht, für den eigenen privaten Gewinn Banknoten herauszugeben und Kredite zu gewähren. Dabei ist es weder dem Kongress noch jemand anderem gegenüber verpflichtet, Rechenschaft abzulegen. Es ist ein durchaus bemerkenswertes Konstrukt – das Monopol aller Monopole!

Wie hat diese außerordentliche Wundertüte der Bankindustrie jemals den Segen des Kongresses erhalten? Und wie kann es sein, dass das Federal Reserve System keinerlei Rechnungsprüfung oder Untersuchung unterliegt? Bemerkenswerterweise gibt es nur sehr wenige wissenschaftliche Studien über die Machtintrigen und Einflussverhältnisse, die dieses System ins Leben gerufen haben und es seitdem sorgfältig vor öffentlicher Durchleuchtung schützen.[68]

So viel wissen wir: Das Federal Reserve System ist die Erfindung eines einzigen Menschen, des deutschen Bankiers Paul Warburg, der unbedingt das System der Zentralbanken und Fiatwährungen in den USA als Segen für alle einführen wollte. Obwohl sich das Federal Reserve System oberflächlich von den europäischen Zentralbanken unterscheidet (zum Beispiel durch die Aufteilung in zwölf Gebietsbanken), ist das System im Prinzip nach dem Vorbild der Deutschen Reichsbank konzipiert – und wir haben bereits gesehen, was für eine Erfolgsgeschichte dies 1923 war.

Der Kongress benutzte die Finanzpanik von 1907 als Ausrede, eine nationale Währungskommission ins Leben zu rufen. 2 Jahre lang reiste diese Kommission durch Europa und studierte das europäische Bankenwesen, was den amerikanischen Steuerzahler schlappe 300 000 Dollar kostete. Ergebnis dieser Reise war eine Reihe von Studien, die die Basis für das Konzept einer privaten Zentralbank in den Vereinigten Staaten bildeten.

Der Grundstein für das Federal Reserve System wurde bei einem Geheimtreff im J. P. Morgan Country Club auf Jekyll Island in Georgia im November 1910 gelegt. Senator Nelson Aldrich, die Bankiers

Frank Vanderlip (Vorsitzender der National City Bank und Vertreter der Interessen von Rockefeller und Kuhn, Loeb & Co.), Henry P. Davison (Seniorpartner von J. P. Morgan) und Charles D. Norton (Vorsitzender von Morgans First National Bank) trafen sich im Geheimen, um die Einrichtung einer Zentralbank für die Vereinigten Staaten auszuklamüsern. Anwesend waren außerdem der deutsche Bankier Paul Moritz Warburg sowie Benjamin Strong, der Bankier bei Morgan und zukünftiger Vorsitzender der Federal Reserve Bank of New York war.

Ergebnis des Geheimtreffens in Georgia war der »Federal Reserve Act«, ein Gesetz, das 1913 vom Kongress verabschiedet und von Präsident Woodrow Wilson unterschrieben wurde. Im bisherigen US-Finanzsystem hatten die Banken keine Kontrolle über die Geldmenge in den Vereinigten Staaten oder, noch wichtiger, über Devisenkurse.

In seiner Autobiografie *From Farm Boy to Financier* beschreibt der Jekyll-Island-Teilnehmer Frank Vanderlip ganz offen den Ursprung des Federal Reserve System:

> Unser Geheimausflug nach Jekyll Island war Anlass zur Gründung des Federal Reserve System. Alle wichtigen Punkte des Aldrich-Plans waren im »Federal Reserve Act« enthalten, so wie er verabschiedet wurde.

Was macht das Federal Reserve System? Das System schafft Geld: einerseits als Währung (Federal-Reserve-Banknoten), andererseits durch seinen Einfluss auf das Reservekapital der Banken durch Kredite. Der große Vorteil dieses Systems – aus der Perspektive der Fed – ist dessen Flexibilität. 6 Jahrzehnte dieser Flexibilität haben laut Federal Reserve Wirtschaftswachstum erzeugt. Die Apologeten des Federal Reserve System (FRS) vergleichen es mit der Ära vor 1913, als die Wirtschaft ihrer Meinung nach wegen des unflexiblen Goldstandards nicht wachsen konnte. Diese Behauptung kann man aus vielerlei Gründen anfechten, vor allem, weil eine flexible Währung die Möglichkeit der Geldentwertung und eines monumentalen Schuldenberges mit sich bringt, der nun am Rande des Kollapses steht. Die Argumente für das System unterscheiden sich in nichts von den Argumenten für andere Schulden- und Schneeballsysteme der vergangenen Jahrhunderte.[69]

Neben ihrem Geldmonopol übt die Fed außerdem ihre Macht durch das »Drehtürprinzip« der Achse »Wall Street – Washington« aus. Fed-Mitarbeiter werden oft in die Regierung nach Washington berufen. Nachdem sie eine Weile die US-Politik bestimmt haben, kehren sie dann wieder nach New York zurück, um sich dafür fürstlich entlohnen zu lassen.

Dieses System bringt jedoch nicht immer Kandidaten hervor, die 100 Prozent eingenordet sind. Einer der lautesten Goldkritiker war Paul Volcker, ehemals bei der Chase Manhattan Bank und als stellvertretender Finanzminister tätig, heute Vorsitzender der Federal Reserve Bank of New York. Eine seltene Progoldstimme, die vor den Gefahren der Schuldenpyramide warnt, ist John Exter, der ehemalige Chef des Gold- und Silberhandels und Vizepräsident derselben Federal Reserve Bank of New York. Exter war außerdem Senior-Vizepräsident der First National City Bank.

Die überwältigende Bedeutung des Vertrauens

Die Tatsache, dass das Federal Reserve System überhaupt funktioniert, hat einen einzigen Grund: Die Amerikaner glauben daran. Ohne die Entstehung und Entwicklung des Federal Reserve System zu kennen, gab es bis vor Kurzem auch keinen Grund, ihm nicht zu vertrauen.

Das öffentliche Vertrauen ist immer die Voraussetzung, damit ein Fiatpapiergeld- oder -kreditsystem funktioniert. Ohne das Vertrauen der Gläubiger fällt das Kartenhaus zusammen. Um dieses Vertrauen zu gewährleisten, muss der Glaube aufrechterhalten werden, dass das Papiergeld seinen Wert beibehält und man damit kaufen kann, was man braucht. Mit anderen Worten, das System muss kreditwürdig sein. In seinem Klassiker von 1828, *Paper Against Gold*, beschrieb William Cobbett diese stillschweigende Voraussetzung:

> Ein Kredit hängt gänzlich von Vertrauen ab. Das Wort selbst ist gleichbedeutend mit »Glauben«. Solange die Menschen »glauben«, dass jemand reich ist – ein Mensch oder eine Firma –, genießt dieser alle Vorteile des Reichtums. Doch sobald Misstrauen erweckt wird, aus welchem Grund auch immer, wird dessen Kreditwürdigkeit erschüttert, und sie kann dann aus sehr geringem Anlass kippen.[70]

Der Geschäftsmann aus Philadelphia, Pelatiah Webster, bestätigte Cobbetts Betonung der Unwägbarkeiten »Glaube« oder »Vertrauen«, als er 1780 über die schlecht beratene Einführung des Papiergeldes durch das Parlament von Pennsylvania und die Ausgabe des Kontinentaldollars schrieb:

> Es ist das allgemeine Vertrauen in den Ruf als allgemeingültiges Zahlungsmittel für alle Bedürfnisse des Lebens, das das Geld zum Objekt der Begierde macht und von den Herzen der Menschen Besitz ergreifen lässt. Diese Meinung, dieses Vertrauen existiert nur in unseren Köpfen und kann nicht durch Zwang herbeigeführt oder beseitigt werden, sondern ist nur von der Vernunft und der Beobachtung abhängig, die unser Verstand sehen und begreifen kann.[71]

Der Vizepräsident der Federal Reserve Bank of New York, John Exter, hatte eine sehr ähnliche Sichtweise:

> Die Vermehrung des Papiergeldes wird nicht funktionieren [...], aber sogar sehr gebildete Geldexperten akzeptieren jahrelang immer

> mehr wertloses Papier, anstatt Gold zu fordern. [...] Doch die Zeit ist gekommen, da viele Menschen, darunter sogar ausländische Zentralbanker, sich weigern, immer mehr wertloses Papiergeld zu dulden. [...] Das Vertrauen in eine Währung schwindet schnell, wenn sie nicht mehr allgemein umtauschbar wird. Denn nur die Tauschbarkeit macht sie als Wertträger unbegrenzt nützlich. [...] Ohne Konvertierbarkeit wird eine Währung letztendlich wertlos und verschwindet, so lehrt uns die Geschichte.[72]

Wir sind uns also einig, dass die notwendige Voraussetzung für ein Fiatgeldkreditsystem der Faktor des Vertrauens ist. Wie Pelatiah Webster 1780 andeutete und John Exter 1976 ausdrücklich formulierte, hat nur das Gold – als verhältnismäßig seltenes, aber messbares und identifizierbares Material – die Fähigkeit, das Vertrauen in den Wert einer Währung zu erhalten. Gold ist selten – daher kann Geld nicht aus einer Laune heraus erzeugt werden. Papier gibt es reichlich, daher kann Papiergeld in Hülle und Fülle erzeugt werden. Sobald die Öffentlichkeit überzeugt ist, dass das Papiergeld ohne inneren Wert nach Belieben vervielfacht wird, verliert eine solche Währung automatisch an Wert. Sie bleibt vielleicht noch eine Weile im Umlauf, aber immer mehr Papier wird nötig sein, um immer weniger Waren zu kaufen. Wenn das Vertrauen erschüttert ist – und historisch gesehen ist der Gegenwert in Gold die Nagelprobe für ein solches Vertrauen –, bricht Panik aus, Papier in Gold oder andere Wertgüter zu tauschen, und der Wert des Papiergeldes fällt gegen null. Papier kann zwar kurzfristig als Wertanlage dienen, ist aber immer nur Ersatz für einen tatsächlichen Wert, der fragil und als Wertanlage leicht zu missbrauchen ist. Der Halter von Papiergeld weiß instinktiv, dass es keinen Wert an sich schafft, Papiergeld zu drucken, sondern dass ihm als Kunstgriff misstraut werden sollte.

Deshalb muss der Betreiber eines Papiergeld- oder Kreditsystems unter allen Umständen das Vertrauen erhalten. Doch seit 1971 hat die US-Notenpresse nicht nur unkonvertierbares Papiergeld erzeugt, sie hat scheinbar auch nicht verstanden, dass das System zusammenbrechen wird, sobald das Vertrauen in dieses Papier erschüttert wird. Sogar die Beschriftung der Federal-Reserve-Noten scheint den Halter zu verhöhnen. Das Zahlungsversprechen beziehungsweise die Umtauschbarkeit in Gold und Silber wurde schrittweise reduziert, bis dieses Versprechen im Jahr 1975 gänzlich verschwunden ist.

Auf dem US-Goldzertifikat von 1928 steht:

> **Hiermit wird beurkundet, dass im Schatzamt der Vereinigten Staaten von Amerika 10 Dollar in Gold deponiert wurden, die dem Halter dieser Urkunde auf Wunsch auszuzahlen sind.**

Es ist ein nachvollziehbares, leicht verständliches Versprechen des Emittenten: Wenn der Eigentümer dieses Zehndollarscheins damit zum US-Schatzamt geht, erhält er Goldmünzen im Wert von 10 Dollar dafür. Solange der Halter Vertrauen in die Goldreserven des US-Finanzministeriums hat, kann er davon ausgehen, dass er dieses Gold auch bekommen wird. Wird dieses Vertrauen jedoch erschüttert, wird er schnell sein Gold einfordern. Es kommt zu einer Bankenpanik, wenn die Menschen ihr Papier gegen Gold tauschen wollen. Unter einem System mit anteiliger Goldreserve ist nur ein Bruchteil der Papierzertifikate durch Goldreserven gedeckt. Schon 1928 hätte das US-Finanzministerium im Falle einer Bankenpanik nicht alle Forderungen decken können.

Auf der Federal-Reserve-Banknote der Serie 1928 stand ein ähnliches Versprechen:

> **Die Vereinigten Staaten von Amerika zahlen dem Halter auf Wunsch 10 Dollar, auf Verlangen einlösbar in Gold beim US-Finanzministerium.**

Die Federal-Reserve-Dollarnote von 1928 war im wahrsten Sinne »Gold wert«. Sie wurde so bereitwillig akzeptiert wie 10 Dollar in

Goldmünzen. Solange die Halter überzeugt waren, auf Wunsch dafür Gold zu bekommen, würde dies auch so bleiben.

Auf den Silberzertifikaten von 1934 stand folgendes Versprechen:

Hiermit wird beurkundet, dass im Schatzamt der Vereinigten Staaten von Amerika 10 Dollar in Silber deponiert sind, die dem Halter dieser Urkunde auf Wunsch auszuzahlen sind.

Das Versprechen auf den Silberzertifikaten war noch stärker: Es versprach nicht nur völlige Umtauschbarkeit, sondern auch, dass genug Silber beim US-Finanzministerium hinterlegt war, um *alle* Zertifikate zu begleichen.

Im Jahr 1934 begann die US-Regierung eine zweideutige Ausdrucksweise zu verwenden, um das amerikanische Volk zu täuschen, als Franklin D. Roosevelt die Umtauschbarkeit der Banknoten in Gold aufhob. So hieß es nun auf der Federal-Reserve-Banknote von 1934:

Die Vereinigten Staaten von Amerika zahlen dem Halter auf Wunsch 10 Dollar in gesetzlicher Währung beim US-Finanzministerium.

Diese Inschrift wurde auf der Federal-Reserve-Serie von 1950 wiederholt. Verschwunden war das Versprechen eines Gegenwertes in Gold oder Silber – nur eine Zahlung in »gesetzlicher Währung« wurde zugesagt. Manche Bürger erlaubten sich, die Scheine ans US-Finanzministerium zu schicken, mit der Bitte um Bezahlung in »gesetzlicher Währung« – sie erhielten dafür jedoch nur weiteres Papiergeld, in gleicher Höhe und mit der gleichen Inschrift. Mit anderen Worten ist jeder Papierdollar genau einen Papierdollar wert. (Sicher wunderten sich manche dieser neugierigen Bürger, was aus ihrer Währung geworden war und welche Antwort sie vom Finanzministerium erhielten. Und wahrscheinlich begannen sie als Nächstes, Gold zu horten.)

Ab dem Jahr 1963 verzichtete das Finanzministerium auf das unsinnige Versprechen, Papiergeld gegen Papiergeld einzutauschen. Auf der Dollarnote der Serie von 1963 steht nurmehr:

> **Dieser Geldschein ist gesetzliches Zahlungsmittel für alle Schulden, öffentlich oder privat.**

Die Federal-Reserve-Dollarnote von 1975 ist lediglich ein Stück Papier mit eingewobenen seidenen Fäden, bedruckt mit grüner und schwarzer Tinte. Es unterscheidet sich in nichts von Milliarden anderer Druckerzeugnisse. Die Veränderungen der Zahlungsversprechungen auf den Dollarscheinen der vergangenen Jahrzehnte spiegeln die abnehmende Wertschätzung der Forderung nach einer Umrechnung in Gold oder Silber wider.

Wozu berechtigt einen also der Besitz einer aktuellen Federal-Reserve-Note wirklich? Es ist ein rechteckiges Stück Papier von keinerlei intrinsischem Wert als Papiererzeugnis, einen Bruchteil eines Cents wert. Sonst nichts! Zugegebenermaßen glauben die allermeisten Dollarbesitzer, etwas wirklich Wertvolles in Händen zu halten und nicht nur ein schnörkeliges Stück grün-schwarz bedrucktes Papier. Das bittere Erwachen in der Realität steht noch aus. Aber sobald es einsetzt – wenn das Vertrauen verschwindet –, wird sich der Glaube an diese Papierfetzen als Wertgegenstand in Luft auflösen und die Panik einsetzen, das Papier gegen Wertgüter jeglicher Art einzutauschen.

Der Wirtschaftsnobelpreisträger Milton Friedman hat den Zirkelschluss dieses Systems folgendermaßen beschrieben:

> Man akzeptiert sie [die Papiergeldscheine] nur, weil andere das auch tun. Die grünen Papierscheine haben nur deshalb einen Wert, weil alle das denken. Und sie denken das, weil es bisher immer so war.[73]

Letztendlich hängt die Akzeptanz des Papiergeldes »von einer gesellschaftlichen Übereinkunft ab, da sich alle bereit erklärt haben, etwas zu glauben, das auf Luft aufgebaut ist«,[74] unterstreicht Friedman.

Angriff auf die Papiergeldfabrik

Manche Amerikaner stören sich an dem Märchen, dass bedruckte Papierrechtecke einen Wert haben, und kämpfen gegen die »Papiergeldfabrik« an. Sie haben sich zum Ziel gesetzt, die Mauern einzureißen, damit das Märchengeld durch echtes Geld ersetzt werden kann.

In den jüngsten Jahren gab es in den Vereinigten Staaten vereinzelte Nadelstiche gegen das Papiergeldsystem. Solche Angriffe erscheinen vielleicht zwecklos, denn sie haben wenig dazu beigetragen, die Akzeptanz der Federal-Reserve-Banknoten zu erschüttern. So eine Einschätzung wäre allerdings kurzsichtig, denn langfristig gesehen sind solche Angriffe als Warnsignale zu verstehen. Einige Menschen folgen einem jahrhundertealten Muster der Ablehnung des Papiergeldes und der Rückkehr zum Hartgeld. 1973 hat zum Beispiel Reverend Casimir F. Gierut in Bunker Hill, Illinois, vor Gericht behauptet, das Federal Reserve System habe keinerlei verfassungsmäßige Befugnis, Geld auszugeben. Obwohl die Fed vom Kongress gegründet wurde, argumentierte der Reverend, sei das System nicht rechtens, da das Geld vom Federal Reserve System herausgegeben, aber vom Finanzminister und Schatzmeister unterschrieben wird. Reverend Gierut forderte den Secret Service auf, den Verwaltungsausschuss des Federal Reserve System zu verhaften, da sie »die größten Geldfälscher aller Zeiten« seien.[75]

Es gab bereits früher verfassungsrechtliche Bedenken gegenüber der Gesetzmäßigkeit der Federal-Reserve-Währung. William Dobslaw aus South Bend, Indiana, lehnte es ab, einen Scheck als Bezahlung für ein baufälliges Abrissgebäude anzunehmen, da dieser laut amerikanischer Verfassung kein Zahlungsmittel sei. »Solange die heutigen

Banknoten der Federal Reserve nur gegen Papiergeld eintauschbar sind, sind sie illegal«, so Dobslaw.

In Fresno, Kalifornien, wollte sich James W. Scott gegen den Vorwurf wehren, 1969 und 1970 keine Einkommensteuererklärung abgegeben zu haben, da er in wertlosen Federal-Reserve-Banknoten bezahlt worden sei. Aus diesem Grund habe er überhaupt kein legales Einkommen gehabt und müsse folglich auch keine Steuern darauf bezahlen, so Scott. Der Amtsrichter sah das anders – unbeachtet Artikel 1, Absatz 10 der US-Verfassung – und entschied gegen Scott.

1974 wurde ein weiterer Fall aufgrund von Artikel 1, Absatz 10 der US-Verfassung in Indiana gehört. Dr. O. Walter Calvin, ein Arzt aus South Bend, weigerte sich, von einem Mitarbeiter der Straßenbehörde einen Scheck über 74 Dollar vom Bundesstaat Indiana anzunehmen. Dr. Calvin forderte, wie in der Verfassung verankert, in Gold oder Silber bezahlt zu werden. Der Richter John L. Niblack sah das anders und befand, die Verfassung gebe dem Kongress das exklusive Recht zu entscheiden, was als legale Währung gilt. Außerdem habe der Bundesstaat Indiana kein Gold oder Silber, um Dr. Calvin zu bezahlen.

Man kann vielleicht verstehen, dass ein Richter sich scheut, seinen eigenen Gehaltsscheck für verfassungswidrig zu erklären. Doch wie er darauf kommt, dass die Verfassung dem Kongress das Recht gebe, zu entscheiden, was gesetzliche Währung ist und was nicht, ist erstaunlich, da in der Verfassung etwas ganz anderes steht. Nur einmal hat ein Gericht einem solchen Angriff auf die Papiergeldfabrik recht gegeben. Es lohnt sich, sich die Begründung des Gerichts genauer anzusehen.

Gericht erklärt Dollarnoten für wertlos

In einem Urteil vom Dezember 1968 befand Richter Martin V. Mahoney Federal-Reserve-Banknoten für ungültig. Die First National Bank of Montgomery, bei der es um 14000 Dollar ging, legte keine Berufung ein. Scheinbar zog es die Bank vor, 14000 Dollar abzuschreiben (oder sie wurde entsprechend angewiesen), anstatt bei einem höheren Gericht in Berufung zu gehen. Dieser Verzicht auf eine Berufung garantiert förmlich, dass es irgendwann in der Zukunft einen gut finanzierten und fundierten juristischen Angriff auf die Papiergeldfabrik geben wird.

1967 klagte die First National Bank of Montgomery, Minnesota, auf Vollstreckung eines Immobiliendarlehens an Jerome Daly, der einen Grundbesitz in Fairview Beach in Scott County, Minnesota, beliehen hatte. Die Bank beantragte ordnungsgemäß die Zwangsvollstreckung der Immobilie bei Richter Martin V. Mahoney am Amtsgericht von Scott County. Bei seiner Verteidigung vor der Jury argumentierte der Angeklagte Daly, die Bank habe kein Recht auf seine Immobilie, da sie ihm keinen realen Gegenwert geboten habe, der einen Anspruch auf sein Grundstück rechtfertigen würde. Die 14000 Dollar waren weder Edelmetall noch eine »gesetzliche Währung«, sondern nur der Eintrag eines Buchhalters. Die Bank argumentierte zwar, dass dies üblich sei, konnte jedoch kein Gesetz vorweisen, das sie ermächtigte, einen solchen Kredit per Buchhaltungseintrag zu schaffen.

Richter Mahoney urteilte folgendermaßen:

> Die Fakten dieses Falles waren einfach. Es gab keine Tatsachenbehauptung, die die Jury entscheiden konnte. Der Kläger und die Federal Reserve Bank of Minneapolis sind im Grunde genommen aufgrund ihrer zusammenhängenden Geschäftstätigkeit und Praktiken als Banken nach dem Recht und Gesetz der Vereinigten Staaten ein und dieselbe Einrichtung. Der Kläger hat zugegeben, die gesamten 14000 Dollar als Währung oder Kredit per Eintrag des Buchhalters erschaffen zu haben. Dies wurde in der Immobiliendarlehensvereinbarung vom 8. Mai 1964 erklärt. Dieses Geld und dieser Kredit wurden an diesem Tag von der Bank ins Leben gerufen. Mr.

Morgan stellte für die Bank fest, dass kein US-Gesetz ihm dieses Recht einräumt. Ein solches Geschäft bedarf einer gesetzlichen Grundlage (siehe Anheuser-Busch Brauerei gegen Emma Mason). Die Jury fand keine solche gesetzliche Grundlage. Dem stimme ich zu. Nur Gott kann etwas aus dem Nichts erschaffen.

Selbst wenn man dem Angeklagten Zuwiderhandlung oder Rechtsverwirkung vorwerfen könnte, gibt das dem Kläger nicht recht. Laut US-Rechtsordnung ist ein Anspruch zu verwerfen, der »auf einer betrügerischen, illegalen oder unmoralischen Handlung oder Übereinkunft seitens des Klägers beruht«.

Der Kläger hat die Rechtmäßigkeit dieses Prozesses nicht angezweifelt. Die Entscheidung der Jury lag nach der Eingabe von Mr. Morgan auf der Hand. Sie hätten kaum anders entscheiden können. Der Gerechtigkeit wurde frei und unverzüglich genüge getan, entschieden nach dem geltenden Recht am 7. Dezember 1968.

Richter Martin V. Mahoney

Die Bank ging in Berufung und reichte 2 Dollar Verfahrensgebühr an den Gerichtsdiener ein. Einen Eindollarschein der Federal Reserve Bank of San Francisco (Seriennummer L1278283C) und einen Eindollarschein der Federal Reserve Bank of Minnesota (Seriennummer 180410697A). Richter Mahoney verweigerte die Annahme unter Verweis auf Artikel 1, Absatz 10 der US-Verfassung: »Kein Bundesstaat darf [...] etwas anderes als Gold oder Silbermünzen zum gesetzlichen Zahlungsmittel erklären [...].« Laut Richter Mahoney waren die beiden Geldscheine in Wirklichkeit keine »Dollars«, sondern wertloses Papier.

Anstatt ein weiteres Berufungsverfahren anzustreben, gab die First National Bank of Montgomery ihren Anspruch auf die 14000 Dollar und die Immobilie auf. Die Bankiers haben es sich wohl besser überlegt, anstatt eine Entscheidung zu riskieren, die ihnen und 5000 anderen Banken die Geschäftsgrundlage hätte kosten können.

Eine eingehende juristische Prüfung der Verfassungs- und Gesetzmäßigkeit der Federal-Reserve-Banknoten und Kreditschaffung durch das Federal Reserve System steht noch aus. Die Entscheidung eines Amtsgerichts entfaltet keine bindende Wirkung und wird von anderen Gerichten nicht anerkannt. Ein höherinstanzliches Berufungsverfahren in dieser grundlegenden Frage wäre in der Tat sehr interessant.

Die letzte Entscheidung in dieser Frage zu Redaktionsschluss dieses Buches 1977 war eine Entscheidung des 9. Bundesberufungsgerichts in San Francisco vom 1. April 1976 (»US gegen Wangrud«). In seiner Berufung hatte Wangrud argumentiert, dass er keine Einkommensteuererklärung abgeben müsse, weil sein Gehalt nur in Federal-Reserve-Banknoten auszahlbar war, die wiederum nicht gegen Edelmetall eintauschbar waren. Das Bundesberufungsgericht verwarf diese Interpretation und stellte klar, dass »dieses Argument jeder rechtlichen Grundlage entbehrt. Die Verurteilung wird hiermit bestätigt«.

Bei diesen juristischen Streitfällen geht es im Prinzip um einen Konflikt zwischen der Macht der Regierung zu entscheiden, was als gesetzliche Währung gilt, und dem natürlichen Recht der Bürger, zu bestimmen, was sie als Zahlungsmittel akzeptieren wollen. Arthur Kemp hat diesen Konflikt folgendermaßen ausgedrückt:

> Unser Geld wurde 1933 legales Zahlungsmittel. Das heißt, dass all unser Geld nach geltendem Recht als Zahlungsmittel gleichermaßen gültig ist. Genauso könnte man sagen, dass all unser Geld gleichermaßen wertlos ist. Es stimmt einfach nicht und erscheint kaum nachvollziehbar, dass jedes Geld, ob mit einem realen Gegenwert oder nicht, gleich viel wert ist.

> Was wir in der Praxis haben, ist ein System, das auf dem Versprechen basiert, in Dollar bezahlen zu können, ohne einen Mechanismus, der die Kontinuität oder Stabilität dieser Währungseinheit sicherstellt. Obwohl wir im Grunde genommen eine nicht umtauschbare Papierwährung haben, halten wir immer noch die Fiktion aufrecht, dass unser Papiergeld jetzt oder später einen realen Gegenwert hat. In der Gegenwart hat es diesen ja auch. In der Zukunft ist dies allerdings nicht gesichert. Wenn man die gesetzlichen Vorgaben nicht außer Acht gelassen hätte, wäre man zumindest gezwungen gewesen zuzugeben, dass ein Dollarschein nur ein Stück Papier ist.[76]

Dieser stete Tropfen der Angriffe auf die Papiergeldfabrik ist von größerer langfristiger Bedeutung, als der US-Kongress und das Finanzministerium sich vielleicht bewusst sind. Diese Klagen sind Anzeichen zunehmender Zweifel an der Stabilität des Märchengebildes »US-Dollar«. Sie basieren auf einem gesunden Misstrauen der Bürger, dass unser gegenwärtiges Papiergeldsystem keinen inneren Wert hat und daher als Währung nicht tragfähig ist. Der Kongress hat zwar Gesetze erlassen, um die Banknoten der Federal Reserve zur gesetzlichen Währung zu erklären, wie das Berufungsgericht im Fall »US gegen Wangrud« feststellte. Er kann noch viele weitere solche Gesetze erlassen, die das immer nachdrücklicher behaupten. Es gibt jedoch nichts, was der Kongress tun kann, um die Menschen zu zwingen, diese Banknoten zu akzeptieren, wenn sie es nicht wollen. Diese wichtige Unterscheidung, die Talleyrand vor 200 Jahren gemacht hat, kommt hier wieder zum Tragen.

Immer mehr Menschen sagen: »Das ist kein Dollar.« Sind sie nur einsame Rufer in der Wildnis, die weder gehört noch in Erinnerung bleiben werden? Oder sind sie die ersten Vorboten eines mächtigen Sturms, der uns bald ereilen wird? Die Geschichte legt Letzteres nahe.

Wir wenden uns also nun dem Krieg gegen das Gold zu.

TEIL 2

Gold gegen Papier

KAPITEL 6

Der Krieg des Goldpools

Sprach ein Matrose
zum Kumpan in Not:
»Wir sind verlorene Seelen
auf einem sinkenden Boot.
Wer will, dass der Pfropf hält,
stopft kein Loch mit Papiergeld.«

Mit Dank an John Chamberlain, *Freeman*, April 1974

Ende des Zweiten Weltkrieges waren die Vereinigten Staaten in einer einzigartigen und scheinbar unangreifbaren monetären Lage. Die größten Goldbestände der Welt lagerten sicher in Fort Knox und den Federal-Reserve-Banken. Der Dollar war überall Mangelware und aufgrund der schier unstillbaren Nachfrage überall knapp. Amerikanische Technik und der Lebensstandard, den sie ermöglichte, wurden auf der ganzen Welt bewundert und beneidet.

3 Jahrzehnte später werden die Vereinigten Staaten intern von politischen und moralischen Problemen zerrissen, von Inflation und Selbstzweifeln. Die mächtigste Nation der Welt wurde von einem

Dritte-Welt-Land in einem sinnlosen und aussichtslosen Krieg besiegt. Sie hatte dabei die Hälfte ihrer Goldreserven verloren, und die kurzfristigen Auslandsschulden beliefen sich auf das 10-Fache der verbleibenden Goldreserven.

Was war passiert und warum?

Ende der 1950er-Jahre wiesen aufmerksame europäische Finanzbeobachter ihre jeweiligen Regierungen auf bestimmte ungünstige monetäre Signale hin. Im Januar 1959 schickte der renommierte französische Wirtschaftswissenschaftler Jacques Rueff ein Memorandum an den französischen Finanzminister, in dem er darauf hinwies, dass der Franc zwar in Dollar umtauschbar sei, aber laut dem Abkommen von Bretton Woods nur der Dollar in Gold umgetauscht werden könne. Laut Rueff bedeutete jedoch der Goldstandard und das amerikanische Handelsdefizit, dass es immer unwahrscheinlicher werde, dass der Dollar – und damit auch der Franc – weiterhin in Gold umtauschbar bleiben würde. Daraufhin erschienen drei Artikel in *Le Monde* am 27., 28. und 29. Juni 1961, die dem französischen Leser Rueffs unheilvolle Botschaft näherbrachten.[77]

In diesen Artikeln warnte Rueff 1961, der Goldumtauschstandard sei »eine Gefahr für den Westen«. Aufgrund der Abhängigkeit vom Dollar würde die freie Welt jeden Tag näher an den Rand einer weiteren großen Depression gebracht. Rueff deutete auf die Gefahr der Resolution 9 der Konferenz von Genua zum internationalen Finanz- und Wirtschaftssystem hin, laut der neben den Goldreserven »Reserven in Auslandswährungen« gehalten werden sollten. Ein solches System, bei dem ausländische Währungen als Währungsreserve dienen, erlaubt es nationalen Zentralbanken, Geld nicht nur aufgrund von Goldreserven zu erschaffen, sondern auch aufgrund von goldgedeckten Auslandswährungen (Pfund Sterling und Dollar nach dem Ersten Weltkrieg; nur noch Dollar nach Bretton Woods 1944).

Unter einem reinen Goldstandard (im Gegensatz zu einem Goldumtauschstandard) hätte jeder Dollarzufluss ins Nachkriegseuropa einen

Gegenwert in Gold erfordert. Unter dem seit 1944 gültigen Goldumtauschstandard blieben die Dollars auf den Konten in den USA und wurden nochmals an inländische Kreditnehmer verliehen. Zwischen 1951 und Ende Dezember 1961 häuften die Vereinigten Staaten so ein Handelsdefizit von 18 Milliarden Dollar an. Die keynesianischen Wirtschaftsexperten, die am Steuer waren, bemerkten die Folgen dieses Defizites nicht, da sie die USA als geschlossenen Wirtschaftskreislauf betrachteten, in dem man Handelsdefizite vernachlässigen kann.

Unter einem reinen Goldstandard hätten die Goldreserven der USA im Zuge dieser Auslandsschulden abnehmen müssen. Die USA hätten Gold exportieren müssen, um ihre Außenstände zu decken. In der Praxis nahmen die US-Goldreserven jedoch von 1950 bis 1960 nur um 23 Prozent beziehungsweise um 5,3 Milliarden Dollar ab (von 22,8 auf 17,5 Milliarden Dollar). Diese aufgehäuften amerikanischen Handelsdefizite wurden nicht mit Goldbarren, sondern mit Papierdollars beglichen. Die europäischen Gläubigerbanken investierten etwa zwei Drittel ihrer Papierdollars umgehend wieder in den Vereinigten Staaten. Auf diese Weise haben ausländische Zentralbanken zwischen 1951 und 1961 ihre ausländischen Dollarguthaben um etwa 13 Milliarden Dollar erhöht.

Kurzum wurde etwa ein Drittel des US-Handelsdefizites in den 1950er-Jahren in Gold beglichen und die anderen zwei Drittel durch gedrucktes Papiergeld, »als hätte es das Defizit gar nicht gegeben«. Rueff drückte das amerikanische Dilemma schärfer aus:

> So brachte der Goldumtauschstandard eine enorme Revolution und ermöglichte ein Defizit ohne Tränen. Die Länder mit einer international prestigeträchtigen Währung konnten geben, ohne zu nehmen, leihen, ohne zu borgen, und kaufen, ohne zu bezahlen.[78]

Laut Rueff war diese »Revolution« keine vorsätzliche Politik der Vereinigten Staaten, sondern im Grunde ein »kollektiver Irrsinn«. Doch

»wenn die Menschen dessen gewahr werden, wird es in der Zukunft als Skandal und Wunder gesehen werden«, fügte er hinzu.

Vielleicht hatte Rueff recht und die Defizite waren keine bewusste Politik der US-Regierung. Trotzdem muss man eingestehen, dass die Vereinigten Staaten selbst dann nichts dagegen unternommen haben, als das Problem längst erkannt war. Lange nachdem die Gefahr in der wissenschaftlichen Literatur allgemein festgehalten worden war, fuhren die Vereinigten Staaten in den 1960er- und 1970er-Jahren damit fort, etwas für nichts bekommen zu wollen. Die Politiker benahmen sich weiterhin, als ob es auf der Welt etwas umsonst gäbe, das man ohne Konsequenzen einfach nehmen könnte.

Es war ein französischer Wirtschaftswissenschaftler, Jacques Rueff, und kein Amerikaner, der in einer Reihe von Büchern und Artikeln die Welt auf die Gefahren eines nicht goldgedeckten Dollars hinweisen wollte. Die meisten amerikanischen Wirtschaftswissenschaftler – jedenfalls alle prominenten – waren damit beschäftigt, sich mathematische Gleichungen auszudenken, um das Ganze zu decken – oder weitere Defizite durch immer mehr Ausgaben des endlosen Dollarstromes zu planen. Betrachten wir also das Wesen des Geldproblems der Vereinigten Staaten der späten 1950er-Jahre.

Der Wendepunkt von 1959

Die Finanzkrise, die 1959 auf die Vereinigten Staaten zukam, konnte man nur zu leicht aus den jeweiligen Finanzstatistiken erkennen. Wirtschaftswissenschaftler, die beruflich die internationalen Finanzströme analysieren, konnten es also kaum übersehen haben. Die Krise, die Rueff benannt hatte, war sicher bekannt. Das Problem war, dass kein Wirtschaftswissenschaftler in den Vereinigten Staaten das zugeben und sich mit den Politikern anlegen wollte, die mit ihren Ausgaben die USA in eine Katastrophe steuerten.

Grafik 6-1: **US-Goldreserven und ausländische Dollarbestände, 1949–1959 (in Milliarden Dollar)**

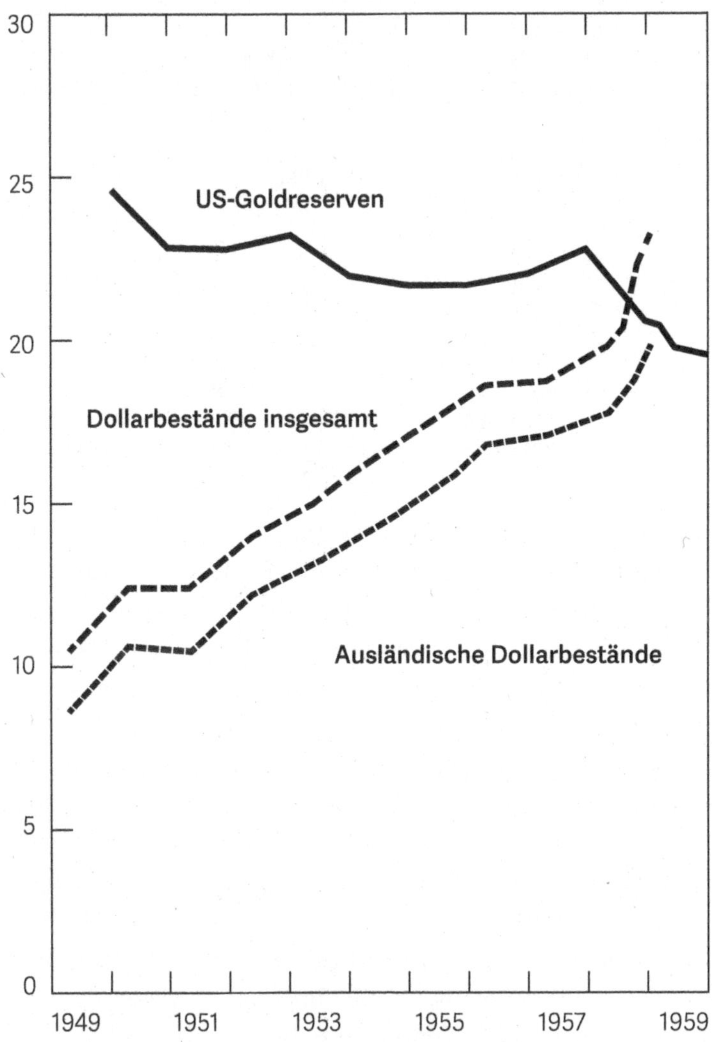

Quelle: Robert Triffin, *Gold and the Dollar Crisis: The Future of Convertibility* (New Haven: Yale University Press, 1960).

Tabelle 6-1: **Kurzfristige US-Auslandsschulden und Goldreserven, 1955–1971 (in Millionen Dollar)**

Jahr	Kurzfristige Auslands- schulden	Goldreserven zu 35 Dollar/Unze	Goldreserven zu 150 Dollar/Unze
1955	11 895 Dollar	21 753 Dollar	93 227 Dollar
1960	18 701 Dollar	17 804 Dollar	76 303 Dollar
1965	25 551 Dollar	13 806 Dollar	59 168 Dollar
1968	31 717 Dollar	10 892 Dollar	46 680 Dollar
1971	55 417 Dollar	10 206 Dollar	43 740 Dollar
1974	95 000 Dollar	11 830 Dollar	50 700 Dollar

Quelle: US-Handelsministerium, *Statistical Abstract of the United States 1975* (Washington, D. C. Bureau of the Census, 1975) und Internationaler Währungsfonds, *International Financial Statistics December 1975* (Washington, D. C.: Dezember 1975), Band XXVIII, Nummer 12.

Grafik 6-1 und Tabelle 6-1 zeigen das jährliche liquide Auslandsdefizit der USA im Vergleich zu den US-Goldreserven zwischen den 1950er- und frühen 1970er-Jahren. Vor 1950 war die US-Goldreserve deutlich größer als alle internationalen Außenstände bei Banken, Privatleuten und Zentralbanken zusammengenommen. Ein Jahrzehnt später, 1959, überholte die Kurve der liquiden Außenstände den offiziellen Wert der Goldreserven. Bis zum Ende der 1960er-Jahre waren die internationalen Außenstände drei- bis viermal höher als die Goldreserven. 1973 lagen die internationalen Außenstände bei etwa 100 Milliarden Dollar (je nach Berechnungsweise) und die Goldreserven lediglich bei 10 Milliarden Dollar. Damit waren die Außenstände 1973 zehnmal so hoch wie die Goldreserven. Die Vereinigten Staaten waren im Grunde genommen pleite. Im Ernstfall wären sie nicht in der Lage gewesen, ihre Außenstände zu begleichen.

An diesem Wendepunkt 1959 gab es im Grunde zwei Optionen: entweder 1) dem Gold abzuschwören oder 2) die »offizielle« Preisfestlegung für Gold aufzugeben und mit einem freien Goldpreis den Wert der US-Außenstände an den Wert der Goldreserven anzupassen. Die USA entschieden sich dafür, das Versprechen aufzugeben, ausländische Schulden in Gold zu begleichen. Seitdem versuchen sie, das Gold ganz von der internationalen Finanzbühne zu verdrängen.

Die Berater des Finanzministeriums wussten sicher, dass eine solche Politik während der ganzen Jahrhunderte, in denen die Menschen Gold als Währung benutzt haben, nie funktioniert hat. Zu diesen Experten gehörten einige der prominentesten (und bestbezahlten) Wirtschaftswissenschaftler, die sich in Magisterseminaren als lebende Orakel der historischen Weisheit darstellten. Doch die Geschichte lehrt uns (wie wir in Kapitel 2 gesehen haben), dass ein Krieg gegen das Gold zum Scheitern verurteilt ist.

Alternativ hätten die Politiker in Washington den »offiziellen Goldpreis« aufgeben und dem Markt erlauben können, die unterdrückten Kräfte der vergangenen Jahrzehnte zu reflektieren. 1960 herrschte selbst unter den erbitterten Gegnern des Goldes allgemeine Einigkeit darüber, dass der Marktpreis für Gold wesentlich höher liegen sollte. Ein höherer Goldpreis hätte den USA geholfen, die monetäre Krise der 1960er-Jahre und die Abwertungskrisen der 1970er-Jahre zu vermeiden, da ihre höher bewerteten Goldreserven mit den Auslandsschulden Schritt gehalten hätten.

Die Finanzstatistiken spiegeln dies wider: 1955 lagen die kurzfristigen US-Auslandsschulden bei 11,9 Milliarden Dollar und die Goldreserven bei 21,7 Milliarden Dollar (bei einem Preis von 35 Dollar pro Unze). Die kurzfristigen Schulden waren also zum offiziellen Preis 1,8-fach durch Gold gedeckt. Zu einem Marktpreis von 150 Dollar pro Unze wären die US-Goldreserven jedoch über 93 Milliarden Dollar wert und die Auslandsschulden damit 7,8-fach gedeckt. 1955 hätte es keine Probleme gegeben, wenn a) die USA Schritte unternommen hätten, ihr Außenhandelsdefizit zu reduzieren, oder b) sie den Marktpreis für Gold akzeptiert hätten, um damit ihre Auslandsschulden zu decken.

Stattdessen beschlossen die Vereinigten Staaten, nichts zu tun. Schon 1960 war das Dilemma völlig offensichtlich. Der Wert der kurzfristigen Auslandsschulden (18,7 Milliarden Dollar) hatte den Wert der Goldreserven (zu einem Preis von 35 Dollar pro Unze) überholt (17,8 Milliarden Dollar). Damit lag die Golddeckung nur noch bei 0,95 statt bei 1,8 im Jahr 1955. Bei einem Preis von 150 Dollar pro Unze wären die Schulden immer noch 4-fach gedeckt. Man hätte also das Defizitproblem durch eine Freigabe des Goldpreises lösen können. Es war noch Zeit zu handeln, obwohl es eng wurde.

Bis 1968 war die Lage noch schlimmer geworden: Zu einem Goldpreis von 35 Dollar je Unze waren die Auslandsschulden nur noch 0,34-fach gedeckt, 1,47-fach bei einem Goldpreis von 150 Dollar pro Unze. 3 Jahre später, 1971, waren die Auslandsschulden sogar bei einem Goldpreis von 150 Dollar je Unze nur noch zu 0,79 gedeckt und beim offiziellen Goldpreis von 35 Dollar nur noch 0,18-fach. Bis zum Jahr 1974 war die Deckung noch geringer geworden: 0,12 bei 35 Dollar je Unze und 0,53 bei 150 Dollar je Unze.

Wie haben unsere amerikanischen Geldexperten auf Rueffs Warnung und die veröffentlichten Statistiken reagiert? Einige Jahre zuvor diskutierte Robert Triffin, einer der wenigen Amerikaner, der die Krise kommen sah, in seinem Buch *Europe and the Money Muddle* (dt.: »Europa und der Geldschlamassel«) das Dollar-Gold-Dilemma.[79] Angesichts der immer schlimmer werdenden Kennzahlen des ausländischen Dollardefizits schrieb Triffin: »Eine solche Entwicklung konnte offenkundig nicht ewig weitergehen, ohne das Vertrauen in den Dollar selbst zu untergraben.« Doch bei seiner Suche nach Lösungen verwarf Triffin unbesehen eine Rückkehr zum Goldstandard. Warum? Laut Triffin gefährde der Goldstandard »das weitere Wachstum der Produktion und des Welthandels«. Wir haben schon gesehen, dass dieser Einwand der fehlenden Liquidität keinen Bestand hat. Triffin bemerkte zwar, dass die südafrikanische Delegation beim jährlichen Treffen des Internationalen Währungsfonds wiederholt eine

Aufwertung des Goldpreises in Dollar und anderen Währungen vorgeschlagen hatte. Aber obwohl diese Lösung realistisch ist, will Triffin sie nicht in Betracht ziehen. Warum? »Weil«, so Triffin,

> eine solche Aufwertung wirklich drastisch sein müsste, um den Dimensionen des vorliegenden Problems gerecht zu werden, und sie von der öffentlichen Meinung in den Vereinigten Staaten und vielen anderen Ländern nicht getragen werden würde.[80]

Eine solche Aufwertung müsste »wirklich drastisch« sein, weil die offizielle Abwertung des Goldes auf 35 Dollar statt 42 Dollar pro Unze 1934 ebenfalls »drastisch« gewesen war. Offizielle Manipulationen des Goldpreises in der Vergangenheit kann man nicht als Rechtfertigung anführen, heute auf eine marktgerechte Lösung zu verzichten. Das Argument, eine solche Aufwertung würde von der »öffentlichen Meinung« nicht getragen werden, ist in Wahrheit ein Euphemismus für die Meinung von Triffin und anderer Fachleute. Die Öffentlichkeit weiß wenig über die Feinheiten der internationalen Hochfinanz und kümmert sich kaum um den Goldpreis als solchen. Es geht eher darum, dass eine solche Aufwertung die intrinsische Schwäche der »Papiergeldfabrik« (siehe Kapitel 5) demonstrieren würde, sehr zum Missfallen eines Großteils unserer keynesianischen »Wirtschaftsexperten«. Eine Aufwertung wäre »untragbar«, weil sie verdeutlichen würde, dass die Geldexperten kein geschichtliches Verständnis oder keine Wertschätzung für die Rolle des Geldes als Wertanlage haben. Wie Ludwig von Mises sagte: Den Inflationisten ist »die Zukunft ihrer Nation und ihrer Zivilisation egal«.[81]

In ähnlicher Weise lehnte Walter Gardner vom Internationalen Währungsfonds eine »Aufwertung« des Goldpreises ab, da es im Vorfeld zu enormen Spekulationsschwankungen kommen würde. Vermutlich hätte es einen Kursanstieg nach oben ausgelöst, da der Goldpreis durch Regierungsmaßnahmen künstlich niedrig gehalten wurde, wie wir gesehen haben. Es würde sicher eine Art Aufholjagd geben. Aber ist die schöngeistige Ablehnung einer Spekulationsphase ein Grund, Gold als Zahlungsmittel abzulehnen, wenn es unsere Probleme lösen könnte?

Im Kern geht es darum, dass Triffin und andere Experten Gold aus ideologischen Gründen ablehnen. Wie Triffin sagte:

> Die Schlichtheit dieses Vorschlags [das heißt, Gold zu verwenden] stößt am meisten bei denjenigen auf Ablehnung, die glauben, dass der internationale Bedarf an Zahlungsmitteln besser gedeckt werden kann, als Gold aus der Tiefe der Erde zu schürfen und in den Panzerschränken von Fort Knox und anderen Goldtresoren zu verstecken.[82]

Die Abneigung ist ein Werturteil. Nach Gold zu schürfen, ist Triffin und den Finanzexperten zuwider. Andere haben vielleicht andere Werturteile. Man kann genauso gut behaupten, der Goldabbau sollte unterstützt werden, weil kautabakkauende alte Goldgräber ein verdienteres Publikum sind als jetsettende internationale Finanzexperten, die von Meeting zu Meeting hüpfen. Die Goldgräber arbeiten wenigstens für ihr Geld und machen uns weniger Ärger als die Finanzexperten.

Die größte Gefahr ist, dass die US-Auslandsschulden aufgrund dieser ideologischen Abneigung gegen das Gold 1970 mindestens zehnmal so hoch waren wie die US-Goldreserven zum offiziellen Goldpreis. Wenn unsere ausländischen Gläubiger ihre Schulden in Gold verlangen würden (und das taten sie zum Teil auch), könnten die Vereinigten Staaten diese Schulden nicht begleichen. Die Demonetisierung des Goldes ist eine nutzlose, eigensinnige Politik, die die Europäer längst durchschaut haben. Glaubt das Finanzministerium tatsächlich, dass die Europäer dieses Spiel mitmachen werden? Die Antwort findet man in den europäischen Goldvorräten. Während die

USA die Demonetisierung des Goldes fordern, haben die europäischen Zentralbanken immer mehr Gold gehortet.

Krieg um den Goldpool

Der Abfluss des Goldes aus den US-Währungsreserven Anfang der 1960er-Jahre blieb den scharfsinnigen Händlern nicht verborgen, die ihren Lebensunterhalt damit verdienen, die Fehlurteile anderer zu erkennen und auszunutzen. Laut einer ganzen Reihe von US-Finanzministern gibt es eine Riege gewiefter Schweizer Bankiers, landläufig als die »Gnome von Zürich« bekannt, die allzu gerne Uncle Sam eine lange Nase machen – zu seinem Nachteil und ihrem Vorteil. Aber nicht einmal die gewieftesten Finanzjongleure können einen Gewinn erzielen, wo kein Gewinn möglich ist. Oft wird durch den Versuch, den Gewinn mitzunehmen, automatisch die Gewinnmöglichkeit eliminiert. Im Fall des Goldes bestand die US-Regierung jedoch darauf, eine Schieflage aufrechtzuerhalten, und gab dann den Schweizer Bankiers die Schuld, weil diese die offene Einladung zum Abräumen angenommen hatten.

Der Abfluss des Goldes aus den Federal-Reserve-Tresoren zu den europäischen Zentralbanken in den 1960er-Jahren war zusammen mit dem immer größer werdenden US-Außenhandelsdefizit ein »glasklares« Zeichen an die Marktbeobachter. Gold war mit 35 Dollar je Unze unterbewertet. Die europäischen Zentralbanken füllten ihre Bestände auf, und die Investoren und Spekulanten – darunter sicher viele Schweizer Bankiers – sprangen mit auf den Zug auf.

1960 erreichte der Goldpreis auf dem freien Markt in London 40,60 Dollar je Unze – ein damaliger Höchststand. Das Misstrauen gegenüber dem Papiergeld wuchs in mehreren Ländern, eine Wiederauflage der jahrhundertealten historischen Lektionen der französischen Assignaten, des Kontinentaldollars und zahlloser anderer verschollener Währungen. Immer mehr Menschen begannen, Gold als zuverlässige Wertanlage zu kaufen.

Die offizielle Reaktion auf die Preissteigerungen auf dem freien Markt war, Gold zu verkaufen, um den Preisanstieg zu dämpfen. Zu diesem Zweck bildeten die Vereinigten Staaten, das Vereinigte Königreich, Frankreich, die Bundesrepublik Deutschland, die Schweiz, Italien, Belgien und die Niederlande den Londoner Goldpool. Die USA übernahmen die Hälfte der Unterhaltskosten. Der Zweck des Goldpools war, den »offiziellen Goldpreis« bei 35 Dollar je Unze zu halten.

Das Ganze ist ein Rätsel. Die verantwortlichen Finanzbeamten sind gebildete, technisch versierte Experten. Doch jeder Studienanfänger könnte nach einem Semester Einführung in die Wirtschaftswissenschaften das Konzept des Goldpools von 1967 in der Luft zerreißen. Etwa 30 Millionen Amerikaner haben ein Einführungsseminar in die Wirtschaftswissenschaften belegt. Daher können wir die Funktionsweise des Goldpools in einer einfachen Angebots- und Nachfragekurve darstellen, die jeder kennen sollte. Theoretisch sah der Goldmarkt 1960 ungefähr so aus wie in der Grafik auf Seite 121.

Es gab eine Gesamtnachfrage nach Gold (*demand*: D–D) durch Einzelpersonen und, wie wir gesehen haben, von Zentralbanken. Dazu gab es ein Gesamtangebot (*supply*: S–S) von neu abgebautem südafrikanischem und russischem Gold plus die Verkäufe der Zentralbanken der USA, des Vereinigten Königreichs und ein paar anderer Quellen. Der Marktpreis spiegelte die Gesamtheit von Angebot und Nachfrage. Der Spitzenpreis auf dem freien Markt in London lag 1967 bei 40 Dollar pro Unze. In manchen Orten mit gesetzlichen Obergrenzen für den Goldbesitz (wie Indien) rangierte der Schwarzmarktpreis weit über dem Londoner Marktpreis von bis zu 40 Dollar pro Unze, während der amtliche Preis bei 35 Dollar pro Unze lag.

Das heldenhafte Ziel des Londoner Goldpools unter der Führung der USA, mit den missmutigen Europäern im Schlepptau, war es, den Goldpreis bei 35 Dollar pro Unze zu halten, indem massig Gold in

Grafik 6-2: **Angebot und Nachfrage nach Gold im Jahr 1967***

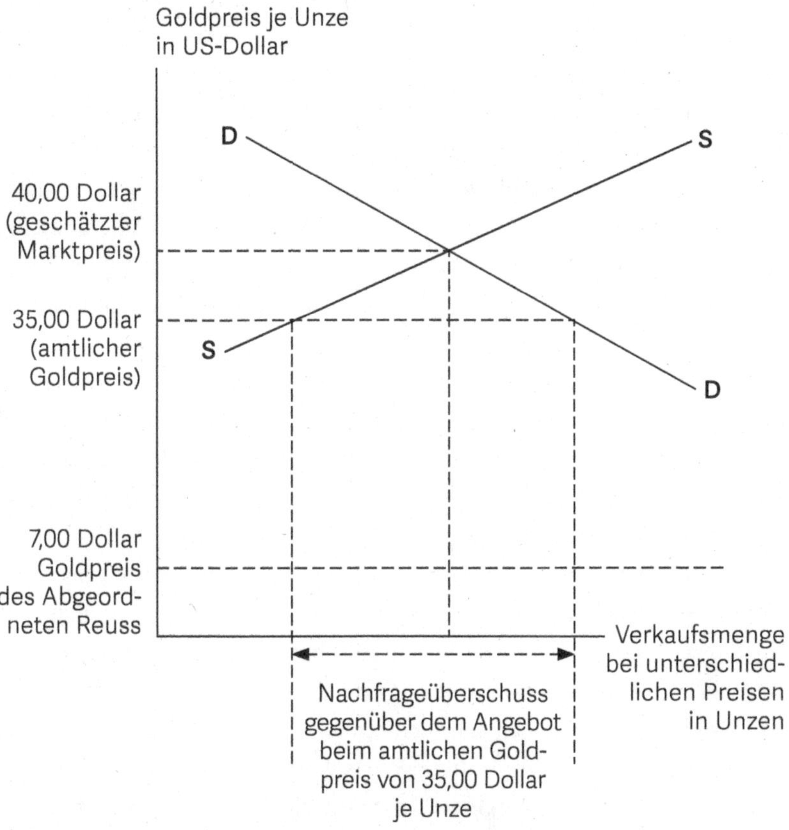

* Die Angebotskurve des Goldes ist ungewöhnlich. In den Lehrbüchern sind Angebotskurven immer nach rechts hin steiler, wie in Grafik 6-2 oben. Neue Goldabbaumengen nehmen jedoch wie die Nachfragekurve nach rechts ab. Dieses Phänomen wird in den Lehrbüchern nicht behandelt. Die Bergwerke bauen mit steigenden Preisen immer niedrigwertigere Erze ab (wodurch die gewonnene Goldmenge sinkt), um die Lebensdauer eines Bergwerks zu verlängern. Die Kurve des Gesamtangebots oben ist ein Produkt aus neu abgebauten Erzen und Abverkäufen der Zentralbanken, spiegelt jedoch nicht gebührend den Erzabbau wider.

den Markt gepumpt wurde. Warum es gerade 35 Dollar pro Unze sein mussten, konnte keiner erklären. Warum nicht 30 Dollar, 40 Dollar oder gar 50 Dollar pro Unze? Niemand weiß es. Der amtliche Preis war 35 Dollar pro Unze, und scheinbar glaubte das Finanzministerium wie König Knut der Große, die Flut aufhalten zu können. Wenn ein Befehl des US-Schatzmeisters schon nicht die Flut des Ärmelkanals aufhalten konnte, so konnte er doch zumindest den Preisanstieg für ein barbarisches Relikt wie Gold festlegen. Jacques Rueff war der Ansicht, dass diesen Finanzexperten in Washington schlicht nicht eingefallen war, das US-Außenhandelsdefizit durch eine Goldbindung wiederherzustellen, und dass die Politik des »amtlichen Goldpreises« ein Hirngespinst war.[83]

Wir denken, dass ihnen die Möglichkeit eines Goldstandards schon eingefallen ist, sie aber aus zwei ideologischen Gründen abgelehnt wurde: einerseits, weil eine Goldpolitik die Vormachtstellung des Papierdollars gefährden würde, und andererseits, weil die postkeynesianische Wirtschaftstheorie auf einer Antigoldpolitik aufbaut, um den politischen Internationalismus voranzutreiben. John Maynard Keynes war zwar Verfechter einer Weltregierung, war aber nicht so dezidiert gegen Gold wie viele seiner Schüler. In seinem Hauptwerk *A Treatise on Money* (dt. *Vom Gelde*) gab Keynes freimütig zu, dass das Gold »über lange Zeit sehr erfolgreich die Stabilität der Kaufkraft gewährleistet hat«.[84] Von einem Wirtschaftswissenschaftler, der der Ansicht war, dass Warengeld (Gold) durch das repräsentative Geld (Papier) abgelöst worden war, war das ein großes Zugeständnis. Keynes nahm außerdem zur Kenntnis, dass Gold

> [...] bei schlampigen Währungssystemen für Ordnung sorgt. Es begrenzt die Autorität und Unabhängigkeit der Regierung oder Zentralbank eines jeden Landes, das sich dem internationalen Goldstandard verschrieben hat.[85]

Keynes hätte vermutlich dem Zahn der Zeit und der Tradition vertraut, um das Gold zu verdrängen, und er hätte vermutlich vom totalen Krieg der Keynesianer im US-Finanzministerium gegen das Gold abgeraten.

Jedenfalls bildeten die USA und die europäischen Zentralbanken 1961 den Londoner Goldpool, um den »Markt zu stabilisieren« (das heißt, den Preis zu drücken). Immer, wenn die private Nachfrage nach Gold die Preise nach oben trieb, verkaufte der Pool Gold. Wenn die private Nachfrage nachließ und den Preis unter 35 Dollar drückte, kaufte der Pool Gold. So verlor der Goldpool rasch 991 Millionen Dollar aus den Reserven der Zentralbanken der USA, Großbritanniens, Frankreichs, der Schweiz, Belgiens, Italiens, der Niederlande und Westdeutschlands. Die Schuld für diesen Goldabfluss gab man den »Gnomen von Zürich«, aber der wahre Grund war, dass der amtliche Preis sehr viel niedriger war als der Marktpreis (siehe Grafik 6-2) – mit absehbarem Ergebnis.

Die französischen Wirtschaftswissenschaftler und Finanzbeamten behielten einen klaren Kopf. Sie erkannten die Zeichen der Zeit und zogen sich im Juni 1967 aus dem Goldpool zurück, anstatt weiter ihre kostbaren Goldreserven unter Wert zu verkaufen. Bereits im August und September 1966 hatten die Franzosen begonnen, außerhalb des Goldpools mit Nachdruck Gold zu *kaufen* und ihre Reserven wieder aufzustocken. Außerdem nahm Frankreich seine Goldreserven wieder physisch in Besitz, anstatt sie in New York bei der Federal-Reserve-Bank einzulagern.

1966 verloren die USA insgesamt 571 Millionen Dollar an Gold, und Frankreich gewann 601 Millionen Dollar in Gold. Als Frankreich sich aus dem Goldpool verabschiedete, übernahmen die USA ihren Anteil des Projektes, womit diese nun 59 Prozent kontrollierten statt 50 Prozent.

Zwischen November 1967 und März 1968 wurde aus der Niederlage eine Katastrophe, als die USA schier überwältigende 3,2 Milliarden

Dollar an Goldreserven verloren. Nun folgten weitere europäische Länder dem Beispiel Frankreichs und sagten den USA ab. Die weitere Stützung des Dollars müsste mit US-Goldreserven stattfinden. Ihr Gold stehe nicht länger zur Verfügung.

Am 14. März 1968 kam das Ende, als der Goldpool *400 US-Tonnen** Gold an private Käufer verkaufen musste. Innerhalb von 5 Monaten waren 20 Prozent der US-Goldreserven verschwunden. Das US-Finanzministerium musste handeln. Auf Wunsch der Federal-Reserve-Bank und des Finanzministeriums ersuchte Präsident Lyndon B. Johnson die Bank of England, den Betrieb des Goldpools einzustellen.

Warum ist der Londoner Goldpool gescheitert? Die Wirtschaftslogik ist einfach: Der amtliche Preis lag weit unter dem Marktpreis und schuf eine Schieflage, da Zentralbanker ihre Goldansprüche für »billiges« Gold bei 35 Dollar eintauschten. Hätte man den amtlichen Preis dem Marktpreis angepasst, wäre das nie passiert.

Guido Carli von der italienischen Zentralbank machte den USA einen Vorschlag, um ihr Gesicht zu wahren: ein *zweigleisiges Preissystem* mit einem amtlichen Goldpreis für Regierungstransaktionen und einem Marktpreis für alle anderen. Anstatt die Realitäten des Marktes zu akzeptieren, überschlug sich der US-Finanzminister Henry Fowler vor Begeisterung für das zweigleisige System und dessen Nutzen für die USA. Ein offensichtlich weniger begeisterter Journalist bei *Barron's* schrieb:

> Das »zweigleisige« System würde Jahrzehnte überdauern, prahlte der Finanzguru über sein dubioses Machwerk. Der Staatssekretär

* Anm. d. Verlages: Im deutschsprachigen Raum ist mit der Masseneinheit »Tonne« die »metrische Tonne« (= 1000 Kilogramm) gemeint. Die hier verwendete »US-amerikanische Tonne« (*short ton*) ist die entsprechende Maßeinheit in den USA. Umgerechnet entspricht eine US-Tonne 0,907 Tonnen. Demnach entsprechen 400 US-Tonnen (*short tons*, tn. sh.) 363 metrischen Tonnen (t).

im Finanzministerium, Frederick L. Deming, übertraf seinen Chef und prophezeite, das System werde »bis in alle Ewigkeit« überdauern.[86]

Innerhalb von 3 Jahren endete das so hochgelobte zweigleisige System mit dem Ende des Goldstandards und der Abwertung des Dollars. In einem offenen Wettbewerb zwischen einem »amtlichen Preis« und einem »Marktpreis« gewann, wie schon immer in den vergangenen 5 Jahrtausenden der Menschheitsgeschichte, der freie Markt.

KAPITEL 7

Wer hat das ganze Gold gekauft?

»[Die Legalisierung des Goldes] wird eine Riesenkatastrophe verursachen, vergleichbar mit einer Invasion vom Mars oder einem Atomkrieg […].«

Finanzstaatssekretär Jack F. Bennett über die Legalisierung des Goldbesitzes für US-Bürger

---

Solche lebensgefährlichen Ansichten, die unter dem amerikanischen Establishment in Washington und New York zum Thema Gold herrschen, stehen in eklatantem Widerspruch zu der Behauptung, dass Gold für das Währungssystem nicht mehr nötig sei. Die ängstlichen Warnrufe klingen näher an der Wahrheit – ein widerwilliges Zugeständnis, dass der Papierdollar Gefahr läuft, durch Gold entwertet zu werden. Die Vereinigten Staaten besitzen die größten Goldreserven der Welt, und im Gegensatz zu allen Ankündigungen des Finanzministeriums haben sie noch keine Anstalten gemacht, alles zum Schnäppchenpreis zu verhökern. Die bisherigen Goldauktionen des

Finanzministeriums waren halbherzige, laienhafte und möglicherweise illegale[87] Verkaufsaktionen, um den Goldpreis zu drücken, anstatt das Gold zu veräußern oder die Bilanzen zu stärken.

Die US-Goldreserven

Die USA verfügen über Goldreserven von über 250 Millionen Unzen. Nach der Goldbarreninventur des US-Münzamtes verfügten sie am 30. November 1973 über folgende Goldbestände:

Tabelle 7-1: **US-Goldbestände im Jahr 1973**

Feingehalt 995–999		
Barrengröße	**Barren gesamt**	**Gesamtgewicht in Unzen**
5 Unzen	530	2650
10 Unzen	4885	48850
15 Unzen	18	270
20 Unzen	13	260
25 Unzen	5694	142350
30 Unzen	38	1140
50 Unzen	7965	398250
250 Unzen	2131	532750
400 Unzen	118377	47350800
Gesamt	**139651**	**48477320**

Feingehalt 917–994		
Barrengröße	**Barren gesamt**	**Gesamtgewicht in Unzen**
5 Unzen	2	10
10 Unzen	2	20
15 Unzen	4	60
20 Unzen	6	120
25 Unzen	3	75
30 Unzen	9	270
50 Unzen	43	2150
250 Unzen	77	19 250
400 Unzen	2143	857 200
Gesamt	**2289**	**879 155**

Feingehalt 890–916		
Barrengröße	**Barren gesamt**	**Gesamtgewicht in Unzen**
25 Unzen	1	25
50 Unzen	3	150
250 Unzen	318	79 500
400 Unzen	515 060	206 024 000
Gesamt	**515 382**	**206 103 675**

Die wichtigste Schlussfolgerung aus diesen Zahlen ist, dass der Großteil der US-Goldreserven von geringer Qualität ist. Nur 19 Prozent haben einen Feingehalt von mehr als 995 (»Good Delivery«-Qualität). Der Großteil liegt in Form von »Münzschmelz«-Barren von weniger als 900 Feingehalt vor. Eine Zusammenfassung der obigen Zahlen:

Tabelle 7-2: **US-Goldreserven nach Feingehalt**

Feingehalt	Barren gesamt	Gesamtgewicht in Unzen	% des Gesamtgewichts
995–999	139 651	48 477 320	19,0
917–994	2289	879 155	0,3
890–916	515 382	206 103 675	80,7
Gesamt	**657 322**	**255 460 150**	**100,0**

Es gibt einen wichtigen Punkt, den wir aus diesen Zahlen der US-Münzstätte erkennen können: Wenn das US-Finanzministerium Gold verkauft, wird es vermutlich von geringerer Qualität (Feingehalt 890 bis 916) sein. Um daraus Goldbarren von »Good Delivery«-Qualität zu machen, müsste der Käufer diese einschmelzen und auf 995 bis 999 verfeinern lassen. Mit anderen Worten, 80 Prozent der US-Goldreserven stellen kein Gold in »Good Delivery«-Qualität dar und erzielen demnach auch nicht entsprechende Preise auf dem Weltmarkt. Daher wird die Nachfrage nach diesem schlechteren Gold niedriger als normal sein, da der Kunde dies noch verfeinern lassen muss. Die USA besitzen 118 437 Goldbarren in »Good Delivery«-Qualität (Barren von 400 Unzen mit einem Feingehalt von 995 bis 999) mit einem Gesamtgewicht von 47 Millionen Unzen (abzüglich aller Verkäufe seit 1973). Den Großteil der Reserven (80 Prozent) stellen 515 060 Barren von 400 Unzen mit einem Feingehalt von 890 bis 916 dar.

1971 fiel der Wert der US-Goldreserven auf 10 Milliarden Dollar (zu 35 Dollar je Unze). Seitdem ist er aber wieder auf 11,8 Milliarden Dollar gestiegen.

Europäische Zentralbanken stocken ihre Goldreserven auf

Während die Wirtschaftswissenschaftler des US-Finanzministeriums und des IWF eifrig behaupten, dass das Gold verteufelt wird und sich auf dem Abstellgleis des internationalen Währungssystems befindet, haben die europäischen Zentralbanken stillschweigend einen ganz anderen Kurs gefahren. In dem Jahrzehnt zwischen 1960 und 1970 gab es einen dramatischen Umschwung bei den Goldreserven der europäischen Zentralbanken (siehe Tabelle 7-3 unten). Die größten Abverkäufe von Gold unternahm die Federal-Reserve-Bank der USA (6734 Millionen Dollar) und die Bank of England (1452 Millionen Dollar) – insgesamt 8186 Millionen Dollar.

Diesem angloamerikanischen Goldabverkauf stand ein fast genauso großer Goldankauf durch die Zentralbanken des europäischen Kontinents gegenüber. Frankreich absorbierte 1891 Millionen Dollar, die Bundesrepublik Deutschland 1009 Millionen Dollar, Italien 684 Millionen Dollar, die Schweiz 546 Millionen Dollar, Österreich 421 Millionen Dollar, Portugal 350 Millionen Dollar, die Niederlande 336 Millionen Dollar, Spanien 320 Millionen Dollar und Belgien 300 Millionen Dollar. Der Gesamtgoldankauf betrug 6142 Millionen Dollar oder etwa drei Viertel des angloamerikanischen Verkaufs. Andere große Länder vergrößerten im selben Zeitraum ebenfalls ihre Goldreserven: Südafrika beispielsweise um 488 Millionen Dollar, Japan um 285 Millionen Dollar und Saudi-Arabien um 101 Millionen Dollar. Sogar das sozialistische Jugoslawien erhöhte seine Goldreserven von 4 Millionen Dollar auf 51 Millionen Dollar.

Der Abverkauf von Gold fand in den 1960er-Jahren also in einem sehr engen, geografischen Gebiet statt: dem angloamerikanischen transatlantischen Bündnis. Der Goldeinkauf fand jedoch auf der ganzen Welt statt in beinahe allen wichtigen Ländern Kontinentaleuropas sowie den wichtigsten Handelsländern außerhalb Europas. Gemessen an der Zahl der Länder war der Block der Goldbefürworter (das heißt der goldabsorbierenden Länder) dem Block der Goldgegner zahlenmäßig weit überlegen, was sich in der Bereitschaft zum Erwerb und zur Verwendung von Gold als Reservewert ausdrückt.

Tabelle 7-3: **Veränderung der Goldreserven der Zentralbanken, 1960–1970 und 1970–1975**

Abnahme der Goldreserven (Millionen US-Dollar zu 35 Dollar pro Unze)					
Land	**1960**	**1970**	**1975**	**1960/ 1970**	**1970/ 1975**
USA	17804	11070	11401	- 6734	+ 331
Großbritannien	2801	1349	909	- 1452	- 440
Brasilien	287	45	57	- 245	+ 7
Kanada	885	791	895	- 94	+ 104
Kolumbien	78	17	37	- 61	+ 20
Dänemark	197	64	74	- 43	+ 10
Neuseeland	35	1	1	- 34	0

Zunahme der Goldreserven (Millionen US-Dollar zu 35 Dollar pro Unze)					
Land	**1960**	**1970**	**1975**	**1960/ 1970**	**1970/ 1975**
Frankreich	1641	3532	4113	+ 1891	+ 581
BRD	2971	3980	4792	+ 1009	+ 812
Italien	2203	2887	3361	+ 684	+ 474
Schweiz	2185	2731	3390	+ 546	+ 659
Südafrika	178	666	741	+ 488	+ 75

Österreich	293	714	851	+ 421	+ 137
Portugal	552	902	1135	+ 350	+ 233
Niederlande	1451	1787	2213	+ 336	+ 426
Spanien	178	498	581	+ 320	+ 83
Belgien	1170	1470	1718	+ 300	+ 248
Japan	247	532	860	+ 285	+ 328
Libanon	119	288	376	+ 169	+ 285
Saudi-Arabien	18	119	126	+ 101	+ 7
Australien	147	239	306	+ 92	+ 155
Jugoslawien	4	51	60	+ 47	+ 9

Quelle: Publikation des US-Handelsministeriums, *Statistical Abstract of the United States, 1972* (Washington D. C.: Bureau of the Census, 1972), Seite 833, und Internationaler Währungsfonds, *International Financial Statistics, December 1975* (Washington D. C.: Dezember 1975), Band XXVIII, Nummer 12.

Siehe auch: J. Aron, *Gold Statistics and Analysis, October 1975* (New York: J. Aron & Company, Inc., 1975), Tabelle V-F für ähnliche Zahlen in Feinunzen. Zu nicht aufgeführten Goldkäuferländern zählen Irak (+ 46), Philippinen (+ 41), Taiwan (+ 41), Griechenland (+ 40) und Mexiko (+ 40).

In den nächsten 5 Jahren, 1970 bis 1975, wurde das US-Programm zur Demonetisierung von Gold beim Internationalen Währungsfonds durch die USA vehement durchgedrückt, was jedoch in anderen Ländern auf weniger Begeisterung stieß. Die Statistiken zu den Goldreserven der Zentralbank von 1975 zeigen, dass die USA und Großbritannien bei ihrem Programm zur Demonetisierung des Goldes fast alleine dastehen. Und sogar diese beiden Länder scheinen es sich vielleicht anders zu überlegen. Jedes Land, das im Jahrzehnt 1960 bis 1970 seine Goldbestände erhöht hat, hat dies auch in den weiteren 5 Jahren 1970 bis 1975 getan. Der Goldeinkauf stieg in vielen wichtigen Ländern weiter an, wie aus der folgenden Tabelle zu entnehmen ist:

Diese Zahlen legen nahe, dass die Vereinigten Staaten nun an einsamer Front und erfolglos gegen Gold als Reservewertanlage ankämpfen.

Jede wichtige Zentralbank Europas, außer den bereits mit Gold eingedeckten Franzosen, kauft nicht nur Gold, sondern kauft mehr

Tabelle 7-4: **Relativer Anstieg der Goldreserven, 1960–1970 gegenüber 1970–1975**

Anteilige Zunahme der Goldreserven der Zentralbank		
Land	**1970 im Vergleich zu 1960**	**1975 im Vergleich zu 1970 (bereinigt)**
Frankreich	+ 115,2 %	+ 32,9 %
BRD	+ 34,0 %	+ 40,8 %
Italien	+ 21,5 %	+ 32,8 %
Schweiz	+ 25,0 %	+ 48,3 %
Portugal	+ 63,0 %	+ 51,7 %
Niederlande	+ 23,2 %	+ 47,4 %
Belgien	+ 25,6 %	+ 33,7 %
Japan	+ 115,4 %	+ 123,3 %
Dänemark	- 40,2 %	+ 31,3 %

Quelle: Abgeleitet aus den Daten aus Tabelle 7-3.

Gold als zuvor. Sogar Dänemark, das im Jahrzehnt zwischen 1960 und 1970 seine Goldbestände um 40,2 Prozent abbaute, hat nun nach einer Kehrtwende zwischen 1970 und 1975 die Bestände um 31,3 Prozent erhöht.

Es handelt sich keineswegs um geringfügige Erhöhungen von unbedeutenden Beträgen. Die Bundesrepublik Deutschland hat zwischen 1970 und 1975 die Goldbestände um 40,8 Prozent erhöht und um 34 Prozent im Jahrzehnt zuvor, die Schweiz um 48,3 Prozent nach 25 Prozent im Jahrzehnt zuvor. Portugal hat die Goldbestände 1960 bis 1970 um 63 Prozent und in den nächsten 5 Jahren um 51,7 Prozent erhöht. Die Niederlande haben ihre Goldreserven 1970 bis 1975 um fast 48 Prozent erhöht, Belgien um fast 34 Prozent, Frankreich um fast 33 Prozent und Italien ebenfalls um fast 33 Prozent. Sowohl Portugal als auch Italien haben ihre Goldreserven seitdem sinnvoll eingesetzt, indem sie sich durch Gold gesichertes Geld leihen konnten.

Kurz gesagt bestätigen die Zahlen des IWF, dass die Zentralbanken Europas ihre Goldreserven erhöhen, anstatt eine Demonetisierung des Goldes anzustreben. Keine einzige große europäische Zentralbank tanzt hier aus der Reihe. Sogar Großbritannien hat seine Goldreserven trotz Wirtschaftskrise und einem erschreckenden Außenhandelsdefizit von einem Tiefststand von 800 Millionen Dollar im Jahr 1972 auf über 900 Millionen Dollar im Jahr 1975 erhöht. Wir haben bereits darauf hingewiesen, dass Kuwait sich geweigert hat, Öl im Tausch gegen britische Pfund zu liefern, aber seine Goldreserven aufstockt. Die britische Kehrtwende in Bezug auf Gold ist nicht nur überfällig, sondern möglicherweise bereits zu spät.

Die Position der arabischen Länder ist dagegen weniger verständlich, alle arabischen Länder des Nahen Ostens, darunter auch die sozialistischen Länder, haben in den 5 Jahren zwischen 1970 und 1975 ihre Goldbestände aufgestockt, wenn auch nicht in dem Rahmen, den Goldbefürworter vielleicht erwarten würden:

Angesichts der Inflation in den ölkaufenden westlichen Ländern geht man davon aus, dass die Araber in einer Währung bezahlt werden wollen, die langfristig wertbeständig bleibt. Gold ist als logisches Zahlungsmittel vorgeschlagen worden. Gold muss jedoch gelagert werden und wirft keine Zinsen ab, während die Araber traditionell eine Vorliebe für die Rendite von Investitionen haben. Die großen ölproduzierenden Länder Saudi-Arabien und Iran haben daher ihre Goldreserven nur wenig erhöht: 9 Millionen Dollar in Saudi-Arabien und 22 Millionen Dollar im Iran. Das sind minimale Zukäufe im Vergleich zu ihrem übrigen Geldstrom aus Verkäufen. Vielleicht liegt die Erklärung im Einfluss der USA auf diese Länder. Der kleinere Ölproduzent Kuwait hat dagegen seine Goldreserven in 5 Jahren um 62 Millionen Dollar erhöht. Der Libanon, ein Goldhandelsplatz und Zentrum der Münzfälscher, erhöhte seine Goldreserven in 5 Jahren um

Tabelle 7-5: **Veränderung der Goldreserven der arabischen Länder, 1970–1975 (in Millionen Dollar)**

Land	1970	1975	Veränderung
Libanon	191	223	+ 88 Millionen Dollar
Kuwait	86	148	+ 62 Millionen Dollar
Algerien	191	223	+ 32 Millionen Dollar
Irak	144	167	+ 23 Millionen Dollar
Iran	131	153	+ 22 Millionen Dollar
Libyen	85	99	+ 14 Millionen Dollar
Ägypten	93	105	+ 12 Millionen Dollar
Saudi-Arabien	119	128	+ 9 Millionen Dollar
Jordanien	28	33	+ 5 Millionen Dollar
Syrien	28	33	+ 5 Millionen Dollar

Quelle: Internationaler Währungsfonds, *International Financial Statistics, December 1975* (Washington, D. C.: Dezember 1975).

88 Millionen Dollar. Insgesamt sind die arabischen Zentralbanken – im Gegensatz zu reichen Arabern – keine Goldhüter.

Und die Vereinigten Staaten? Im Widerspruch zu allen forschen Aussagen des Finanzministeriums über die Demonetisierung des Goldes und den Abverkauf der Goldreserven von Fort Knox als barbarische Relikte aus grauer Vorzeit, die nur Platz wegnehmen, stockten die USA ihre Goldreserven von der psychologisch wichtigen Marke von 10 Milliarden Dollar im Jahr 1972 auf 12 Milliarden Dollar Anfang 1975 auf. (Ende 1972 nahmen diese Reserven wieder geringfügig ab.) Trotz aller grandiosen Verlautbarungen aus Washington verkaufen die USA ihr Gold nicht – jedenfalls noch nicht. Im Gegenteil, die Vereinigten Staaten versuchen scheinbar gleichzeitig ihre Goldreserven zu behalten und den Preis mit einer Antigoldpropaganda niedrig zu halten!

Warum hat das US-Finanzministerium nicht Wort gehalten und die Goldreserven von Fort Knox verkauft? Die Erklärung ist einfach: Alle Wirtschaftswissenschaftler in Washington, und vielleicht sogar ein paar Politiker, kennen das Greshamsche Gesetz. Die unbestreitbare Wahrheit des Greshamschen Gesetzes könnte jeden Wirtschaftswissenschaftler (und Politiker) in Washington seinen Job kosten und zum Dosenpfandsammler werden lassen.

»Schlechtes Geld vertreibt immer gutes«

Was ist das Greshamsche Gesetz?

Jahrhunderte lang haben Regierungen Gesetze erlassen, um Währungen zu schaffen, oft verbunden mit strengen Strafen für die Verwendung von Gold oder Silber anstatt des Staatsgeldes - egal ob Papiergeld oder entwertete Münzen. Es ist jedoch noch keiner Regierung gelungen, den Markt zu zwingen, ihre Währung zu akzeptieren. Das von Staats wegen geschaffene Geld wird üblicherweise dann abgelehnt, wenn die Münzen zu sehr gestreckt werden oder weniger wert sind als ihr nomineller Wert in Gold oder Silber. Wenn dieses »schlechte Geld« neben »gutem« oder akzeptablem Geld im Umlauf ist, lehrt die Geschichte, dass schlechtes Geld *immer* das gute vertreibt.

Diese Beobachtung wird in der Regel Sir Thomas Gresham (1519–1579) zugeschrieben, obwohl die empirische Tatsache schon Jahrhunderte zuvor bekannt war. Im Jahr 405 v. Chr. bemerkte der griechische Schriftsteller Aristophanes in Sachen Notgeld, das damals in Athen im Umlauf war: »In unserer Republik werden schlechte Bürger guten vorgezogen«, so Aristophanes, »genauso wie schlechtes Geld im Umlauf ist, während gutes Geld verschwindet«.[88]

Im 14. Jahrhundert bemerkte der Bischof Nikolaus von Oresme aus Lisieux, Frankreich, den Abfluss französischer Münzen nach ihrer

Entwertung. Der polnische Wissenschaftler Kopernikus stellte Ähnliches fest. Im 19. Jahrhundert zitierte der englische Wirtschaftswissenschaftler Henry Dunning Macleod einen Brief von Sir Thomas Gresham an Queen Elizabeth, in dem dieser das Phänomen beschrieb. Und so wurde der Leitsatz als Greshamsches Gesetz bekannt:

> »Möge es Eurer Majestät gefallen zu erwägen«, schrieb er, »dass der erste Auslöser eines Wechselkursabsturzes die Abwertung seiner Münze durch seine königliche Hoheit, Euren gesegneten Vater, war, indem er seine Münzen von 6 Feinunzen auf 3 Feinunzen senkte. Dadurch fiel der Kurs von xxvis viiid auf xiiis ivd*, in dessen Zuge alles Feingold aus Eurem Reich hinausbefördert wurde.«[89]

Das ist eine krude Umschreibung für das, was wir heute als Greshamsches Gesetz kennen. Das Greshamsche Gesetz sagt aus: »Schlechtes Geld vertreibt gutes.« Es gibt schier unendlich viele Beispiele, die seine Gültigkeit belegen. Mit anderen Worten, wenn Gold und Papiergeld gleichzeitig im Umlauf sind, werden die Menschen das Gold halten, während das Papiergeld so schnell wie möglich weitergereicht wird. Oder wie es Ludwig von Mises ausdrückte:

> Streng genommen sollte man sagen, dass das Geld, das die Regierung per Dekret unterbewertet hat, vom Markt verschwindet und das überbewertete bleibt.[90]

In der Praxis bedeutet das, dass heute Millionen Zwanzigdollarscheine im Umlauf sind, aber keine einzige 20-Dollar-Goldmünze!

Daher muss ein künstliches Papiergeldsystem durch den Staat von oben per Polizeigewalt durchgesetzt werden. Im direkten Wettbewerb mit Gold- und Silbermünzen würde ein Papiergeldsystem nicht

---

* Anm. d. Übers.: Das entspricht 25 Shilling 8 Pence auf 13 Shilling 4 Pence.

überdauern. Es ist die Anerkennung des Greshamschen Gesetzes, die das US-Finanzministerium dazu bewegt, vehement gegen die Ausgabe jeglicher Goldmünzen zu sein, sogar bei einer unschuldigen goldenen Gedenkmünze zur Zweihundertjahrfeier der USA. Gleichzeitig muss das Finanzministerium den Goldpreis am Markt niedrig halten.

Das Finanzministerium muss die Glaubwürdigkeit des Goldes unter allen Umständen zerstören. Das ist ein Krieg ohne Gnade. Es darf nur eine Währung überleben: entweder der Papierdollar oder der Golddollar.

In seinem Standardwerk *Paper Against Gold* (dt.: »Papier gegen Gold«) beschrieb William Cobbett die Unausweichlichkeit des Krieges gegen das Gold folgendermaßen:

> Wenn die Währung eines Landes aus seltenen Edelmetallen besteht, wenn sie nur aus Gold und Silber besteht, existiert keine Angst vor einem Geldüberfluss. Wenn jedoch die Währung eines Landes aus Blei, Zinn, Holz, Leder oder Papier besteht, die jeder, der sich anschickt, herstellen kann, muss man kein Prophet sein, um vorherzusehen, dass dieses Geld bald im Überfluss vorhanden sein wird. Es wird das Gold- und Silbergeld vertreiben, welches entweder in den Schatztruhen der Weisen oder in den Taschen derjenigen verschwindet, die über die Mittel verfügen, es ins Ausland zu transportieren, wo es gesucht und wertgeschätzt wird.[91]

Dieses Prinzip gilt nicht nur für den Wettstreit Gold gegen Papier, wie Cobbett bemerkt, sondern zum Beispiel auch für Goldmünzen unterschiedlichen Feingehalts. In den USA wurden zwar zwischen 1814 und 1834 Goldmünzen geprägt, diese aber selten im Umlauf gesehen. Ein stark steigender Goldpreis machte das Edelmetall wertvoller als den Nennwert der Münzen. Für eine 1-Dollar-Goldmünze bekam man zum Beispiel für 1,02 Dollar Silber. Die Eagles (Anm. d. Verlages: »Adler«, US-amerikanische Goldmünze im Wert von 10 Dollar) und

Half Eagles (»Halber Adler«) wanderten also in den Schmelztiegel oder unter die Matratze. Unter Sammlern sind diese Münzen heute immer noch selten. Obwohl zwischen 1814 und 1834 1,2 Millionen goldene 5-Dollar-Half-Eagles geprägt wurden, existieren heute nur noch 500 bis 700 Stück, so Joel D. Rettew. Alle anderen wurden entweder exportiert oder eingeschmolzen. Überlebt haben nur Münzen, die als Sammlerstücke oder Familienerbstücke aufbewahrt wurden.[92]

Mit anderen Worten: Das Greshamsche Gesetz gilt in allen Ländern, unter allen Umständen, zu allen Zeiten. Deshalb können die USA ihre Goldreserven nicht aufgeben oder zulassen, dass Gold als Konkurrenzwährung zum Papiergeld der Federal Reserve im Umlauf bleibt.

Das Greshamsche Gesetz anzuerkennen, ist eine Sache. Die rücksichtslose Kampagne der US-Finanzbehörden gegen Anhänger des Goldes ist etwas ganz anderes. Betrachten wir nun einen Fall gnadenloser Behördenwillkür gegen eine solche Gruppe von Goldfans (»Gold Bugs«): die , geleitet von Oberst Edward C. Harwood in Great Barrington, Massachusetts.

American Institute Counselors und die Finanzaufsicht

Der pensionierte Oberst der US-Army, Edward C. Harwood, hat seit Jahren mit dem American Institute for Economic Research (AIER) in Great Barrington, Massachusetts, für »hartes« Geld argumentiert. Das AIER warnte in aller Deutlichkeit vor der Gefahr des Sozialismus im Zuge eines Papiergeldsystems.[93]

Das AIER wurde vor dem Zweiten Weltkrieg gegründet und setzte sich mit den American Institute Counselors (AIC) für die wenigen Gebildeten ein, die genug von der Geschichte verstanden, um jenseits der massiven Regierungspropaganda zu denken und eventuell sogar danach zu handeln. Die Investoren des AIC stolperten jedoch bedauerlicherweise über einige Gesetze, die solche Querdenker vor ihren eigenen Erkenntnissen schützen sollten.

Jeder, der dem Rat des AIER folgte, hätte nicht nur den Werterhalt seines Vermögens gesichert, sondern einen ordentlichen Kapitalgewinn gemacht. Oberst Harwood empfahl, Gold zu kaufen, als der Preis bei 35 Dollar je Unze lag. Er berief sich dabei auf eine Vielzahl von Statistiken und zugrunde liegenden Erklärungen, die die meisten heutigen Wirtschaftswissenschaftler dumm dastehen lassen.

Das war vermutlich Oberst Harwoods Fehler. Seine Klienten haben nicht nur langfristig Geld verdient, sondern gaben dadurch auch seinen Argumenten recht. Im Vergleich dazu waren die Börsengurus, Investmentfonds und Finanzberater etwa so treffsicher, als würde man mit Dartpfeilen auf die Liste der Aktien in der Tageszeitung werfen.

Im Jahr 1958 empfahlen American Institute Counselors einen 10-prozentigen Goldanteil für das Investmentportfolio. Während des jüngsten Börsenabschwungs empfahl AIC, alle Aktien zu verkaufen, 30 Prozent des Erlöses in Schweizer Staatsanleihen und den Rest in goldgedeckte Reserven zu investieren. So vermieden die Kunden von AIC die Gefahren eines fallenden Aktienmarktes, profitierten vom Preisanstieg des Goldes von 35 Dollar auf 130 Dollar je Unze und vom Kursanstieg des Schweizer Frankens.[94]

Oberst Harwood gibt dabei freimütig zu, dass er nichts außer Verachtung für die Regierungsregelung des Finanzmarktes übrighat und normale Buchhaltungsprozeduren verachtet, »Hochglanzjahresberichte, Buchprüfungen und das ganze Zeug«. Er war ein Revoluzzer, der allen regierungsverordneten Konventionen trotzte. Im Kern ging es um die Frage, ob die etwa 3500 AIC-Investoren das Recht hatten zu entscheiden, wo sie ihr Geld investieren wollten, ob mit oder ohne den zweifelhaften Segen der Regeln der US-Finanzaufsicht (Securities and Exchange Commission, SEC). Die SEC sagte: Nein!

Was den Krieg gegen das Gold betraf, gab es keinerlei Beschwerden von Kunden gegen Oberst Harwood, bevor die Finanzaufsicht sich einmischte. Die Kampagne der SEC gegen die American Institute Counselors ist ein wichtiger Bestandteil der Propagandakampagne gegen Gold und Goldinvestoren durch die Regierung der Vereinigten Staaten.[95] Das *Wall Street Journal* schrieb am 10. Dezember 1975:

> Die Frage bleibt, inwieweit die Guthaben der Goldinvestoren von der Bank gedeckt sind. Die Anwälte der Finanzaufsicht SEC geben jedoch zu, dass sie Hunderte von Unterstützungsbriefen für Mister Harwood und keinen einzigen Bericht von betrogenen Kunden erhalten hätten.

Man vergleiche die Investmentergebnisse von Oberst Harwood mit denen der SEC: Von 8000 neuen Aktien, die in den 5 Jahren von 1969 bis 1974 von der SEC zum Verkauf zugelassen wurden, verloren etwa die Hälfte durchschnittlich 87 Prozent an Wert. Bis Mitte 1974 wurden *weniger als 10 Prozent* der von der SEC neu zugelassenen Aktien noch regulär gehandelt.

Vergleicht man die Erfolgsbilanz der Goldkäufer des AIC mit der der US-Finanzaufsichtsbehörde SEC, kommt man zu dem Schluss, dass die SEC amerikanischen Investoren astronomische Verluste von 42 Milliarden Dollar allein in börsengehandelten Aktien beschert hat, während das AIC das Vermögen seines überschaubaren Investorenkreises beschützt hat.

Mit einem Timing, das kein Zufall sein konnte, beschloss die Finanzaufsicht, Oberst Harwood, der ihr erfolgreich Konkurrenz machte, auszuschalten. Im November 1975 warf die SEC Harwood, AIC, AIER und anverwandten Organisationen (darunter der Credit Suisse) eine »grobe und mutwillige Missachtung« US-amerikanischer Finanzgesetze vor. Sie verstießen laut SEC »gegen beinahe die gesamte Bandbreite der US-Finanzgesetze, darunter Meldegesetze,

Antibetrugsgesetze und Buchhaltungsgesetze«. Der SEC-Bericht zulasten Harwoods war ganze 94 Seiten lang.[96]

Einige Monate später befahl Richter Gesell vom Amtsgericht Washington, D. C., die Klage gegen Oberst Harwood »sofort einzustellen«, und verbot der SEC weitere solche Schritte. Oberst Harwood verfolgte den Fall weiter, um seine moralische Verpflichtung gegenüber seinen Kunden zu erfüllen.

Die US-Regierung konnte die Reaktion der europäischen Zentralbank auf den Krieg Washingtons gegen das Gold nicht kontrollieren. Eine kleine Gruppe gut informierter amerikanischer Investoren konnte jedoch gestoppt werden – und wurde es auch.

Nachdem wir uns die Entwicklungen in beiden Bereichen angesehen haben, wenden wir uns nun dem riesigen Schuldenberg zu, der durch die Einführung einer »flexiblen« Währung in den USA und die Aufgabe des Goldstandards entstanden ist.

KAPITEL 8

Risse in der Schuldenpyramide

»Es gibt vielleicht hie und da Schwierigkeiten, aber das amerikanische Volk kann sich sicher sein, dass unser Bankensystem solide ist.«

Arthur Burns, Vorsitzender des Federal Reserve System, am 18. Januar 1976 auf ABC TV

Die Betreiber der Papiergeldfabrik der Federal Reserve haben ganz offensichtlich vor etwas wirklich sehr Großem Angst. Ein ehemaliger Federal-Reserve-Manager hat die beste Erklärung für die unvermeidliche (und furchterregende) Krise abgegeben.

Exters Schuldenpyramide

Der ehemalige Vizepräsident der Federal Reserve Bank of New York für internationale Bank- und Edelmetallgeschäfte, John Exter, ein lautstarker Befürworter der Rückkehr zum Goldstandard, hat eine leicht verständliche Darstellung unserer illiquiden Schuldenpyramide und deren latenter Gefahr entwickelt.[97] Exter vergleicht die amerikanische Schuldenstruktur mit einer umgekehrten Pyramide.

Grafik 8-1: **Die Schuldenpyramide**

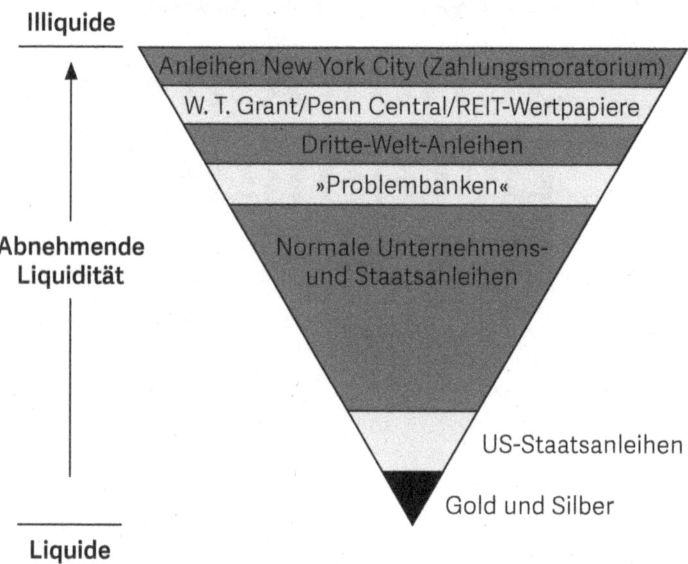

Die Pyramide stellt alle Schulden und Geldmittel der USA dar, als geschlossenes Wirtschaftssystem betrachtet. Die Pyramide wächst mit allen Regierungsausgaben, die nicht durch Steuereinnahmen gedeckt sind, durch Schulden, die die Federal Reserve ausgegeben hat, sowie alle Schulden von Firmen und Privatpersonen. Die verschiedenen Ebenen dieser umgekehrten Pyramide stehen für verschiedene Stufen der Liquidität, also die Fähigkeit, Schulden schnell zu begleichen, wenn sie unerwartet eingefordert werden. Gold ist die liquideste Wertanlage, denn für sie besteht immer eine Nachfrage zu einem gewissen Preis. Die untere Spitze der Pyramide steht also für die kleine Menge monetisierten Goldes in unserem Währungssystem, die als Reserve gehalten wird (aktuell 12 Milliarden Dollar zu 35 Dollar je Unze), im Vergleich zu den überwältigenden Mengen an Fiatgeldinstrumenten und Krediten.

Je weiter wir uns in der Pyramide nach oben bewegen, desto weniger liquide werden die Wertpapiere, die immer weniger in werthaltige Gegenwerte umwandelbar sind. Ganz oben finden wir die Unternehmensanleihen von Firmen wie Lockheed und Penn Central, die von der Bundesregierung gerettet werden mussten, und die Anleihen von New Yorker Stadtverwaltungen, die 1976 einem Zahlungsmoratorium unterlagen. Die Probleme dieser illiquiden Ebene der umgedrehten Pyramide sind durch Regierungsinterventionen »gelöst« (sprich aufgeschoben) worden, und nicht etwa, indem man die säumigen Schuldner liquidiert hätte, was dem ganzen Finanzsystem zugutekommen würde.

Die außergewöhnliche Gestaltung dieser Schuldenpyramide brachte schon 1919 das Mitglied des Federal Reserve Board, Adolph C. Miller, in einem Brief an den Vorsitzenden der Federal Reserve Bank of New York, Benjamin Strong, über die damalige Inflation zum Ausdruck, indem er den Schluss zog: »[…] Es muss liquidiert werden.«[98]

Das Überleben dieser Multimilliardendollar-Schuldenpyramide hängt vom öffentlichen Vertrauen ab, wie wir bereits besprochen haben. Jeder Vertrauensverlust führt zu Liquidierungsversuchen von Papierdarlehen, vor allem in der oberen, breiten Region dieser Pyramide, um diese in liquidere Mittel wie Bargeld oder Gold umzuwandeln. Es wird immer schwieriger, etwas Werthaltiges für seine Schrottpapiere zu bekommen, denn es gibt immer weniger Gold und immer mehr Papierwertanlagen aufgrund der unaufhörlichen Schuldenexplosion des Federal Reserve System. Die Federal Reserve muss immer weiter Geld in dieses System pumpen (das heißt, »die Liquidität durch weitere Expansion der Geldmenge sichern«), denn sonst bricht die Pyramide in sich zusammen.

Aufgrund der Größe und Komplexität der amerikanischen Wirtschaft, so Exter, und da die USA die größte Anzahl von illiquiden Schuldnern haben (und, Exter könnte hinzugefügt haben, die meisten Befürworter exzessiver Staatsausgaben), wird der kommende Crash der heftigste der US-Geschichte werden. Sobald das Vertrauen zu bröckeln beginnt, werden Firmen und Privatpersonen nicht mehr in der Lage sein, ihre Schulden zu bedienen, was den Vertrauensverlust noch weiter erhöht. Eine Liquiditätskrise, vermutlich ausgelöst durch hohe Zinsen, wird irgendwann zu einer spektakulären Firmenpleite führen, die die Federal Reserve auch nicht durch ungezügelte Gelddruckerei verhindern können wird. (Die Stadt New York City taumelte in den 1970er-Jahren am Rande eines solchen Ruins.) Die Gläubiger werden dann versuchen, mit allen Mitteln liquide zu werden. Egal, wie viel Geld die Federal Reserve zur Verfügung stellt, die Banken werden sich scheuen, Kredite zu vergeben. Diese Situation nennt man gemeinhin, »das Unmögliche versuchen«. Irgendwann bricht Panik aus, und das ganze System kollabiert in einer Deflationsspirale.

Das ist keine schöne Aussicht. Und die Flut von verantwortungslosen Politikern, die immer mehr Staatsgeschenke fordern, um ihre Wiederwahl zu sichern, macht es nicht schöner. Aber warum sollten sich Hubert Humphrey und Jacob Javits grämen? *Après moi, le déluge!* (dt.: »Nach mir die Sintflut!«)

Betrachten wir kurz die wichtigsten illiquiden Ebenen dieser Schuldenpyramide und ihr aktuelles Verhalten. Denn das Versagen dieser Schuldenstruktur gibt uns Aufschluss darüber, wie weit wir auf dem Weg zum totalen Crash fortgeschritten sind.

Firmenpleiten

Die allgemeine Feststellung, dass es noch nicht zu großflächigen Firmenpleiten gekommen ist, wird von ein paar wenigen, weitpublizierten

Insolvenzen während der Depression 1974/1975 überschattet, wie beispielsweise die der Kaufhauskette W. T. Grant und der Eisenbahngesellschaft Penn Central. Während einer Wirtschaftsdepression ist es normal, dass Firmen pleitegehen. Das ist die Art, wie der Markt sich unwirtschaftlicher Firmen entledigt und unangemessen eingesetztes Kapital umschichtet.

Es überrascht nicht, dass die ersten großen Firmenpleiten Mitte der 1970er-Jahre im regulierten Sektor auftraten, wo die Regierung seit Jahrzehnten stark interveniert und die Kapitalverteilung verzerrt hatte oder die Gewinne gedeckelt wurden. Damit wurden ineffiziente Geschäftspraktiken belohnt und Investitionen abgeschreckt.

Mit Ausnahme der Kaufhauskette W. T. Grant, die über 600 Millionen Dollar Bankdarlehen ausstehen hatte, konzentrierten sich die Firmenpleiten während der Depression 1974/1975 auf den Transportsektor. Vor allem die überregulierten und seit Jahren notleidenden Eisenbahnen (Penn Central) und die ebenso überregulierten Fluglinien (Pan Am und TWA) waren davon betroffen.

Warum hat Pennsylvania Central Railroad System Insolvenz erlitten? Vor allem deswegen, weil ihm die Bundeshandelskommission (Interstate Commerce Commission, ICC) nicht erlaubt hat, verlustreiche Eisenbahnlinien einzustellen. Die ICC regulierte die Preise, deckelte die Gewinne und verhinderte so, dass Infrastruktur und Schienen instand gehalten wurden. Die ICC strangulierte also die natürlichen Vorteile der Eisenbahn im Güterverkehr. Penn Central schuldete dem Staat zuletzt 130 Millionen Dollar an Grundsteuern und 20 Millionen Dollar an Unternehmenssteuern. Was passiert einem mittelständischen Geschäftsmann, der bei nur 100 Dollar Steuerschulden Zahlungsausfall erleidet? Er erhält garantiert Drohbriefe, Besuche vom Insolvenzvollstrecker und vom Gerichtsvollzieher, ohne Schutz vor Gerichten und Zwangsmaßnahmen. Was passierte der Penn Central, als sie pleiteging? Sie bekam staatliche Subventionen!

Die überregulierten und kapazitätsmäßig überlasteten Fluglinien sind ein weiteres potenzielles Katastrophengebiet in Sachen Schulden. Drei große US-Fluglinien kamen 1975 in Schwierigkeiten: Eastern Airlines, Pan American Airways und Trans World Airlines (TWA). Pan Am führte ein wirkungsvolles Sparprogramm ein und schrieb Ende 1975 wieder schwarze Zahlen. TWA war mit einer Milliarde Dollar langfristiger Schulden und einem verlustbringenden Geschäft wesentlich schlechter aufgestellt. Eastern konnte mit fast 800 Millionen Dollar langfristigen Schulden der Pleite nur durch einen 2-jährigen Zahlungsaufschub von etwa 75 Millionen Dollar bis 1977 entgehen. Am anderen Ende des Schuldenspektrums der US-Fluglinien standen United und Northwestern, die beide über üppige Bargeldmittel verfügten. Ende 1975 hatten die großen Fluglinien 5,8 Milliarden Dollar langfristige Schulden. Sie stellen einen großen Posten auf der Exter-Schuldenpyramide dar und sind bei der nächsten Kreditkrise unter den ersten Kandidaten auf der Abschussliste.

Immobilienpleiten

Zum Zusammenbruch der Schuldenpyramide in England der letzten Jahre gehörte ein Kollaps der Immobilienwerte. Ein ähnlicher Zusammenbruch könnte den Vereinigten Staaten bevorstehen. Ein Teil des Immobilienmarktes (die REITs oder Real Estate Investment Trusts, also börsennotierte Immobilienfonds) ist tatsächlich vor Kurzem kollabiert – was dessen Anfälligkeit, vor allem in New York City, in der Banklandschaft unterstreicht. 1975 traf eine Welle von Zwangsvollstreckungen Geschäftsimmobilien in Manhattan. Im September 1975 beantragte Massachusetts Mutual die Zwangsvollstreckung des Chrysler Buildings. Im November wurde das Royal Manhattan Hotel zwangsversteigert. Mehrere Wolkenkratzerbürotürme stehen nun leer. Die New Yorker Immobilienbehörde (Real Estate Board of New

York) hat eine enorme Preisabnahme bei verkauften Wohngebäuden im Vergleich zu 180 Prozent höheren Schätzwerten von 1975 festgestellt. Hauptübeltäter waren die Raubbau betreibende Stadtverwaltung, die Mietpreisdeckel und die übergriffige Steuerpolitik.

Der Immobilienkollaps während der Depression von 1974/1975 demonstriert die armselige Kreditpolitik unserer Großbanken. Das Schicksal dieser bankengestützten Immobilienfonds spiegelt sich im Absturz ihrer Börsenwerte:

Tabelle 8-1: **Aktienkurse ausgewählter Immobilienfonds (REITs), 1972–1975**

REIT	Ausgebende Bank	Kurs Ende 1972	Kurs Ende 1975
Chase Manhattan and Realty	Chase Manhattan Bank	70,00 Dollar	3,00 Dollar
Continental Illinois Realty	Continental Illinois National Bank	25,00 Dollar	1,50 Dollar
Wells Fargo Mortgage Investors	Wells Fargo	30,00 Dollar	5,00 Dollar

Der größte Immobilienfonds, Chase Manhattan Mortgage and Realty, herausgegeben von der Chase Manhattan Bank, beschäftigte gleichzeitig die Chase Bank unter einem Beratervertrag. Der Chase Manhattan REIT war in New York börsengelistet, erreichte 1972 seinen Höchststand bei 70,00 Dollar und fiel bis Ende 1975 auf 3,00 Dollar.

Der unrealistische, unverantwortliche Investmentansatz von Banken wie Chase ist von großer Bedeutung, denn die Banken könnten damit einen deflationären Zusammenbruch auslösen. Chase hält beispielsweise viele Festgeldanlagen für Geldmarktfonds. Dreyfus Liquid Assets, Inc., hielt beispielsweise im November 1975 13 Millionen Dollar solcher Festgeldpapiere von Chase; die kleinere Scudder Managed

Reserves, Inc., hielt 4 Millionen Dollar an Chase-Festgeldern; andere Geldmarktfonds hielten ähnliche Mengen, je nach ihrer Größe.

Um die Immobilienfonds kurzfristig über Wasser zu halten, griffen die Banken auf Hypotheken- und Immobilien-Swaps mit angeschlossenen REIT-Tochtergesellschaften zurück. Die Banken hoffen darauf, dass die künftige Inflation diese Abschreibungen auffressen wird, bevor die wackeligen Immobilienanlagen die strukturellen Probleme der Banken selbst erschweren. Es ist faszinierend zu beobachten, wie die Immobilienausfälle unter den Teppich gekehrt wurden. Wie ein Buchhalter der Finanzaufsicht SEC bemerkte: »Wenn ein Gläubiger ein Darlehen gegen eine Immobilie tauscht, ist das keine neutrale Transaktion mehr. Das grenzt schon stark an Micky-Maus-Buchhaltung.«[99]

Die Bankiers, die diese »Micky-Maus-Buchhaltung« praktizieren, sind dieselben, die das Federal Reserve System betreiben und das Tagesgeschäft der US-Wirtschaft verwalten!

Etwa 44 REITs haben Liquiditätsprobleme. Sie haben Schulden von etwa 8 Milliarden Dollar bei den Banken, die nun darauf hoffen, dass die Inflation das Geld entwerten wird, weil ihre Immobilien zu etwa 20–25 Prozent überbewertet sind. Das REIT-Problem ist ein gehöriger Teil von Exters Schuldenpyramide; es ist ein ernsthaftes Problem, das bis jetzt jedoch wenig Auswirkungen auf das Finanzsystem gehabt hat.

Städtepleiten

Das Paradebeispiel für den Kreditausfall einer amerikanischen Großstadt ist New York City, das den ganzen Bundesstaat New York mit sich zu reißen droht.

Ein Finanzchaos in New York City ist nichts Neues. 1877, vor einem Jahrhundert, beklagte sich ein Abgeordneter des Bundesstaates New York, es sei »unmöglich, halbwegs zuverlässige Zahlen zu bekommen«.[100] Im Jahr 1908 veröffentlichte Edgar J. Levey sein Buch *New York City's*

Progress Towards Bankruptcy (dt.: »New Yorks Weg in die Zahlungsunfähigkeit«) über die Unfähigkeit der Stadt New York, ordentlich zu haushalten. Levey berichtete von Ausgabensteigerungen, die dreimal so hoch waren wie das Bevölkerungswachstum, das meiste davon wegen Regierungskorruption. Vor fast 70 Jahren sagte Levey den Kollaps der Steuereinnahmen und die Insolvenz der Stadt New York voraus.

Anfang der 1970er-Jahre waren New York die politischen Winkelzüge und Erpressungsmaßnahmen ausgegangen. Im Oktober 1975 spitzten sich Jahrzehnte der Ineffizienz, verschwenderische Ausgaben und Hilferufe nach Unterstützung durch die Bundesregierung und des Steuerzahlers zu. In typischer New-York-Manier gerieten die Politiker mit der Finanzkrise der Stadt in die Schlagzeilen – nur kam dieses Mal niemand zu Hilfe. New York stand am Rand der Pleite – doch den restlichen USA war es herzlich egal. Was niemand zugeben wollte, aber allen Rettungsdiskussionen zugrunde lag, war die Tatsache, dass New York City einen wichtigen Teil von Exters Schuldenpyramide darstellte. Wenn New York City pleiteging, konnte die gesamte Schuldenstruktur der Vereinigten Staaten ins Wanken geraten.

Von Ende Oktober bis Ende Dezember 1975 fehlten der Stadt New York eine Milliarde Dollar (ohne Schuldendienste), eine Summe, die die Stadt nicht einmal annähernd stemmen konnte. Etwa zwei Drittel der langfristigen Schulden der Stadt von 12,3 Milliarden Dollar und etwa die Hälfte ihrer kurzfristigen Schulden wurden von Bürgern geliehen. Von den Banken waren es etwa 3 Milliarden Dollar. Im November verhängte das Parlament ein Zahlungsmoratorium über 1,6 Milliarden Dollar an Anleihen der Stadt New York, die damit 3 Jahre lang nicht bezahlt werden mussten. Das ging nicht etwa zulasten der Banken, sondern zulasten der Kleinanleger in New York, der »kleinen Leute«, die den Fehler gemacht hatten, ihren Politikern zu vertrauen und ihnen 10 000 Dollar ihres Privatvermögens anzuvertrauen. Sie glaubten der Inschrift auf den Staatsanleihen, auf denen stand: »Die Stadt New York […] zahlt dem Inhaber 10 000 Dollar zum angegebenen Zeitpunkt in der Währung der Vereinigten Staaten von Amerika.«

Viele solcher Kleinanleger erkannten erst zu spät, dass ihre Wertpapiere wertlos geworden waren. Während der Kongress eine Firma wie Penn Central »rettet«, hat er keine Eile, eine oder auch mehrere Privatpersonen zu retten, die politisch ohne Einfluss sind und die den Fehler gemacht haben, der Stadt New York 10 000 Dollar zu leihen.

Um das Gesicht zu wahren, protestierte Präsident Gerald Ford noch eine Weile lang, dass die Bundesregierung die Stadt New York niemals retten würde. Im November 1975 gewährte Washington New York dann 2,3 Milliarden Dollar jährlich als direkte Bundesanleihe. Bedingung war die minimale Verpflichtung, den Haushalt zu straffen und die Finanzen in Ordnung zu bringen. Die Bundeshilfen wurden monatlich ausgezahlt und sollten angeblich am Jahresende komplett zurückgezahlt werden, bis das Programm im Juni 1978 auslief.

Präsident Ford hatte 4 Wochen vor diesem Schritt noch versprochen, gegen jegliche Rettungsaktion sein Veto einzulegen und sogar eine Insolvenzregelung für die Stadt angestrebt. Warum hat der Präsident seine Meinung geändert? Jemand hat ihm offensichtlich die unschöne Wahrheit über die Schuldenpyramide und den wahrscheinlichen Dominoeffekt bei einem finanziellen Zusammenbruch von New York City erklärt.

Der Bundesstaat New York, der 1975 ein Haushaltsdefizit von 1,6 Milliarden Dollar hatte, eilte ebenfalls der Stadt New York zu Hilfe und verhedderte sich im selben monetären Schlamassel. Jener Bundesstaat hat über 4 Milliarden Dollar direkte Anleihen und weitere 10 Milliarden Dollar projektgebundene Anleihen ausstehen, die hauptsächlich von Gouverneur Nelson Rockefeller ausgegeben wurden (und vermutlich gegen die Verfassung verstoßen). Im Dezember 1975 versuchte der Bundesstaat 9,5 Millionen Dollar an Anleihen für Verkehrsprojekte herauszugeben – und scheiterte an der geringen Nachfrage.

Die Krise in New York ist bei Weitem nicht ausgestanden. Es gibt zwei Optionen: Entweder rettet die Bundesregierung weiterhin die Stadt – womit das Problem nur weiterhin hinausgezögert wird –, oder ein weiterer Teil der Schuldenpyramide stürzt ein.

Fehlschläge bei Auslandskrediten

Neben den Firmenpleiten, dem Zusammenbruch des Immobilienmarktes in New York und dem Vereinigten Königreich, wo US-Banken stark investiert hatten, und dem Zahlungsmoratorium der New Yorker Anleihen haben amerikanische Banken außerdem beträchtliche Außenstände in unterentwickelten Dritte-Welt-Ländern.

1973 hatten die 86 Entwicklungsländer zusammen einen Schuldenberg von 145 Milliarden Dollar angehäuft. 17,8 Milliarden Dollar schuldeten sie Banken – hauptsächlich den großen New Yorker Banken. Darunter waren 5 Milliarden Dollar (manche sagen 12 Milliarden Dollar) bei der Chase Manhattan Bank, eine ähnliche Summe (oder mehr) bei der Citibank und etwa 2 Milliarden Dollar bei der Manufacturers Hanover Trust Bank. Die meisten Entwicklungsländer haben große Zahlungsbilanzdefizite, und die meisten sind keine Erdöl produzierenden Länder. Die Dritte-Welt-Länder brauchen neben ihren Defiziten von insgesamt 35 Milliarden Dollar weitere 8 Milliarden Dollar, nur um die Zinsen zu stemmen, die sie den Privatbanken schulden – von einer Tilgung ganz zu schweigen.

Einer der Hauptschuldner ist Argentinien mit etwa 8 Milliarden Dollar Auslandsschulden. Aufgrund seiner internen politischen und wirtschaftlichen Probleme ist ein Zahlungsausfall Argentiniens bei dem Großteil dieser Auslandsschulden abzusehen. Eine Reihe afrikanischer Länder sind ebenfalls stark verschuldet. Zaire hat zum Beispiel Auslandsschulden von etwa einer Milliarde Dollar und ist de facto pleite. In Asien hat Südkorea Auslandsschulden von fast 6 Milliarden

Dollar und scheint ebenfalls auf dem Weg in die Pleite. Die staatliche Erdölfirma von Indonesien, Pertamina, hat einen gigantischen Schuldenberg von 10,5 Milliarden Dollar angehäuft.

Viele dieser Auslandsschulden, die nicht bei New Yorker Banken liegen, stammen von der Weltbank, die 13 Jahre lang von Kennedys und Johnsons Ex-Verteidigungsminister Robert McNamara geleitet wurde. Zum Portfolio der Internationalen Bank für Wiederaufbau und Entwicklung (International Bank for Reconstruction and Development) gehören Kredite an 23 der ärmsten Länder der Welt (laut Vereinten Nationen). McNamara will sie mit Krediten überschütten. Für solche Kredite bürgt natürlich im Grunde der US-Steuerzahler – eine weitere Zeitbombe, die innerhalb des Federal Reserve System tickt. So will die Weltbank zum Beispiel in Indonesien 1,5 Millionen Menschen von der Insel Java auf die Insel Sumatra umsiedeln: Kostenpunkt 750 Millionen Dollar. Für ein Viertel dieser Summe bürgt der US-Steuerzahler.[101]

Einheimische Bankenpleiten

All diese großen, illiquiden Sektoren belasten das US-Bankensystem und bergen die Gefahr eines gesamtwirtschaftlichen Zusammenbruchs. Die Pleite einer *einzigen* Bank ist ein Zeichen dafür, dass sich das System schwacher, ineffizienter oder schlecht geführter Firmen entledigt. Eine Pleite ist etwas ganz Normales, auch wenn es für die Kunden und Aktionäre alles andere als angenehm ist. In Phasen der Depressionen oder Wirtschaftskrisen gehen Banken immer unter. Während der Ära des Goldstandards des 19. Jahrhunderts kam dies längst nicht so häufig vor wie in der heutigen Papiergeldära. Dank der Disziplinierung durch das Gold gab es keinen Anreiz, das Bankensystem auf ein unverantwortliches Maß aufzublähen. Daher gibt es auch keine schwachen, exponierten Banken, die abgewickelt werden müssen.

Im Zuge der Finanzpaniken von 1877, 1893 und 1907 gab es zwar mehr Bankpleiten, aber bis auf die Panik von 1893 betraf es weniger als 200 Banken im Jahr. Mit der Einführung des Papiergeldsystems, ohne die Disziplin des Goldstandards, schossen die Bankpleiten dramatisch in die Höhe: 1921 waren es 400 und 1931 über 2000. Während der Krise von 1974 bis 1976 gab es zwar weniger Pleiten, aber es ging dabei um erheblich größere Ausfallsummen. Die Einrichtung der gesetzlichen Einlagensicherung (Federal Deposit Insurance Corporation, FDIC) hat vielleicht die Kleinanleger beruhigt, aber es gibt keine Garantie, dass die FDIC eine Panik wie 1931 verkraften kann. Sie musste bisher noch nie eine richtig große Bankenkrise bewältigen.

Heute gehen zwar weniger Banken pleite, aber dafür größere, und die Summe der Schrottanleihen ist viel höher als in den 1930er-Jahren. Mit dem Beginn der Depression 1974/1975, die von den Inflationsexzessen 1971 bis 1974 ausgelöst wurde, wurde das Phänomen der sogenannten »Problembanken« offensichtlich. Eine der ersten großen Bankpleiten war die Beverly Hills National Bank im Jahr 1973. Diese Bank verkaufte Schuldpapiere ihres Eigentümers, der Beverly Hills Bancorp, und als diese ihre Zinsen nicht bedienen konnte, löste dies eine Bankenpanik unter den Kunden der Beverly Hills National Bank aus. Die Bank wurde an die große kalifornische Wells Fargo Bank verkauft, die damit binnen 2 Jahren ebenfalls zur Problembank wurde. Riskante Anleihen trugen 1973 auch zum Kollaps der US-Nationalbank in San Diego bei.

Mit dem Beginn der Depression 1974/1975 stiegen die Bankpleiten auf 15 im Jahr 1974. Darunter war die Franklin National Bank of New York mit einer Bilanzsumme von 3,6 Milliarden Dollar – die bis dahin größte Bankenpleite der amerikanischen Geschichte. Die European-American Bank and Trust Company schluckte die Außenstände der Franklin Bank im Oktober 1974. Kurz darauf ging die Security National Bank of Long Island unter (Bilanzsumme 1,7 Milliarden Dollar).

Hauptursache der Franklin-Pleite waren Verluste bei Auslandswechselkursspekulationen. Bei der Security National war es der Kollaps des Immobilienanleihenmarktes und die wackelige Immobilienfondsstruktur. Die Security National wurde der Chemical Bank of New York einverleibt. Die übrigen Bankenpleiten waren 1974 eher von der kleineren Sorte, von der American City National Bank and Trust Company of Milwaukee mit einer Bilanzsumme von 188 Millionen Dollar zur Bank of Chidester in Arkansas mit einer Bilanzsumme von 2,2 Millionen Dollar.[102] Auslöser dieser Bankenpleiten war die fehlende Liquidität. Sie sind eher im oberen Segment von Exters umgedrehter Schuldenpyramide angesiedelt.

Die wackelige Natur des Bankensegments in der Exterpyramide schlägt sich in der Zahl der Bankenpleiten in den jüngsten Jahren nieder. In den 1960er- und 1970er-Jahren nahmen die Einlagen der Pleitebanken als Anteil der Gesamteinlagen zu.

Tabelle 8-2: **Prozent der verlorenen Bankeinlagen, 1967–1974:**

Jahr	Einlagen der Geschäftsbanken (1) (in Milliarden Dollar)	Einlagen der Pleitebanken (2) (in Tausend Dollar)	Anteil in Prozent (2) von (1)
1967	315,6	10 878	0,0034
1968	344,8	22 524	0,0065
1969	360,4	40 133	0,0110
1970	376,2	52 826	0,0140
1971	433,7	132 032	0,0304
1972	484,3	99 786	0,0206
1973	549,6	971 312	0,17670
1974	611,1	1 571 208	0,25710

Im Jahr 1974 war ein Viertel Prozentpunkt aller US-Bankeinlagen von Bankenpleiten betroffen. Die Nachrichten wurden noch schlimmer, während sich die USA von der schlimmsten Depression seit 1931 erholten.

Bankenkrise auf höchster Ebene

Anfang 1976 brachte die *Washington Post* eine Titelgeschichte von enormer Tragweite: Die Chase Manhattan Bank (die zweitgrößte US-Bank) und die Citibank (die drittgrößte US-Bank), zwei der angesehensten Adressen der Wall Street, standen auf einer Regierungsliste von 150 »Problembanken« mit hohem Ausfallrisiko. Diese »Problembanken« sollten der ständigen Kontrolle der Währungshüter unterstellt werden. Zu ihnen gehörten Banken, bei denen Schrottanleihen über 65 Prozent ihres Kapitals ausmachten, inklusive Aktienanteile und Kreditausfallreserven. Zu ihrer Verteidigung argumentierte der oberste Währungshüter der USA, James E. Smith, dass diese Liste von Mitte 1974 stammte und diese Banken nur deswegen noch auf der Liste standen, weil ihre Problemkredite immer noch über 65 Prozent ihres Kapitals ausmachten. Das heißt, ihre Schrottanleihen lagen bereits 2 Jahre über der 65-Prozent-Marke – und es kamen noch andere Fehler und Probleme dazu.

Die größte Gefahr des Artikels in der *Washington Post* war, dass er eine Bankenpanik auslösen würde – ein »Run« auf die Kundeneinlagen dieser Banken, die andere Banken, Investmentfonds, Pensionskassen und andere Finanzunternehmen mit sich reißen würden. Eine Bankenpanik bei Kunden der Chase oder Citibank könnte den Zusammenbruch des gesamten US-Kreditsystems bedeuten. In diesem Falle würde die gesamte Schuldenpyramide einstürzen und nur noch Gold, Silber und andere liquide Wertanlagen übrigbleiben.

Eine Bankenpanik blieb zwar aus, aber der Gesetzgeber erkannte endlich das wachsende Bankenproblem. Anfang 1974 nahm die Federal Reserve die Banken aufgrund von Misswirtschaft, zu geringer Kapitaldeckung und unsicherer Risikomanagementtechniken an die Kandare. Die Banken hatten in den Jahren zuvor immer riskantere Kredite vergeben, da sie davon ausgingen, die Federal Reserve würde das Bankensystem – oder auch eine einzelne bedeutende Großbank – schon nicht untergehen lassen. Eine Studie der First Albany Corporation New York aus dem Jahr 1974 fand nicht nur eine dramatische Verschlechterung aller traditioneller Maßstäbe für Bankenstabilität, sondern auch eine signifikante Zunahme kurzfristiger Kredite (wie etwa Festgeld und Bundesanleihen). Mit anderen Worten verlieren die Banken langfristig und leihen sich das Geld kurzfristig, was so ungefähr das perfekteste Rezept für einen Bankenkollaps darstellt, das man sich einfallen lassen kann. Zwischen 1964 und 1973 nahm das Verhältnis von Kapital zu Einlagen der zehn größten Banken von 9,2 Prozent auf 5,5 Prozent ab. Die Gewinnmarge fiel von 20 Prozent auf 8 Prozent.

Trotz all dieser Warnzeichen und Verschlechterungen der Kapitaldecke wurden nicht die Banken kritisiert, sondern die *Washington Post*, weil sie auf das Problem hingewiesen hatte.[103] Man könnte vielleicht annehmen, dass sowohl Chase Manhattan wie Citibank versichern würden, ihre Fehler zu korrigieren, ihre internen Richtlinien und Verfahren zu ändern und wieder zu konservativer Vorsicht zurückzukehren. Doch das Gegenteil war der Fall: Sowohl der Chase-Vorstandsvorsitzende David Rockefeller als auch der Citibank-Vorsitzende Henry B. Wriston griffen die Presse an, weil sie auf die lauernden Probleme der Banken hingewiesen hatte. »Es steht außer Frage, dass die Bank kerngesund und profitabel ist«, so Rockefeller. »Jede andere Behauptung ist völlig unverantwortlich.«[104] Henry B. Wriston schlug in die gleiche Kerbe und kritisierte den Artikel der *Washington Post* als »irreführend, unverantwortlich und im Widerspruch zu den Tatsachen«.

Eine fast unbemerkte Aussage der First National Bank of Boston – an 18. Stelle der US-Banken nach Größe – wirft ein dunkleres Licht auf das Bankwesen. Die First National Bank wunderte sich, dass ihr Name auf einer Liste der *New York Times* von Banken mit über 65 Prozent Schrottanleihen aufgeführt wurde. Laut First National Bank of Boston war ihr Verhältnis von Anleihen zu Kapital und Ausständen zu Kapital »30 Prozent unter dem Mittelwert der 20 größten Banken der USA«.[105] Wie sieht es dann wohl bei den anderen Banken mit noch schlechteren Zahlen aus, möchte man fragen. Indem sie sich positiv mit den anderen Problembanken verglich, wies die First National Bank nur darauf hin, wie schlecht es um das gesamte Bankwesen bestellt war.

Der Abgeordnete Benjamin Rosenthal kündigte umgehend eine Anhörung des Kontrollausschusses zur prekären Finanzlage der Wall Street an. Senator William Proxmire wollte sich nicht überbieten lassen und kündigte ähnliche Anhörungen des Bankenausschusses des Senats an – eine Aufmerksamkeit, die Rockefeller und Wriston vermutlich ebenfalls als »unverantwortliche« Berichterstattung brandmarken würden.

Die Gesetzgeber in Washington begannen, sich wegen dem allerwichtigsten Faktor Sorgen zu machen – dem öffentlichen Vertrauen. Was wäre, wenn die Öffentlichkeit so beunruhigt wäre, dass es zu einem Ansturm auf die Filialen der Chase oder Citibank kommen würde? Man erinnerte daran, ein Hauptfaktor beim Zusammenbruch der Franklin National Bank sei es gewesen, dass die Kunden in einer einzigen Woche 800 Millionen Dollar abhoben. Eine Bankenpanik bei einer (oder bei beiden) der größten der 14 000 Banken der USA würde einen Schneeballeffekt und eine gigantische Finanzkrise verursachen. Der Vorsitzende des Federal Reserve Board, Arthur Burns, flehte den Kongress an, die Banken nicht zu genau unter die Lupe zu nehmen, da man mit einer solchen Untersuchung erst eine Bankenpanik riskieren würde. »Aus den Augen, aus dem Sinn«, dachte sich Burns wohl:

> Wenn man die Solvenz einzelner Banken infrage stellt, erhöht man nicht nur das Risiko, einen Run auf einzelne Banken auszulösen, sondern auch ein Beben in einem sehr großen Teil unseres Finanzsystems.[106]

Das wiederum könnte Wellen im Ausland verursachen. Aber solche Appelle, bloß nicht zu genau hinzuschauen, unterstreichen nur, wie fragil die Schuldenpyramide ist.

Tabelle 8-3: **Risse in der Schuldenpyramide, Stand 1976**

Sektor	Zeichen des Zusammenbruchs
Unternehmen	Bisher minimal. Der Kongress hat bedrohte Firmen gerettet und den Zusammenbruch aufgeschoben.
Immobilien	Ernsthafte Probleme bisher nur bei REITs (11 Milliarden Dollar). Noch keine Auswirkungen auf das Wirtschaftssystem. Banken verlassen sich auf die Inflation, um ihre Schulden zu tilgen. Noch kein Zusammenbruch der Immobilienpreise.
Gemeindesektor	New York City ist bis auf absehbare Zeit insolvent.
Auslandskredite	Noch nicht betroffen. Probleme bei Öltanker-Anleihen (17 Milliarden Dollar). Manche Dritte-Welt-Länder werden pleitegehen (30–40 Milliarden Dollar). Echtes Minenfeld, könnte leicht außer Kontrolle geraten.
Inlandskredite	Bisher unter Kontrolle. Die Federal Reserve konnte die Bankenpaniken 1975 abfangen. Anzeichen einer zurückhaltenden Kreditvergabe, kein Verständnis des fundamentalen »Papiergeld versus Gold«-Problems seitens der Banken.

Wie viele Rückschläge kann die Schuldenpyramide verkraften?

Bei einem Goldstandard muss jede Bank auf Verlangen des Kunden Papiergeld gegen Gold eintauschen. Diese Verpflichtung verhindert verschwenderisches Verhalten seitens der Banken. Heute ist diese Disziplin verloren gegangen. Die Papiergeldfabrik der Federal Reserve ist ein Kartenhaus. Das Bankensystem in den USA ist so wackelig, dass laut dem Vorsitzenden des Federal Reserve Board, Arthur Burns, sogar eine Untersuchung durch den Kongress eine Bankenpanik auslösen könnte.

Der außergewöhnliche Anteil der Bankdarlehen an den Anleihen von New York City unterstreicht diese Fragilität. 546 US-Banken halten mehr als 20 Prozent ihres Kapitals in Form von New-York-City-Anleihen, *179 davon sogar 50 Prozent oder mehr!* Wenn der gewöhnliche Anleger sich diese Zahlen vor Augen führt, braucht es vielleicht gar keine Untersuchung im US-Kongress, um eine Panik auszulösen und das ganze Kartenhaus zum Einsturz zu bringen.

Selbst innerhalb der Schuldenpyramide ist die Möglichkeit eines Zusammenbruchs allgegenwärtig und die Gefahr einer Bankenpanik ein völlig plausibles Phänomen. Als man zum Beispiel händeringend einen Handelsverlust von 30 Millionen Dollar bei der Schweizer Filiale der United California Bank feststellte, war eine Bankenpanik eine sehr reale Aussicht. Wie der Autor »Adam Smith« unter einem Pseudonym beschrieb:

> Am Sonntag, den 30. August 1970, führte Frank King eine UCB-Delegation an, die sich in einem Konferenzraum im Beverly Hilton mit dem UCB-Vizepräsidenten Paul Erdman aus Basel trafen. Laut Anwesenden war der Bankpräsident philosophisch aufgelegt: »Manchmal gewinnt man, manchmal verliert man«, sagte er. Alle schienen in erster Linie damit beschäftigt, wie man die ganze Angelegenheit geheim halten könne, um keine Bankenpanik auszulösen.[107]

Der Druck innerhalb der Pyramide soll die Gläubiger daran hindern, ihre Wertanlagen verflüssigen zu wollen und sich vom illiquiden Teil der Schuldenpyramide in Richtung des liquiden Teils zu bewegen. Aber vor allem sollten Gläubiger daran gehindert werden, ihre ungreifbaren Papierwerte in greifbares Gold zu verwandeln. Zum Krieg gegen das Gold gehören Barrieren gegen die unschlagbare Liquidität des Goldes: durch Antigoldpropaganda, Preisdeckel und -absprachen und sogar Verbote des »Besitzes von« oder der »Geschäfte mit« Gold.

Die Frage ist also nicht, ob die Schuldenpyramide kollabieren wird, sondern wann. Was meinen wir mit »kollabieren«? H. A. Merklein definiert den Kollaps als »Kombination von Arbeitslosigkeit und Inflation, die so außer Kontrolle geraten ist, dass der Markt nicht mehr effektiv funktionieren kann«.[108] Laut Merklein bricht ab einer 50-prozentigen Inflationsrate »das öffentliche Vertrauen in das regierungsgedruckte Papiergeld zusammen [...] und der Tauschhandel ersetzt die Geldwirtschaft«.

Nach Merkleins Berechnungen könnte bei einer 10-prozentigen Inflationsrate der Kollaps schon bei 30 Prozent Inflation einsetzen. Im Jahr 1975 lagen das Vereinigte Königreich, Argentinien und Italien schon darüber. Auch wenn es viele andere Unbekannte gibt, deuten Merkleins Beweise auf die frühen 1980er-Jahre als Weltuntergangstag für die Vereinigten Staaten hin. Ähnliche Kalkulationen durch den Vorsitzenden der Bank of Hawaii, Wesley H. Hillendahl, deuten ebenfalls auf Anfang der 1980er-Jahre als wahrscheinlichen Zeitraum eines Wirtschaftskollapses hin.[109]

Eines ist sicher: Wenn wir dank unserer Papiergeldfabrik, die Geld aus dem Nichts zaubert, uns weiter in Richtung Wohlfahrtsstaat bewegen, ist ein Wirtschaftskollaps unvermeidbar. *Sauve qui peut!* (dt.: »Rette sich, wer kann!«)

KAPITEL 9

Der Weg nach Rambouillet

»Eine Grundregel der internationalen Finanzen ist: ›Achten Sie mehr darauf, was Zentralbanker oder Regierungen tun, als auf das, was sie sagen.‹«

John Exter, ehemaliger Senior Vizepräsident der Citibank und Vizepräsident der Federal Reserve Bank of New York, März 1976

Das Wissen um die zerbrechliche Natur der Schuldenpyramide war mit ein Grund, weshalb die »Finanzexperten« der Welt unsere Finanzstruktur unter die Lupe nahmen.

Im Herbst 1975 versammelten sich die Anführer der westlichen Welt in luxuriöser Umgebung im Schloss Rambouillet südwestlich von Paris. Ziel dieses Gipfeltreffens war es, die Finanzprobleme zu lösen, die sie selbst verursacht hatten. Nach den Ergebnissen zu urteilen, waren sie kaum erfolgreicher als bei vorangegangenen Treffen. Der *London Economist* kommentierte zynisch:

> Die sechs Länder, die die Welt in die schlimmste Wirtschaftskrise ihrer Geschichte und die erste Stagflation geführt haben, erklärten,

> sie werden alles tun, um den Wirtschaftsaufschwung anzukurbeln, und keine weitere Inflation dulden.[110]

Das Gipfeltreffen in Rambouillet* markierte das Ende der Bretton-Woods-Ära nach 1944 (und der Vormachtstellung des Dollars) und nicht den Beginn einer neuen Ära der internationalen Finanzzusammenarbeit. Hinter all dieser »Augenwischerei« (wie der *Economist* schrieb) existierte immer noch die Wirklichkeit. Die westlichen Industrieländer befanden sich in der zweitschlimmsten Wirtschaftskrise aller Zeiten, aber wenige fragten, was aus dem Goldstandard vor 1929 geworden sei.[111]

Tatsächlich waren die Finanzkrisen des 19. Jahrhunderts – von modernen Keynesianern ausnahmslos als schreckliche Katastrophen beschrieben – milde und kurz (und viel weniger traumatisch) im Vergleich zu den Depressionen von 1929 bis 1932 und sogar von 1974 bis 1975. Sie waren aus gutem Grund milde und kurz: Die Welt hielt sich von 1820 bis 1914 an den vollen Goldstandard, der es den Politikern so gut wie unmöglich machte, die Finanzregeln zu brechen, um einen innen- oder außenpolitischen Gewinn daraus zu schlagen. Wie wir gesehen haben, sorgt das Gold für effektive politische Disziplin.

Zwischen 1820 und 1914 konnten die Politiker also ihre Wirtschaftssysteme nicht zu ihrem eigenen Vorteil oder dem ihrer Unterstützer manipulieren. Das Gleiche galt in großem Maße für die internationalen Bankiers. Der »Weg nach Rambouillet« begann also 1914, als die Welt den Goldstandard zugunsten des Fiatpapiergeldstandards verließ.

Nur 12 Länder kehrten nach dem Ersten Weltkrieg wieder zum Goldstandard zurück. Der Goldumtauschstandard, den 32 Länder nach dem Ersten Weltkrieg annahmen (nur 12 kehrten zum echten

---

* Anm. d. Verlages: Vom 15. bis zum 17. November 1975 fand im Schloss Rambouillet, Frankreich, der erste G6-Gipfel (nachmals G7 beziehungsweise G8) statt. Teilnehmer waren die BRD, Frankreich, Italien, Japan, Großbritannien, die USA und die EU.

Goldstandard zurück), hatte einen fatalen Fehler: Es war kein echter Goldstandard, denn Pfund- und Dollarreserven zählten als Wertanlage und boten so ein Schlupfloch, um die eiserne Disziplinierung durch den Goldstandard zu verlassen. Der fatale Fehler war die Gleichbehandlung von Pfund, Dollar und Gold.

In einem wichtigen Sinn stellte der Gipfel von Rambouillet das Ende der Entwicklung hin zum Fiatgeld und das Ende des Bretton-Woods-Systems dar. Jeder halbwegs kompetente Beobachter konnte erkennen, dass die Papiergeldblase auf der Welt unter schwerem Beschuss stand. Das Weltfinanzsystem war unhaltbar geworden. Jedes Land hatte die Motivation, sich selbst auf Kosten der anderen zu retten.

Nach 1975 teilte sich die Welt in verschiedene Finanzallianzen. Es gab auf der einen Seite den Papierdollar und die Antigoldkräfte des Internationalen Währungsfonds unter der Dominanz der USA (und damit den Wall-Street-Rockefeller-Interessen). Auf der anderen Seite gab es den alten europäischen Geldadel (oft als von den Rothschilds dominiert dargestellt), der sich aus pragmatischen Gründen immer mehr vom Papierdollar des Bretton-Woods-Systems verabschiedet und die Stabilität des Goldes sucht. Diese Fraktion will offensichtlich die Bank für Internationalen Zahlungsausgleich als ihren Statthalter und Stellvertreter nutzen.

Im Jahr 1944 hatte Europa keine Alternative zu Bretton Woods zu bieten. Es hatte schlicht kein Gold mehr. Doch nun hat Europa dank der US-Niederlagen im Kampf um den »Goldpool« jede Menge Goldreserven. Die Goldreserven von Frankreich, Deutschland und der Schweiz sind zusammengenommen höher als die der Vereinigten Staaten.

Rambouillet markierte somit das Ende des US-dominierten IWF als unumstrittene Weltfinanzkraft und die Aufteilung der Weltwirtschaft in zwei Lager: das goldgläubige Europa und die papierdollargläubigen USA.

Wie entstand diese bipolare Weltwirtschaft zwischen 1914 und 1975? 1914 war der Welthandel durch das Pfund dominiert. Der Erste Weltkrieg setzte der Vormacht des Pfund Sterling ein Ende. Am Ende des Krieges stand Großbritannien in der Schuld der Vereinigten Staaten.

Zwei Währungen dominierten nach dem Ersten Weltkrieg die Weltwirtschaft, das schwache Pfund und der starke Dollar. Die Einführung und Umsetzung sozialistischer Ideen, der politische Opportunismus, der moralische Wandel und die Freifahrtscheinphilosophie förderten allesamt das Argument, dass Gold zu selten sei, um als Währung zu dienen.

Für die 32 Länder, die in den frühen 1920er-Jahren den Goldumtauschstandard angenommen hatten, wurden Pfund Sterling und Dollar ebenfalls zur Reservewährung. Die Angst vor einer »Goldknappheit« war jedoch ein Märchen.[112] Es muss immer einen Marktpreis geben, bei dem das Angebot von Gold die Nachfrage erfüllt. Wenn man dem Marktmechanismus seine Freiheit lässt, gibt es in der Wirtschaftswissenschaft keine »Knappheit«. Was die Verfechter einer »Goldknappheit« meinen, ist: Die Politik-, Wirtschafts- und Finanzmächte wollen die Disziplinierung durch den Goldstandard abschütteln, weil sie sonst nicht mehr beliebig viel Geld aus dem Hut zaubern können.

Die Suche nach einer »flexiblen Währung«, um diese eingebildete Goldknappheit zu überwinden, die Ablehnung der Disziplinierung eines vollen Goldstandards und einige katastrophale finanzpolitische Eskapaden (zum Beispiel die Überbewertung des Pfunds durch Winston Churchill in den 1920er-Jahren) plus die kriegsbedingte Inflation und strukturelle Industrieschwächen führten zu den geldpolitischen Verwerfungen der 1920er-Jahre. Die Vereinigten Staaten verschlimmerten das Problem mit enormen Reparationskrediten an Europa, die der Wall Street riesige Gewinne und dem amerikanischen Steuerzahler riesige Verluste beschert hatten. So wurde das Problem des Schuldenmoratoriums der frühen 1930er-Jahre geschaffen. Getreu seinem traditionellen Vertrauen ins Gold kaufte Frankreich massiv Gold auf dem Weltmarkt auf. 1933 geschah dann das Unvermeidliche: Der Zusammenbruch einer schwächelnden Bank, der Wiener Creditanstalt, führte zu einer Bankenpanik und dem teilweisen Zusammenbruch des Goldumtauschstandards. Reine goldbasierte Währungen wurden wertvoller. Der französische Franc stieg von 1933 bis 1934 auf dramatische Weise, genauso wie der goldgedeckte Schweizer Franken es heute tut. Das nicht mehr goldgedeckte britische Pfund verlor dagegen in den frühen 1930er-Jahren genauso wie 1976 an Wert.

Mitte der 1930er-Jahre fanden bereits die ersten Scharmützel im Vorfeld des Zweiten Weltkrieges statt. Der Spanische Bürgerkrieg und die italienische Invasion Abessiniens hatten begonnen. Amerika unterstützte sowohl Nazideutschland als auch die Sowjetunion mit technischer Hilfeleistung. Beide Diktaturen bauten ihre Kriegsmaschinerie mit amerikanischer Hilfe auf. Diese lukrativen technischen Hilfsprogramme waren das Monopol großer US-Firmen und der Wall-Street-Interessen. Nach dem Zweiten Weltkrieg entstanden 1944 das Bretton-Woods-System und der Internationale Währungsfonds, die beide den Dollar als Weltreservewährung etablierten. Nur der Dollar war ans Gold gebunden. Um in diesem System Stabilität herzustellen, wurden die internationalen Wechselkurse an einen engen Korridor gebunden. Diesen Korridor zu verlassen, erforderte eine gesonderte Genehmigung. Von 1946 bis in die 1960er-Jahre gab es eine Reihe solcher Auf- und Abwertungen verschiedener Währungen.

Seit der Konferenz von Genua 1922 wurden das Pfund Sterling und der US-Dollar (nach 1944 nur noch der Dollar) als Papiergold oder Goldersatzwährungen verwendet. 1970 beschlossen die USA, einen Schritt weiterzugehen und Papiergold aus dem Nichts zu zaubern: die sogenannten »Special Drawing Rights« oder SDRs.

Kapitel 9

Ein Geniestreich: Das Papiergold

Eine der wichtigsten Lektionen des Goldpool-Fiaskos war die Tatsache, dass europäische Zentralbanken nicht bereit waren, den amerikanischen Dollar bis zur letzten Unze ihres europäischen Goldes zu verteidigen. Die europäischen Zentralbanker wussten sehr wohl, dass die riesigen Schuldenberge der USA ein bequemes Mittel für die Vereinigten Staaten waren, etwas aus dem Nichts zu schaffen und den von ihnen ungewollten Dollar anstatt des traditionellen Goldes durchzudrücken.

Nach 1968 führten die Vereinigten Staaten einen Krieg gegen das Gold, um die verbleibenden US-Goldreserven zu schützen. Dabei kamen sie auf die Idee, jeden Zentralbanker an ihrem Rezept, etwas aus dem Nichts zu schaffen, teilhaben zu lassen. Denn dann konnten die europäischen Zentralbanker sich nicht mehr über den Schuldenberg der Vereinigten Staaten beschweren. Dieser Plan – der im Juli 1969 beschlossen und im Januar 1971 umgesetzt wurde – hatte den Namen »Special Drawing Rights«.

Wie der Federal-Reserve-Dollar werden SDRs per Fiat aus dem Nichts geschaffen und den Mitgliedern des Internationalen Währungsfonds nach Quoten in einem »Abonnementsystem« in Gold und Währungen zugeteilt. So erhielten zum Beispiel die USA 2,3 Milliarden SDRs und Botsuana 1,5 Millionen. Die SDRs waren ursprünglich in Gold definiert. Ein SDR war 0,889 Gramm Gold wert, genauso wie ein Dollar im Jahr 1969. Der Dollar wurde danach zweimal abgewertet, wodurch der SDR mehr wert war als ein Dollar. Danach wurde der SDR statt durch Gold durch einen »Währungskorb« definiert – ein weiterer Schritt der Demonetisierung des Goldes.

Im Grunde sind die SDRs eine Art Spielgeld. Es handelt sich dabei nicht um Papierzertifikate, sondern lediglich um Computereingaben, die man passenderweise »Papiergold« nennt. SDRs haben keinen inneren Wert. Sie existieren in Wahrheit nicht einmal. Sie sind Phantome, per Regierungserlass aus dem Nichts geschaffen. Sie stellen nichts Konkretes dar. Der ehemalige Vizepräsident der Federal Reserve Bank of New York, John Exter, nennt sie »Schuldnix-Scheine«. Auf diese Weise kann der Internationale Währungsfonds mit ein paar kurzen Computereingaben in 10 Minuten 1 Million oder 500 Milliarden SDRs erschaffen. Sie sind die ultimative, unendlich flexible Währung, und als solche sind sie die ultimativen, unendlichen Inflationsgeneratoren.

Die etablierte Finanzwelt unterstützte die SDRs mit Begeisterung. Scheinbar reicht das kollektive Gedächtnis der internationalen Finanzwelt nur bis vorgestern. Der internationale Finanzexperte der Princeton University, Fritz Machlup, schwurbelte von SDRs als neue, internationale Währung. Er unterstütze das Papiergold »mit Begeisterung«. Die Entwicklungsländer erkannten darin schnell einen Freifahrtschein und waren dementsprechend dankbar. SDRs wurden zum probaten Mittel, um Öl- und Entwicklungsschulden der Dritten Welt zu erlassen. Als ihre Kontingente aufgebraucht waren, war die Dritte Welt weniger begeistert, aber sie wollte dem geschenkten Gaul dennoch nicht ins Maul schauen. Als passende Propagandainszenierung wurde das Abkommen bei einem Treffen des Internationalen Währungsfonds 1973 im Kenyatta Konferenzzentrum in Nairobi ausgehandelt.

Das Ende des Abkommens von Bretton Woods

Die Schaffung der SDRs trug ohne Zweifel zu der Illusion bei, dass das Gold demonetisiert wird. Das Ende der ersten Schlacht im Krieg gegen Gold (aber nicht das Ende des Krieges) kam am 15. August 1971, als Präsident Nixon für ausländische Dollarhalter das Ende der Konvertierbarkeit des Papierdollars in Gold erklärte. Es war im Prinzip eine Bankrotterklärung der Vereinigten Staaten. Die Konvertierbarkeit von Goldforderungen in Papierdollar hat Nixon aber nicht ausgesetzt.

Wenn Gold also wirklich ein wertloses, barbarisches Relikt aus grauer Vorzeit ist, dann müsste es doch im Vergleich zu US-Papiergeld weniger wert werden, während es aus dem Finanzsystem der Welt ausgemustert wird. Mit anderen Worten sollte das Papiergeld sehr viel besser handelbar und daher sehr begehrt sein, wenn das »wertlose« Gold demonetisiert wird. Aber wir befinden uns in der wirklichen Welt und nicht im Märchenland, und in der Wirklichkeit wurde der Papierdollar immer weniger wert. So viel, dass die US-Goldreserven gar nicht ausreichten, um die ganzen Papiergeldansprüche zu befriedigen. Am 5. Mai 1971 wiederholte sich die Krise des Goldpool-Krieges von 1967, als eine Dollarschwemme in Europa die Auslandsdevisenmärkte in Österreich, Belgien, der Bundesrepublik Deutschland, den Niederlanden und der Schweiz zum Schließen zwang.

Im August 1971 gab es eine große Bankenpanik. Ausländische Besitzer von Papierdollars wollten diese gegen Gold eintauschen. Die USA konnten diese Kunden nicht bedienen und schlossen kurzerhand ihr Goldfenster. Es war im Grunde genommen eine Bankrotterklärung. Als Präsident Nixon das Goldfenster schloss, hatte er nicht, wie er behauptete, das Gold entwertet. Im Gegenteil: Er hatte den Dollar entwertet! Egal was er sagte, seine Taten unterstrichen den Premiumwert des Goldes gegenüber dem Papierdollar. Der Propagandakrieg gegen das Gold durch die USA zielt seit 1971 darauf ab, diese einzige Tatsache aus dem Bewusstsein der amerikanischen Öffentlichkeit zu verbannen. Wenn die amerikanischen Bürger begriffen haben, was die Entwertung des Dollars bedeutet, wird es eine Finanzpanik auslösen und vermutlich zum Zusammenbruch der Schuldenpyramide führen.

Die Schließung des Goldfensters war ein neues Phänomen in der amerikanischen Finanzgeschichte. Der Kontinentaldollar war immer noch in Gold und Silber umtauschbar, auch wenn es 2000 Kontinentaldollar in Papier zu 1 Golddollar stand. Die Aufhebung der Umtauschbarkeit 1971 bedeutete, dass ausländische Forderungen gegenüber den

Vereinigten Staaten *zu keinem Kurs* in Gold ausgezahlt werden. Somit wurde 1 Unze Gold unendlich viele Papierdollar wert.

Die europäische Antwort auf die Aussetzung der Umtauschbarkeit war, den Dollar ohne staatliche Einmischung auf seinen eigenen Marktwert einpendeln zu lassen. Als die Märkte am 21. August 1971 wieder eröffneten, erlaubten alle Länder (außer Frankreich) ihren Währungen, frei gehandelt zu werden. Im Oktober wurde auf einem Treffen der Zentralbanker und Finanzminister in Rom ein Appell formuliert, um die Finanzstabilität wiederherzustellen und das System zu reformieren. Es war jedoch nur eine der üblichen Maßnahmen, um das Gesicht zu wahren. Ein Jahr später traf sich die »Group of Ten« (G10) im Dezember 1972 in Washington und verabschiedete das sogenannte »Smithsonian-Abkommen«. Unter dieser Übereinkunft wurden die Wechselkurse weiter freigegeben, und die USA werteten den Dollar um 7,9 Prozent ab. Das war gleichbedeutend mit einer Erhöhung des Goldpreises von 35 Dollar auf 38 Dollar je Unze. Man kann also kaum von einer Entwertung des Goldes sprechen.

Bis zum Februar 1972 hatte der Internationale Währungsfonds seine übrigen US-Wertanlagen verkauft und sein Gold aus den Tresoren der Federal Reserve Bank und der Bank of England abgezogen. Im Juni 1972 schlug der IWF die Bildung des »Committee of 20« vor, um ein neues, internationales Währungssystem auszuarbeiten. Im November 1972 kündigte der IWF an, innerhalb von 2 Jahren dieses voll reformierte internationale Währungssystem vorzustellen (also bis September 1974).

Zum Ende der Diskussionen in Washington im Dezember 1972 behauptete Präsident Nixon – vermutlich überzeugt, dass das »Committee of 20« tatsächlich zu einer solchen Reform in der Lage wäre –, das »Smithsonian-Abkommen« sei »das wichtigste Finanzabkommen der Weltgeschichte«. Nur 2 Monate später war Nixons Aussage schon wieder Makulatur, als die Federal Reserve am 12. Februar 1973 ankündigte, wieder eine Mini-Abwertung des Dollars vorzunehmen – diesmal um

10 Prozent: Der Goldpreis wurde von 38 Dollar auf 42,22 Dollar je Unze erhöht. Aufgrund der Spekulationswelle gegen den Dollar mussten die ausländischen Devisenmärkte wieder geschlossen werden. Sie öffneten erst am 19. März 1973 wieder. Zwar lenkten beide Dollarabwertungen die Aufmerksamkeit der Welt auf den Rückgang des Dollars in Relation zum Gold. Bei keiner der beiden Abwertungen wurde jedoch anerkannt, dass der Preis des Goldes auf dem freien Goldmarkt in US-Dollar weitaus höher war als 38 oder 42 Dollar pro Unze.

Das »Committee of 20« machte sich auf jeden Fall daran, das Weltfinanzsystem zu reformieren. Im Juli 1973 beschloss das Komitee, dass unter dem neuen System Goldverkäufe auf dem freien Markt erlaubt sein sollten. Dieser Entschluss wurde im November bestätigt, als die Zentralbankchefs von Belgien, Westdeutschland, Italien, den Niederlanden, der Schweiz, dem Vereinigten Königreich und den USA ihr Abkommen von 1968 aufhoben, das Goldverkäufe durch Zentralbanken auf dem privaten Markt untersagte. Es war das Ende des zweigleisigen Goldmarktes.

Doch weiter kam das »Committee of 20« mit seinem 2-jährigen Reformprogramm nicht. Im Januar 1974 verkündete es, dass sie erstens mehr Zeit brauchen würden, um das System zu reformieren, und zweitens für das weitere Vorgehen Prioritäten setzen müssten.

Im April 1974 beschlossen die Finanzminister der europäischen Wirtschaftsgemeinschaft, dass die europäischen Zentralbanken untereinander Gold nicht nur zu marktüblichen Preisen verkaufen, sondern auch kaufen dürften, und zwar zu ebenfalls marktüblichen Preisen auf dem freien Markt. Dieser Schritt war ein eklatanter Bruch mit der US-Behauptung, dass sich das Gold im Prozess der Demonetisierung befand. Das Gegenteil war der Fall: Die europäischen Finanzminister und Zentralbanker, die nicht vorhatten, sich für ideologische Kreuzzüge einspannen zu lassen, wenn es um ihr finanzielles Wohl ging, führten klammheimlich das Gold wieder ein.

Am 11. Juni 1974 gingen die Finanzminister noch einen Schritt weiter in Richtung Rückkehr zum Gold, als sie vereinbarten, Gold als Sicherheit für Anleihen zwischen Zentralbanken zu verwenden. Dieser fundamentale Ansatz kam schon bald bei Krediten an Italien, Portugal und Uruguay zum Einsatz. Außerdem beschlossen die Finanzminister, diese Goldsicherheiten zu marktüblichen Preisen zu bewerten. Die erste derartige Anleihe von der Bundesrepublik Deutschland an Italien bewertete das zur Sicherheit hinterlegte Gold mit 120 Dollar je Unze. Damit wurde eine quasi-offizielle Untergrenze für den Goldpreis festgelegt, die 2,8-mal höher war als der von den Vereinigten Staaten festgelegte Preis.

Im Dezember 1974 fand auf der Karibikinsel Martinique ein Gipfeltreffen der Präsidenten der USA und Frankreichs statt, auf dem auf Wunsch der Franzosen beschlossen wurde, es Regierungen zu erlauben, ihre Goldreserven zum marktüblichen Preis zu bewerten, und zwar mit Neubewertungen aufgrund von Preisschwankungen alle 6 Monate. Frankreich bewertete sogleich seine Goldreserven zu 170 Dollar je Unze. Am 31. Dezember 1974 hoben die Vereinigten Staaten das offizielle Verbot für US-Bürger auf, Gold zu besitzen. Zur selben Zeit begannen sie mithilfe der unkritischen Medien eine massive interne Propagandakampagne gegen den Goldbesitz. Das Finanzministerium hielt – möglicherweise illegal[113] – Goldauktionen ab, um den Goldpreis zu drücken und die Bürger vom Kauf abzuschrecken.

Während dieser Preisdrückaktionen gegen den Goldmarkt fand im November 1975 die Geheimkonferenz von Rambouillet statt. Beteiligt waren die Regierungschefs der Bundesrepublik Deutschland, Italiens, Japans, Frankreichs, des Vereinigten Königreichs und der Vereinigten Staaten. Beim nächsten IWF-Treffen in Jamaika wurde der ausgehandelte Kompromiss zwischen der europäischen Progoldfraktion und der US-Antigoldfraktion geglättet. Die ganze Geschichte der Gespräche von Rambouillet ist bisher noch nicht erzählt worden. Anscheinend setzten zuerst Frankreich und dann Westdeutschland die Vereinigten Staaten unter Druck, um auf einem internationalen Treffen Fragen zur neuen internationalen Währungsordnung zu besprechen (vor allem das Dilemma der festen oder freien Wechselkurse, bei dem die USA und Frankreich diametral entgegengesetzte Ansichten vertraten) und das immer noch akute Goldproblem zu erörtern.

Als es zur Sache ging, gaben die Franzosen ihren Wunsch nach festen Wechselkursen im Gegenzug für US-Konzessionen beim Gold auf. Irgendwann, vielleicht 1976 in Jamaika, baten die Entwicklungsländer um mehr Finanzhilfe. Die Goldfrage wurde mit der Frage der Hilfsgelder verquickt. Das Ergebnis war eine Vereinbarung, 25 Millionen Unzen IWF-Gold zu versteigern und die Erlöse für Hilfen für die Entwicklungsländer zu verwenden.

Die Bank für Internationalen Zahlungsausgleich wird wiederbelebt

Die Bank für Internationalen Zahlungsausgleich (BIZ) wurde 1930 von den Zentralbanken der großen Länder geschaffen, um den Zahlungsverkehr zwischen Banken zu regeln. Die BIZ saß in Basel in der Schweiz und trat nach der Einrichtung des Internationalen Währungsfonds IWF mit dem Bretton-Woods-Abkommen 1944 in den Hintergrund. 1975 wurde die Gold befürwortende BIZ jedoch wieder zum Leben erweckt.

Am 30. Jahrestreffen des IWF vom 1. bis zum 5. September 1975 verhandelte das »Committee of 20« ein Abkommen, das allgemein als Gewinn für die Finanzwelt gesehen wurde. Sowohl der offizielle Goldpreis von 42,22 Dollar je Unze als auch die Verpflichtung, bei offiziellen IWF-Transaktionen Gold zu verwenden, wurde abgeschafft. Angesichts der tiefen Uneinigkeit über die zukünftige Rolle des Goldes beschlossen die Beamten schließlich, ein Sechstel des Goldbestandes, das der IWF für die Mitgliedsländer aufbewahrte, oder 25 Millionen Unzen, an die Mitgliedsländer zurückzuführen. Ein weiteres Sechstel sollte verkauft werden, um die Entwicklungsländer zu unterstützen. Der Markt sollte den Goldpreis bestimmen können.

Schließlich einigten sich die Finanzminister, dass die Mitgliedsländer die Freiheit haben sollten, Gold als Reserve kaufen und verkaufen zu dürfen. Die Teilnehmer einigten sich zwar darauf, die Gesamtgoldreserven nicht weiter zu erhöhen, doch diese Klausel wurde auf 2 Jahre begrenzt.

Aus den Diskussionen und Abkommen wird klar, dass bei dem IWF-Treffen keine Einstimmigkeit herrschte. Die Ergebnisse waren ein kruder Kompromiss zwischen den Progold- und Antigoldfraktionen. Manche berichten, dass die Bank für Internationalen Zahlungsausgleich die USA unter Druck gesetzt habe, Progoldmaßnahmen zu ergreifen, in dem sie androhte, US-Schulden bei Fälligkeit nicht mehr zu erneuern. (Da die USA niemals in der Lage wären, ihre gesamten Schulden abzuzahlen, werden kurzfristige Kredite nach Ablauf immer wieder erneuert – »Rollover« oder »rolliert«.) Aufgrund der wackeligen Schuldenpyramide war dies sicher ein effektives Argument. Der Finanzminister William Simon, blauäugig wie immer, lobte die Vereinbarung als Coup für die Demonetisierung des Goldes. Der südafrikanische Finanzminister O. P. F. Horwood erklärte bei einem Meeting in New York: »Wenn das die Verdrängung des Goldes aus dem Finanzsystem sein soll, dann hätten wir gerne mehr davon!«

Das Treffen in Jamaika 1976 war ebenfalls ein Tauschgeschäft mit den Entwicklungsländern, die auf Zuwendungen hofften, und auf einige zögerliche Veränderungen bei der Rolle des Goldes und den Wechselkursanpassungen und -quoten. Als endgültige Lösung der Finanzprobleme der Welt angekündigt, folgten auf das Treffen in Jamaika etliche Monate Währungschaos: Das britische Pfund brach zusammen, gefolgt von der italienischen Lira, dem französischen Franc und der spanischen Peseta.

Den Entwicklungsländern wurden 3 Milliarden Dollar Hilfsgelder angeboten, darunter 500 Millionen aus dem Verkauf von IWF-Gold. Der IWF schlug vor, ein weiteres Sechstel seiner Reserven (25 Millionen Unzen) an die Mitglieder zurückzuzahlen und über 4 Jahre ein weiteres Sechstel zu versteigern. Vor allem wurde der Bank für Internationalen Zahlungsausgleich das Recht eingeräumt, auf eigene Faust sowie im Interesse der Zentralbanken bei diesen Auktionen mitzubieten. Alle Gewinne über dem amtlichen Kurs von 42 Dollar je Unze sollten an die Entwicklungsländer gehen. Der offizielle Goldpreis wurde abgeschafft, und frei flottierende Wechselkurse wurden legalisiert. Es war das offizielle Ende des »zweigleisigen Systems«. Quotenformeln und Kreditlinien (»Fazilitäten«) wurden erweitert, die Quoten der Mitgliedsländer wurden jedoch nur in einheimischem Papiergeld ausbezahlt.

Der Gipfel in Jamaika gab den europäischen Zentralbanken die Gelegenheit, ihre Goldreserven durch die Bank für Internationalen Zahlungsausgleich zu erhöhen, und verwandelte den IWF in eine Gelddruckerei. Wie der südafrikanische Finanzminister O. P. F. Horwood bemerkte, »unterstrich und verfestigte« der Jamaika-Gipfel nur »die monetäre Rolle des Goldes«. Die South African Reserve Bank wurde übrigens schon im Juni 1971 Mitglied der Bank für Internationalen Zahlungsausgleich. 25 europäische Zentralbanken sind ebenfalls Mitglieder. Südafrika ist eines von nur fünf nicht europäischen Mitgliedern.

Die Umgestaltung der internationalen Finanzhüter wurde 1976 bestätigt, als in Basel ein neues Hauptquartier für die BIZ gebaut wurde und die Organisation einen neuen Leiter der Wirtschafts- und Währungsabteilung bekam: Alexandre Lamfalussy, Geschäftsführer und Vorstandsmitglied der belgischen Banque Bruxelles Lambert, Teil der Rothschild-Gruppe. Lamfalussy ist ein vielleicht nicht so offenkundiger Goldbefürworter wie sein Vorgänger Milton Gilbert. Es gibt jedoch keinen Grund, daran zu zweifeln, dass er die zunehmende Progoldausrichtung der BIZ-Mitglieder teilt.

Zur selben Zeit wechselte Paul Volcker, einer der lautstärksten Papiergeldfanatiker in Washington, von Rockefellers Chase Manhattan Bank in New York in den Vorsitz der Federal Reserve Bank of New York.

Wenn man sich den Weg des IWF nach Rambouillet und Jamaika ansieht, führt das US-Finanzministerium seit Beginn der 1960er-Jahre eine Kampagne, um die Vormachtstellung des Dollars durch den IWF zu wahren. Aber es ist den USA nicht gelungen. Zuerst konnten sie die europäischen Zentralbanker nicht daran hindern, ihre Dollars gegen Gold einzutauschen. Dann konnten sie nicht verhindern, dass das Gold wieder Teil des Finanzsystems wurde. Und drittens konnten sie nicht verhindern, dass die BIZ statt des IWF zum internationalen Zahlungsvehikel aufgebaut wurde.

Außerhalb der USA bewegt sich die Bankenwelt wieder zum Gold hin anstatt davon weg.

Unabhängig davon, ob sich der IWF, wie einige Beobachter behaupten, in der Endphase seiner Auflösung befindet oder nicht, ist es offensichtlich, dass die BIZ eine neue Lebensperspektive hat. Es könnte eine Art goldbasierte Europäische Zentralbank werden.

Das Ende des Weges ist in Sicht

Die Aufteilung der Welt in zwei goldpolitische Lager, Progold und Antigold, bereitet die Bühne für den ultimativen Showdown. Das US-Finanzministerium muss diesen Konflikt um jeden Preis gewinnen – oder schmachvoll scheitern: Es muss verhindern, dass zu viele US-Bürger ihr Papier gegen Gold eintauschen. Die Amerikaner müssen unter allen Umständen davon überzeugt werden, dass der Papierdollar so gut wie Gold ist oder besser. Das Finanzministerium strengt weiterhin seine Antigoldpropagandakampagne an und wird – wenn auch zögerlich – weiterhin Gold verkaufen, vielleicht sogar die US-Reserven unter 10 Milliarden Dollar fallen lassen. Und es wird weiterhin versuchen, die europäischen Banker dazu zu überreden, zu einem System zurückzukehren, das vom US-Papierdollar abhängt.

Zusammen mit den Propagandamaßnahmen und den diplomatischen Intrigen gibt es nun verstörend viele Hinweise auf einen (hoffentlich begrenzten) Einsatz von gefälschten Statistiken durch die Papiergeldfanatiker. Zum Beispiel zeigen die US-Regierungsstatistiken zum Geschäftsklimaindex Oktober 1975 bis Januar 1976 einen kräftigen Aufschwung. In Wahrheit wurden die Zahlen jedoch in diesen 4 Monaten klammheimlich nach unten korrigiert. Ein weiteres Beispiel ist der Druck, die US-Zahlungsbilanz-Defizitzahlen nicht zu veröffentlichen mit der Begründung, dass solche Zahlen »irreführend und bedeutungslos« seien. (Die Zahlen der Zahlungsbilanzdefizite sind der wichtigste Indikator für die Goldpreispolitik.)

Es gibt also einige Beweise dafür, dass die Regierung befürchtet, den Goldkrieg bereits verloren zu haben. Diese Angst drückte der stellvertretende Finanzminister Jack F. Bennett vor dem Bankenausschuss des US-Senats in seiner Aussage gegen die Legalisierung von Gold aus. Wenn der Kongress den Goldbesitz für US-Bürger erlauben würde, so Bennett, wäre es »eine Riesenkatastrophe, vergleichbar mit einer Invasion vom Mars oder einem Atomkrieg«.[114]

Diese Auseinandersetzungen »Papiergeld versus Gold« hat es schon einmal gegeben. Tatsache ist, dass Papiergeld und schuldenbasierte Währungen *niemals* im direkten Wettbewerb mit Gold obsiegen können, weil Gold handfesten Wert und ein begrenztes Angebot hat. Papier hat so gut wie keinen physischen Wert und ein unbegrenztes Angebot. Diese Fronten wurden in Rambouillet und Kingston deutlich. Auf der einen Seite waren die goldproduzierenden Länder Südafrika und Russland, zusammen mit den europäischen Zentralbanken und einer Vielzahl privater Goldkäufer – von enttäuschten Amerikanern bis hin zu arabischen Scheichs. Auf der anderen Seite standen das US-Finanzministerium, die Wall-Street-Banken und das US-Establishment plus das krisengebeutelte Großbritannien. Letztere Fraktion hatte einen entscheidenden Vorteil, nämlich ihren ausgeklügelten Propagandaapparat. Aber die Geschichte spricht eindeutig für die Goldfraktion.

Während die europäischen Zentralbanken wollten, dass das ganze IWF-Gold an die Besitzer zurückgegeben wird, wollten die USA das IWF-Gold auf den freien Markt werfen, um den Goldpreis zu drücken. Dann erschien eine dritte Kraft: die Entwicklungsländer der Dritten Welt, die den Erlös aus den IWF-Goldverkäufen nutzen wollten, um ihre chronischen Zahlungsbilanzdefizite auszugleichen. Diese Entwicklungsländer wollen natürlich, dass das IWF-Gold so teuer wie möglich verkauft wird, um maximale Gewinne zu erzielen. Demgegenüber steht der Wunsch der USA, das Gold auf den Markt zu werfen, um die Preise zu drücken. Die USA können sich dagegen kaum als Feind der unterprivilegierten Länder darstellen.

Nach Rambouillet standen die USA bis auf das wirtschaftlich angeschlagene Großbritannien fast alleine bei ihrem Kampf gegen die Vormachtstellung des Goldes da, während der Rest der Welt stillschweigend, aber dezidiert wieder zum Gold als wichtigste Währungsreserve zurückkehrte. Nach den Gipfeltreffen von Rambouillet und Jamaika machte sich das US-Finanzministerium wieder einmal daran, sein Wunschdenken und seine Antigoldpropaganda in die Welt zu posaunen. US-Finanzminister Simon prahlte: »Wir haben die ultimative Währungsreform in die Wege geleitet, so wie wir uns das vorgenommen haben.« Der britische Finanzminister Denis Healey stimmte brav mit ein: »Wir haben einstimmig beschlossen, das Gold aus dem IWF-System auszumustern.« Nach Jamaika gab es einen Ausverkauf des britischen Pfunds, der italienischen Lira (wobei sogar der italienische Devisenhandel ausgesetzt werden musste), einen Ausverkauf des französischen Francs und eine 10-prozentige Abwertung der spanischen Peseta – alles binnen weniger Wochen nach Simons Ankündigung der »ultimativen Währungsreform«.

Um die Handlungen der USA in Schloss Rambouillet und Kingston, Jamaika, besser zu verstehen – übrigens so wie die europäischen

Banker sie verstehen –, nehmen wir mal an, dass der Leser bei seinen eigenen privatwirtschaftlichen Angelegenheiten so handeln würde wie das US-Finanzministerium. Wenn man also den Schritten der US-Regierung folgen würde, würde das ungefähr so aussehen:

Erstens häufen Sie mal eine Million Dollar Schulden auf Ihrer Kreditkarte, als Dispokredit, Bankkredite, Kredite von Freunden und so weiter an. Frei nach dem Motto: »Was du heute kannst dir borgen, das verschiebe nicht auf morgen.« Und dann gehen Sie shoppen, shoppen, shoppen! Und dann leihen Sie sich noch mehr Geld, damit Sie noch mehr shoppen können. Wenn Sie mehr Schulden haben als Geld auf dem Konto, machen Sie einfach weiter Schulden, bis Sie zehnmal so viele Schulden haben wie Ihr gesamtes Bargeld und alle leicht verkäuflichen Güter, die Sie besitzen.

Als Nächstes machen Sie eine öffentliche Ankündigung und geben zu, dass Ihre Schulden zehnmal so groß sind wie Ihr Kapital. Doch dann verkünden Sie, dass das egal ist, weil diese Schulden jetzt wertlos sind. In Zukunft, erklären Sie Ihrem staunenden Publikum, werden Sie Ihre Schulden in »Smiths« oder »Browns« abzahlen oder irgendeiner anderen Fantasiewährung, die Sie sich aus dem Hut zaubern.

Drittens geben Sie eine neue Erklärung heraus, nach der das Geld Ihrer Gläubiger wertlos ist. Bezeichnen Sie es als »antiquiertes Relikt«. Deklarieren Sie es ab sofort für demonetisiert und erklären Sie, dass das einzige gesetzliche Zahlungsmittel ab sofort »Smiths« und »Browns« sind.

Was würde wohl mit dem Leser passieren, der so ein Husarenstück abzuziehen versucht? Falls er nicht den freundlichen Männern mit den weißen Turnschuhen und den Zwangsjacken in die Hände fiele, wäre lautstarker Hohn wahrscheinlich sein Lohn, gefolgt von einem ernüchternden und denkwürdigen Tag vor Gericht. Es gibt aber leider kein Gericht und keine Gesetze, die die Finanzbeamten und -politiker verurteilen könnten, die mit dem Gewaltmonopol des Staates solche

Aussagen machen und versuchen, eine derart destruktive Politik landesweit umzusetzen.

Das US-Finanzministerium, das Federal Reserve System und der Kongress unterliegen alle dem Wahn, selbst beschließen zu können, was die Menschen als Geld akzeptieren werden. Doch das können sie nicht wirklich. Sie können zwar ein gesetzliches Zahlungsmittel erlassen, aber das ist nicht dasselbe. Was Menschen und Länder im Austausch für ihre Waren und Dienstleistungen akzeptieren, hängt ganz von ihnen selbst ab. Dazu können Papierwährungen zählen oder auch nicht. Historisch gesehen war Geld meistens Gold, Silber, Kupfer oder sogar Eisen. Mittels dieser Währungen hat man stabile Zahlungssysteme etabliert. Man hat sogar Leder, Maulbeerblätter und Reispapier als Geld verwendet. Heute ist es Zellstoff, Tinte und unser gegenwärtiges Schuldensystem. Geschichtlich gesehen waren solche Systeme immer von Instabilität geprägt. Und warum? Weil die Halter solcher Währungen irgendwann immer nach einer robusteren Wertanlage suchen und keine finden. 1946 waren es in Deutschland Seife und Zigaretten. In Südvietnam waren es 1975 die goldenen Taels. Wenn die Katastrophe zuschlägt und das Vertrauen in die Glaubwürdigkeit der Regierung schwindet, suchen die Bürger nach Werthaltigem und ignorieren einfach die künstlichen Instrumente der Regierung oder der Bürokraten.

Bemerkenswerterweise liefert die Regierung selbst häufig die Munition, um das öffentliche Vertrauen in ihr Währungssystem zu zerstören. Fast jede Ausgabe einer Finanzzeitung enthält heute zahlreiche Beispiele dafür. Nehmen wir als zufällig ausgesuchte Ausgabe des *Wall Street Journal* die vom 30. April 1976. Darin erfahren wir, dass 1. über 90 IWF-Angestellte mehr Geld verdienen als der US-Finanzminister, sich aber trotzdem beschweren, weil ihr Lohnanstieg 1976 nur 5,8 Prozent betrug; dass 2. etliche US-Abgeordnete falsche Reiseabrechnungen eingereicht haben – eine Straftat – und dann auch noch die Frechheit besaßen, es zuzugeben, weil sie davon ausgingen, dass die Strafe nur eine leichte Zurechtweisung sein würde; dass 3. genug Preisanstiege gemeldet wurden, um die Behauptung der Regierung Lügen zu strafen, die Inflation sei bei 2 Prozent unter Kontrolle; und dass 4. eine Umfrage der Firma Gallup für die American Bankers Association stolz verkündete, dass 93 Prozent der Befragten (im Vergleich zu 90 Prozent im letzten Jahr) ihre Bankeinlagen für »sehr sicher« oder »ziemlich sicher« erachteten. (Der Artikel enthält keine Aussage dazu, was die immerhin 10 Prozent oder 7 Prozent, die dies nicht so sahen, taten, um ihre Einlagen zu sichern.)

Ein stetiger Strom solcher Nachrichten (an einem zufällig ausgewählten Tag) sorgt für eine allmähliche Erosion des Vertrauens. Es braucht gar keine großen Katastrophenmeldungen, um das öffentliche Vertrauen zu erschüttern. Eine langsame Anhäufung kleinerer Meldungen und Ereignisse bewirkt dasselbe Ergebnis. Das Dilemma des Finanzministeriums wird dadurch erschwert, dass die Finanzbeamten zwar das Problem erkennen mögen, das ihnen ins Haus steht, sie aber durch ideologische Fesseln an kollektivistische Ideale gebunden sind. Daher greifen sie lieber zu den Scheuklappen. Zum Beispiel schilderte Finanzminister Simon angesichts eines Schuldenberges von 100 Milliarden Eurodollar einem Kongressausschuss, es gäbe keinen »Überhang« von unfreiwillig im Ausland gehaltenen Dollars. »Wer will ungewollte Dollars loswerden?«, fragte Simon. »Ich kann niemanden finden.« Der Kongressunterausschluss zum internationalen Handel erklärte zum selben Thema:

> Niemand zwingt ausländische Privatleute, Dollars zu halten. Wenn sie es tun, dann muss man davon ausgehen, dass das in ihrem eigenen Interesse geschieht.[115]

Diese Aussage stammt aus dem Jahr 1975. 4 Jahre zuvor hatten die USA die Umtauschbarkeit des Dollars in Gold aufgehoben. Nach 1971 konnten Ausländer ihre Dollars nicht mehr in Gold umtauschen, nur noch in andere Papierdollar. Diese ausländischen Gläubiger hatten ihre Dollars in dem Glauben erworben, dass sie dafür Gold bekommen würden. Natürlich kann Simon keinen finden, der seine Dollars loswerden will. Es ist, als würde er in unserem Beispiel mit den »Smiths« und »Browns« die Augen schließen und sagen: »Wer will hier seine Währung in Dollar umwandeln? Ich sehe keinen.«

Die Nagelprobe besteht darin, was passieren würde, wenn die USA ankündigen würden, den Dollar wieder frei in Gold umtauschbar zu machen. Denn dann würde Finanzminister Simon wirklich sehen, wer seine Papierdollars behalten will und wer lieber Gold dafür hätte. Als die britische Goldbarrenkommission 1810 damit rang, das Pfund Sterling wieder in Gold konvertierbar zu machen, ließ sie sich fast ein Jahrzehnt lang Zeit. Sie füllte die Tresore der Bank mit genügend Gold, um alle Papiergeldansprüche zu decken, bevor sie mit der Umtauschbarkeit des Papierpfunds wieder an die Öffentlichkeit ging.

Um die Konvertierbarkeit des Dollars wieder herzustellen, ohne einen Ansturm auf die US-Schatzkammer auszulösen, bräuchten die USA heute (zum alten amtlichen Preis von 35 Dollar je Unze) mindestens 100 Milliarden Dollar in Gold in den Tresoren. Sie haben jedoch nur 12 Milliarden Dollar. Alternativ könnte man natürlich den Goldpreis frei durch den Markt bestimmen lassen – aber das ist ja genau, worum es beim Krieg gegen das Gold geht: den Goldpreis künstlich niedrig zu halten, um den Dollar zu schützen.

Um zu erkennen, dass das bald so nicht mehr weitergeht, müssen wir uns die Bedeutung der Umtauschbarkeit des Dollars in Gold vor Augen führen. Wenn Währungen frei handelbar sind, kann jeder zu den aktuellen Marktpreisen seine Währungen beliebig umtauschen. Ein frei handelbarer Dollar bedeutet, dass man seine Dollars immer gegen Gold eintauschen kann und sein Gold immer gegen Dollars. Wenn diese Umtauschbarkeit ausgesetzt wird, bedeutet das, dass man kein Gold mehr für sein Papiergeld bekommt. Wer es unbedingt will, bekommt natürlich immer noch Papierdollars für sein Gold.

Wenn die Umtauschbarkeit ausgesetzt ist und der Dollar nicht gegen Gold eingetauscht werden kann, bleiben die Dollarbesitzer auf ihrem Papiergeld hocken. Die Goldbesitzer können jedoch immer Papiergeld bekommen. Es ist also nicht die Austauschbarkeit des Goldes betroffen, sondern nur die des Papiergeldes. Der Pleitekandidat sind die USA, die ihre Schulden nur in Papierdollar begleichen können, da das physische Gold nicht mehr ausreicht. Entgegen der Propaganda des Finanzministeriums ist es also der Dollar, der seit 1971 demonetisiert (entwertet) wurde – und nicht das Gold.

Wenn das US-Finanzministerium das Gold wirklich auf eine dauerhafte und handfeste Weise demonetisieren wollte, dann würde es das nicht durch die Aussetzung der Umtauschbarkeit des Dollars erreichen. Das Finanzministerium müsste die Umtauschbarkeit des Goldes aussetzen. In der Praxis haben die USA jedoch 1971 die Umtauschbarkeit des Dollars aufgehoben und einfach behauptet, Gold wäre jetzt aus dem Weltfinanzsystem ausgemustert. Das ist Unsinn aus Wolkenkuckucksheim. Die wichtigste Frage ist, ob die USA ihre Schulden in Gold begleichen könnten, wenn die ausländischen Dollarbesitzer das verlangen würden. Die Antwort lautet eindeutig: *Nein!* Daher sind die USA streng genommen pleite. Das Gold hat bereits gewonnen.

Die Gipfeltreffen in Rambouillet und Jamaika führten den Europäern jedenfalls vor Augen, dass das US-Finanzministerium nicht vorhatte, seinen Wolkenkuckucksheim-Traum der Vormachtstellung des Dollars im internationalen Finanzsystem aufzugeben. Das Finanzsystem der Welt ist nun zweigeteilt, auch wenn die Welt das noch nicht begriffen hat: Es gibt auf der einen Seite den US-dominierten IWF, der die Vorherrschaft des Papierdollars sichern soll; auf der anderen Seite gibt es die europäisch dominierte Bank für Internationalen Zahlungsausgleich, die sich für feste, ans Gold gebundene Wechselkurse einsetzt.

Am Ende des Weges wird ein wertloser Papierdollar verworfen werden. Ein sicherer, goldgedeckter Dollar würde obsiegen.

KAPITEL 10

Der neue Goldmarkt

»Der Papierdollar ist ein ›Schuldnix-Schein‹, so wie alle Papierwährungen der Welt heute. Solche ›Schuldnix-Währungen‹ sind am freien Markt nur handelbar gegen ›Schuldnix-Währungen‹ aller anderen Zentralbanken. Wir leben in einer Welt des wertlosen, nicht konvertierbaren Papiergeldes, ein Zustand, der in der Weltgeschichte einzigartig ist.«

John Exter, ehemaliger Vizepräsident der Federal Reserve Bank of New York

---

Die jahrzehntelange Geschichte des modernen Papiergeldbooms fand im Herbst 1975 ein krachendes Ende. Die Konferenz von Rambouillet stellte die Rolle des Goldes im internationalen Finanzsystem wieder her. Diese Entscheidung wurde auf dem Jamaika-Gipfel des IWF im Januar 1976 bestätigt. Die neu erstarkte Bank für Internationalen Zahlungsausgleich (BIZ) wird im Sinne der europäischen Zentralbank und einiger anderer Zentralbanken handeln, während der IWF zu einer Inflationsmaschine verkommt, die Dritte-Welt-Ländern schnelles Geld und leichte Kredite gewährt.

Als die Teilnehmer von Rambouillet dem Verkauf des IWF-Goldes zustimmten, haben sie nicht nur die Teilung der Welt in Progold- und Antigoldlager beschlossen, sondern gleichzeitig Mechanismen eingeführt, um Gold als Sicherheit für internationale Kredite und als Zentralbankreserve zu verwenden. Was bedeutet diese Rückkehr des Goldes zum Weltfinanzsystem für den Goldmarkt der kommenden Jahrzehnte? In diesem Kapitel betrachten wir zuerst die Angebotsseite des Goldes und dann die Nachfrageseite – vor allem die langfristigen Faktoren, die den Goldmarkt betreffen. Dabei betrachten wir auch den »Überhang« des US-Finanzministeriums und des IWF, der Unsicherheit schüren soll, um den Goldpreis zu drücken und die Stimmung im Markt zu verschlechtern. Schlussendlich betrachten wir die Zukunft des Goldes in diesem neuen Marktumfeld.

Das Goldangebot

Südafrika: Zwei Drittel des Goldes der Welt stammen aus einer einzigen Quelle: einem 500 Kilometer langen Halbkreis, der von Johannesburg, Südafrika, aus nach Ost und West verläuft. Dieser reichhaltige, aber schwer abbaubare Goldgürtel wurde 1886 entdeckt und mit jeder Menge technischer Raffinesse im letzten Jahrhundert abbaubar gemacht. Die Südafrikaner haben dafür die fortschrittlichste Tiefbergbautechnologie der Welt erfunden, da diese unvorstellbar reichhaltige, aber geologisch tückische Schatzkammer zwischen 3 und 5 Kilometern tief unter der Erde begraben liegt. Weder die Goldvorkommen von Australien noch die von Kanada oder anderswo weisen die bemerkenswerte Beständigkeit der südafrikanischen Vorkommen auf. Als Dreingabe haben viele südafrikanische Bergwerke außerdem noch Uranvorkommen (U308 bringt heute über 40 Dollar pro Pfund). Dieses Goldvorkommen wird auf langfristige Sicht technisch und geologisch unverändert bleiben.

Die Goldproduktion der Welt stieg von 6 Millionen Unzen im Jahr 1870 auf etwa 40 Millionen Unzen im Jahr 1974. Die Grafik auf Seite 188 veranschaulicht die Führungsrolle Südafrikas bei der weltweiten Goldproduktion.

Sowjetunion: Die UdSSR produziert im Jahr etwa 420 Tonnen Gold (etwa achtmal so viel wie die USA), etwa 28 Prozent der gesamten Weltproduktion. Die Sowjets bauen ihre Produktion und ihren Anteil am Weltmarkt immer weiter aus. Schon 1920 erkannte Lenin die Bedeutung des Goldes, um ausländische Technologie kaufen zu können. Seitdem spielt Gold eine herausragende Rolle bei den sowjetischen Auslandsfinanzen.[116]

Nach dem Vorbild des kapitalistischen Klassenfeindes und mit gesundem Respekt vor der Finanzgeschichte der Welt ist die Sowjetunion ein fanatischer »Gold Bug«* und hält das Gold für den Grundbaustein des Weltfinanzsystems. Ihr Realitätssinn ist verständlich, denn wer nimmt schon wertlose Papierrubel an? (Genauso wie die Vereinigten Staaten sich langsam fragen müssen, wer wertlose Papierdollars annehmen wird.)

Die Sowjets nahmen sich ein Beispiel am erfolgreichen südafrikanischen Krügerrand und legten 1975 den Tscherwonetz von 1923 wieder auf, eine Zehnrubelmünze mit einem Goldgehalt von 7,74 Gramm oder rund einer Viertel Feinunze. Die Neuauflage von 1975 sah bis auf das Datum und das Prägezeichen genauso aus wie das Original von 1923, inklusive der Gravur »Arbeiter der Welt, vereinigt euch«.

Die erste Prägung von 250 000 Münzen wurde auf dem Weltmarkt verkauft, darunter 50 000 an Käufer in den USA und 50 000 nach Westeuropa. Die Münzen wurden zu einem satten Aufpreis auf ihren

---

* Anm. d. Verlages: Der Begriff »Goldbug« (engl.: *gold bug*) heißt übersetzt »Goldkäfer« und beschreibt Investoren, die Gold kaufen und auf einen langfristigen Bullenmarkt spekulieren.

Grafik 10-1: **Weltgoldproduktion im Jahr 1974**

Gesamtproduktion 1454 Tonnen = 100 Prozent

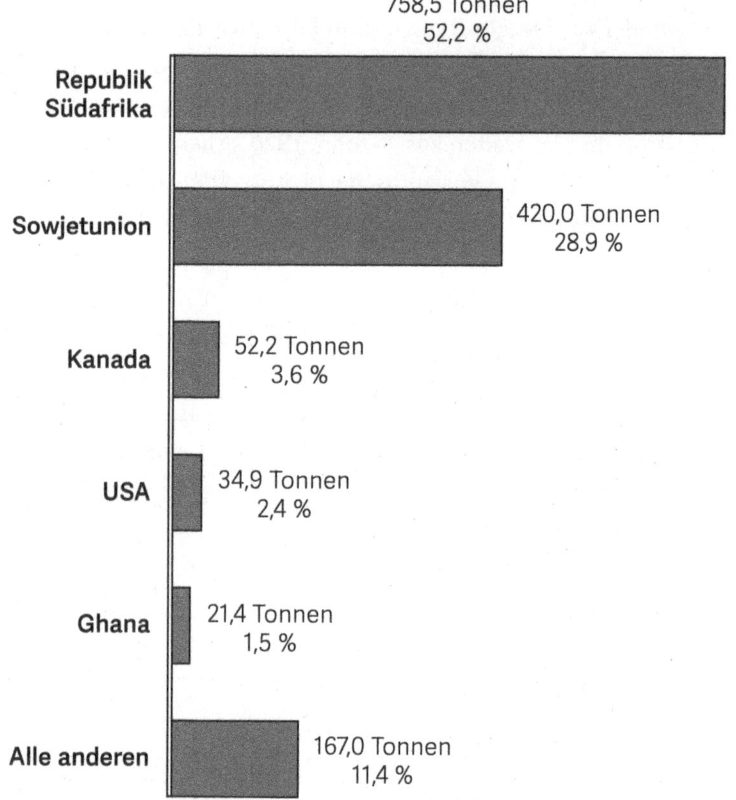

Quelle: GOLD 1975, Consolidated Gold Fields Ltd., Seite 15.

reinen Goldwert verkauft. Der Tscherwonetz ist in der Sowjetunion ein legales Zahlungsmittel – auch wenn Sowjetbürgern der Besitz, genau wie der aller anderen Goldmünzen, verboten ist. Die rasche, internationale Akzeptanz des Tscherwonetz ist jedoch ein weiteres

Zeichen dafür, dass Gold als internationales Zahlungsmittel wieder da ist, während Papierwährungen immer weniger stabil sind.

Die sowjetische Einstellung zum Gold wird sich so rasch nicht ändern. Seit 50 Jahren verwenden die Sowjets Gold, um ausländische Technologie zu kaufen und ihre träge sozialistische Wirtschaft zu unterstützen. Während der gelegentlichen Hungersnöte kaufen sie mit Gold Weizen ein. Die Propagandaerklärung für den sowjetischen Weizenmangel ist nicht glaubwürdig: Angeblich sind ungünstige Klimabedingungen an den schlechten Ernten schuld. 1900 war Russland der größte Weizenproduzent und Exporteur. In Wahrheit liegen die Ernteausfälle an dem sowjetischen Unterdrückungssystem und der rigiden Planwirtschaft. Daher wird das Land auf absehbare Zeit weiterhin Gold verkaufen, um mit ausländischen Devisen Weizen einkaufen zu können, solange sein planwirtschaftliches System fortbesteht. Ein Großteil der jüngsten sowjetischen Weizenkäufe ist jedoch langfristig eingelagert worden. Das könnte auch Auswirkungen auf zukünftige Weizenkäufe haben – und daher auch auf Goldverkäufe. Die Bedeutung der sowjetischen Goldverkäufe für den Weltmarkt liegt darin, dass sie das Angebot erhöhen und den Goldpreis drücken. Daher bemerkte der südafrikanische Präsident Dr. Nicolaas Diederichs: »Die Russen sind zwar nicht unsere Freunde, aber trotzdem wünschen wir ihnen nächstes Jahr eine üppige Weizenernte.«[117]

Die US-Finanzelite teilt jedoch Dr. Diederichs' realistische Einstellung gegenüber der Sowjetunion nicht. Ihre Anführer hofieren lieber russische Kommunisten, um lukrative Aufträge zu erhalten. Zum Beispiel der Pepsi-Cola-Vorsitzende Donald Kendall, der vor Kurzem bei einem Abendessen im Kreml eingeladen war, bei dem Staatsoberhaupt Leonid Breschnew als Redner auftrat. Kendall begeisterte sich, wie viel Glück er und seine amerikanischen Kollegen hatten, »den großen Charme dieses in der heutigen Welt herausragenden Staatsmannes« zu erleben. Außerdem drückte Kendall sein »enormes Vertrauen« in den

KP-Generalsekretär Breschnew aus, vermutlich sogar ohne sich an seinem Wodka zu verschlucken.

Es war ein eiskalter Kontrast zu Kendalls Pepsi-seligen Illusionen, als die sowjetische Narodny Bank am 21. Dezember 1976 0,5 Milliarden Dollar auf den Devisenmarkt von Zürich warf und New York zu hektischen Stabilisierungsmaßnahmen zwang.[118] Dieses Marktgeschehen verweist auf die größte Unbekannte auf dem Markt für das kommende Jahrzehnt, nämlich wie und wann die Sowjets ihren Plan zur finanziellen Kriegsführung gegen die USA umsetzen werden. Dieser Plan befindet sich im Frühstadium: Die Sowjets setzen Dritte-Welt-Länder unter Druck, ihre westlichen Schulden nicht mehr zu bedienen. Sie sind aber noch nicht so weit, die sowjetischen Goldreserven dafür zu instrumentalisieren. Die Rolle der Sowjets ist das große Fragezeichen für die 1980er-Jahre.

Die Goldnachfrage

Geschichtlich betrachtet ist die Nachfrage nach Gold schon immer mit ihrem Einsatz als Währung verbunden. Die Verwendung des Goldes als Schmuck und Industrierohstoff macht nur einen winzigen Bruchteil der heutigen Goldkäufe aus. Gold wird hauptsächlich von Regierungsmünzstätten und Zentralbanken als Reservewertanlage und Münzmaterial verwendet. Sogar zu den Hochzeiten der Papiergeldwährungen kaufen Zentralbanken Gold immer noch zu einem Preis von 35 Dollar je Unze ein.

Der Krieg gegen das Gold zielt vor allem darauf ab, diesen Teil des Marktes zu entfernen. Der Goldmarkt ist seit Beginn des Krieges immer dünner geworden (das heißt weniger Käufer und Verkäufer). Aber alle Anzeichen sprechen dafür, dass das nicht mehr lange so bleiben wird.

Die Tatsache, dass Paniksituationen außerordentliche Goldaufkäufe durch den Privatsektor bewirken, wird die künftige Nachfrage prägen. Grafik 10-2 zeigt Privatgoldkäufe im Vergleich zum Weltvorrat. Dabei kann man feststellen, dass es in 5 der letzten 10 Jahre eine Bewegung des Goldes von öffentlicher (staatlicher) Reserve in Richtung Privatbesitz gab. Der Aufkauf von 2500 Tonnen zwischen Oktober 1967 und März 1968 ist besonders bemerkenswert, vor allem im Vergleich zum gesamten US- und IWF-Vorrat von 12 000 Tonnen. An nur einem Tag, am 14. März 1968, wurden 400 Tonnen aufgekauft – oder etwa zweimal so viel wie der gesamte Industrieverbrauch von Gold in den USA im Jahr.

1975 drehte sich auf dramatische, wenn auch teilweise noch versteckte Weise die Goldsituation. Die öffentliche Aufmerksamkeit konzentrierte sich auf den Krieg der USA und des IWF gegen das Gold. Aber die Wiederbelebung der BIZ, das erklärte Interesse der europäischen Zentralbanken am Goldkauf und die allgemeine Währungsinstabilität legten den Schluss nahe, dass Gold bei Weitem nicht demonetisiert, sondern in Wahrheit ein Comeback als Währungsgrundlage erlebte.

Dem alarmierten US-Kongress ist eine solche Möglichkeit bereits aufgefallen. Der Gemeinsame Unterausschuss für Internationale Wirtschaft (engl.: Joint Senate-House Subcommittee on International Economics) des Senats und des Abgeordnetenhauses hat in Person seines Vorsitzenden, dem Abgeordneten Henry S. Reuss, die Vorstöße von Rambouillet zur Rückführung der Goldreserven an die Mitgliedsstaaten mit Bestürzung betrachtet. Reuss drückte seine Sorge aus, dass dadurch die Rolle des Goldes im Weltfinanzsystem bestärkt würde:

> Genauso wichtig wie die Ungerechtigkeit der Rückführungsklausel ist die damit verbundene Tendenz, die monetäre Rolle des Goldes zu stärken, anstatt sie zu schwächen. In den Tresoren des IWF ist das Gold mehr oder weniger unbeweglich. Aber sobald es an die nationalen Zentralbanken zurückgeht, könnte das Gold sehr wohl

Grafik 10-2: **Der Goldmarkt: Weltvorrat/Privatkäufe, 1956–1975 in Tonnen**

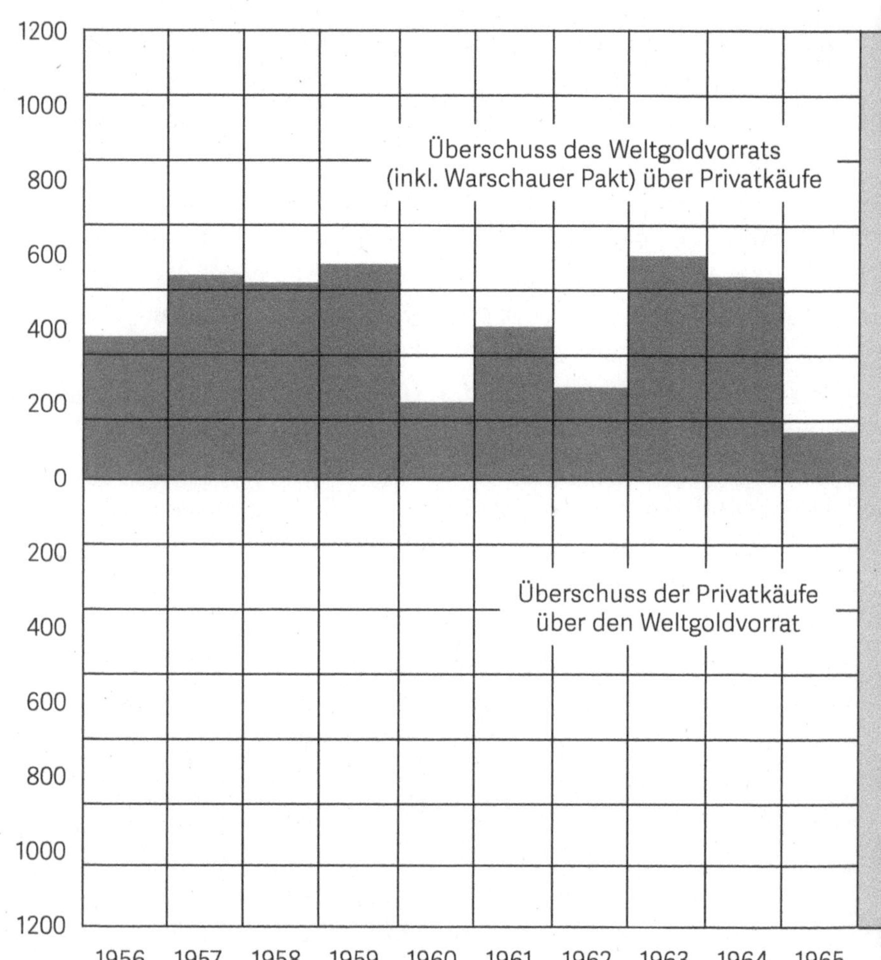

Der neue Goldmarkt

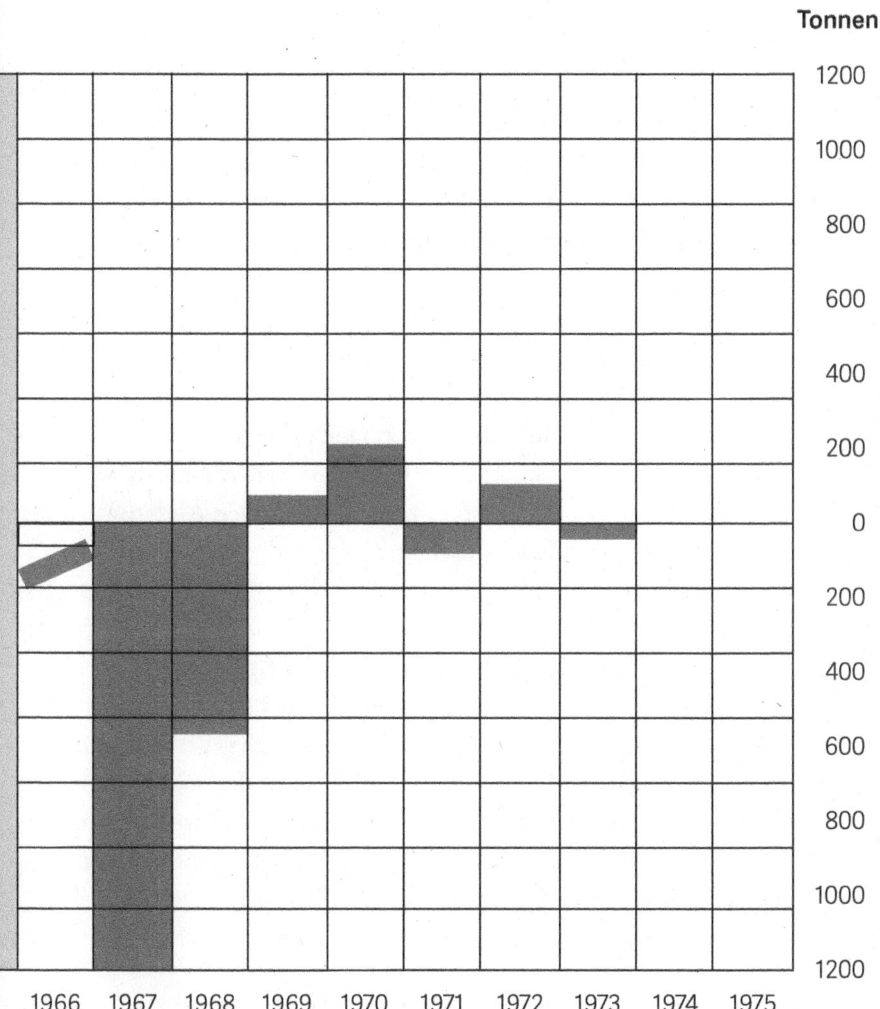

Quelle: Volkskas, *Finance and Trade Review*, Seite 84.

> eine größere Rolle beim internationalen Zahlungsverkehr spielen als heute. Und wenn Zentralbanken ihre Goldreserven zurückerhalten und zum Marktpreis bewerten, wird das den Bedarf nach zukünftigen SDR-Tranchen* bremsen.[119]

Die Nachfrage nach Gold kommt im Wesentlichen immer noch von außerhalb der USA, von europäischen Zentralbanken, institutionellen Käufern und Privatanlegern. Der Rothschild Investment Trust London führt beispielsweise in seinem Jahresbericht 1975 einen Eintrag, der in keinem amerikanischen Investment vorzufinden wäre. Unter Umlaufvermögen steht dort bei Rothschild »Goldmünzen« mit einem Marktwert von über 10 Millionen Dollar. Am 31. März 1975 stellte das beinahe ein Drittel der gegenwärtigen Wertanlagen des Rothschild Investment Trust dar.

Der Großteil der südafrikanischen Goldproduktion wird in Zürich vermarktet, obwohl der Londoner Goldpreis weltweit als Maßstab gilt. Im Laufe des Jahres 1975 kam es zu einer wichtigen Änderung in der Vermarktung von südafrikanischem Gold, und zwar aufgrund veränderter Nachfragemuster, die uns einiges über die Zukunft aussagen können. Anfang 1975 wurden nur etwa 10 Prozent der südafrikanischen Goldproduktion für die Herstellung des Krügerrand verwendet, der berühmten 1-Unzen-Münze, die meist nicht von Zentralbanken, sondern von Privatpersonen gekauft wird, die sich gegen eine Inflation wappnen wollen. Ende 1975 gingen 25 Prozent der südafrikanischen Goldproduktion in die Krügerrandherstellung. Viel weniger südafrikanisches Gold erreichte also die großen Weltmärkte. Münzhändlern zufolge waren Testmarketingaktionen für den Krügerrand in Philadelphia, Houston und Los Angeles unglaublich erfolgreich. Der Krüger-

---

* Anm. d. Verlages: Der Begriff *Special Drawing Rights* (SDRs) meint das Sonderziehungsrecht beziehungsweise Reserveguthaben, das 1969 vom IWF eingeführt wurde.

randvertrieb Intergold nahm eine große New Yorker Werbeagentur unter Vertrag, Doyle, Dane and Bernbach, um seine Goldmünzen direkt an die amerikanischen Bürger zu vermarkten, die bisher nur die Antigoldtaktiken der US-Regierung kannten. Die Reaktion war in der Tat umwerfend. Ende 1975 lag das Verkaufsvolumen des Krügerrand bei 5 Millionen Münzen pro Jahr – fast genauso viel wie die Menge, die der IWF 1976 zu verkaufen gedachte.

Diese enorme Privatnachfrage nach Gold, als Absicherung gegen eine Inflation, hatte bereits die Märkte der späten 1960er-Jahre gekennzeichnet und trug wesentlich zur Goldpool-Krise 1967 bei. Im Zeitraum von 1945 bis 1956 konnten die Zentralbanken fast die Hälfte des neuproduzierten Goldes aufkaufen, das auf den Markt kam. 1960 bis 1966 bekamen die Zentralbanken und Währungsbehörden nur noch 26 Prozent davon ab. 1967 und 1968 mussten die Betreiber des Goldpools so viel Gold verkaufen, wie in 2 Jahren produziert wird, um den Preis auf dem freien Markt zum amtlichen Preis zu deckeln: 2500 Tonnen.[120]

Vom US-Finanzministerium einmal abgesehen, hat sich die Einstellung vieler großer Länder, die früher einmal wenig begeistert von Gold gewesen waren, seit dem Inflationszuwachs 1973 bis 1974 stark geändert. Dr. Diederichs hat angemerkt, dass selbst die goldfeindlichen Italiener jetzt begriffen haben, dass das Gold zur Absicherung von Schulden dienen kann, die auf andere Weise nicht zu gewährleisten ist. In Ländern wie Brasilien gab es eine dramatische Zunahme beim Industriebedarf von Gold. 1968 brauchte Brasilien nur 3 Millionen Dollar im Jahr an Gold, doch bis 1975 benötigte die brasilianische Industrie Gold im Wert von 237 Millionen Dollar. Dieser Verbrauch verlangte (zusätzlich zur einheimischen Goldproduktion) jährliche Importe von etwa 50 Tonnen Gold.

Als der Londoner Goldpool 1967 auseinanderbrach, taten sich zwei mögliche Wege für die internationale Finanzpolitik auf. Erstens würden die USA ihre Anstrengungen verstärken, das Gold zu demonetisieren.

Doch nach der Ära des Goldpools waren diese Anstrengungen sehr deutlich als Abwehrkampf zur Verteidigung des Dollars zu erkennen. Zweitens begannen andere Länder, angeführt von den großen europäischen und ein paar arabischen Erdöl produzierenden Ländern, nach einer Alternative zur Vorherrschaft des Dollars zu suchen. Die kommunistischen Länder blieben natürlich bei ihrer gnadenlosen, vom Staat mit Gewalt durchgesetzten Papiergeldpolitik. Nach außen hin fuhren sie jedoch eine pragmatische und ausgeklügelte Goldstrategie und zählten so zum Progoldlager.

Das zweigleisige System, das Guido Carli 1967 vorgeschlagen hat, wurde vom US-Finanzministerium unterstützt, weil die Zentralbanken Gold zum niedrigen amtlichen Preis tauschen konnten und sich dazu verpflichteten, nicht auf den Privatmärkten in London oder Zürich zu intervenieren, um Gold zu kaufen. Der private Ankauf 1966, 1967 und 1968 überstieg jedoch alle in diesen Jahren neu produzierten Goldvorräte der Welt. Die Zentralbankreserven nahmen in dieser Zeit nicht zu. Wenn die Zentralbanken als Käufer auf dem Privatsektor des zweigleisigen Goldmarktes aufgetreten wären, wäre der Preis durch die Decke gegangen. Während das US-Finanzministerium also mithilfe des zweigleisigen Abkommens die Verwendung des Goldes eingeschränkt hatte, hatte es weder das Gold noch die Nachfrage nach diesem »barbarischen Relikt« aus der Welt geschafft. Eine Weile lang ignorierten die Antigoldkräfte das zweite Gleis in der Hoffnung, neue Vorräte aus Russland und Südafrika würden die Nachfrage der Privatkäufer übertrumpfen und somit den Goldpreis drücken. Solche Hoffnungen waren natürlich vergebens.

Es ist nicht klar, wie streng sich die Zentralbanken selbst an das zweigleisige System hielten. In Kapitel 7 haben wir gesehen, dass alle Zentralbanken, bis auf die USA, Großbritannien und Dänemark, im Jahrzehnt zwischen 1960 und 1970 ihre Goldreserven aufgestockt haben. Nach den Verlusten des Goldpools gab es einen *Nettozuwachs* der Goldreserven. Entweder zogen sich die europäischen Staaten aus dem Goldpool zurück, als ihre Reserven höher als 1960 waren, oder sie beschafften sich in der Zwischenzeit auf andere Weise Gold. Jedenfalls ging das US-Finanzministerium davon aus, dass der Privatmarkt im zweigleisigen System nicht alles neue Gold aufnehmen könne, selbst angesichts des hohen Privatankaufs von 1966, 1967 und 1968. Daher würde der Goldpreis gedrückt werden oder wenigstens auf dem Niveau des amtlichen Kurses bleiben – mit dem geringen Risiko, dass das zweigleisige System die »Preisuntergrenze« markieren würde.

Das öffentliche Vertrauen in die Währungssysteme der Welt und den Wert des Papiergeldes als Handelsmedium und Wertanlage ist der wichtigste langfristige Faktor bei der Nachfrage nach Gold. Dieses Vertrauen schwindet, wenn sich ein Papiergeldsystem als nicht werthaltig erweist. Dann versuchen die Papiergeldhalter, ihr Geld in Gold oder andere handfeste Wertanlagen zu tauschen. Wenn das Papiergeld als Währung nicht mehr akzeptiert wird, wie zum Beispiel in Deutschland 1946, übernimmt die Tauschwirtschaft. Aufgrund ihres hohen Wertes im Verhältnis zu ihrem Gewicht werden sich Goldmünzen eher nicht als Alltagszahlungsmittel durchsetzen. (Obwohl es im 19. Jahrhundert völlig üblich war, seinen Lohn in Goldtalern, Napoleons oder Dollars ausgezahlt zu bekommen.)

Die langfristigen Faktoren, die den Goldpreis bestimmen, sind mehr oder weniger fix: Kleine, berechenbare Mengen an neuem Gold erreichen stetig den Markt. Die Menge des neugedruckten Papiergeldes und der neuen Schulden ist dagegen praktisch unbegrenzt und kann von den Regierungen jederzeit nach Gutdünken erhöht werden. Das Verhältnis Gold zu Papiergeld verlagert sich deshalb ständig in Richtung mehr Papier und einer konstanten Goldmenge.

Ein weiterer langfristiger Faktor, der den Goldpreis beeinflusst, ist womöglich die wachsende Einsicht, dass das Argument, »es gäbe zu wenig Gold, um als Währungsreserve zu dienen«, absurd ist und von einem wahrhaft kindischen Wirtschaftsverständnis zeugt. Genauso gut könnte man sagen, dass es auf der Welt zu wenig Cadillacs gibt (wenn der Preis eines Cadillac von der Regierung bei 100 Dollar festgesetzt würde) oder zu wenig Luxusjachten (wenn die Regierung den Preis einer Luxusjacht bei 500 Dollar festlegen würde). Natürlich gibt es zu wenig Gold, um bei einem Goldpreis von 35 Dollar oder auch 42 Dollar je Unze die gesamte Nachfrage zu befriedigen. Der Preis auf dem freien Markt beträgt zum Zeitpunkt der Verfassung dieses Buches zwischen 120 und 140 Dollar je Unze. Was wäre der marktübliche Preis, wenn wir eine 100-prozentige Golddeckung für den Papierdollar voraussetzen würden? Mit anderen Worten, was würde passieren, wenn das US-Finanzministerium versprechen würde, jeden Papierdollar auf Verlangen in Gold umzutauschen? Nach der Einschätzung von Richard A. Marker läge der Goldpreis bei einem komplett umtauschbaren Dollar bei 1500 Dollar je Unze. Wenn alle Weltwährungen durch Gold abgesichert wären, läge der Goldpreis bei etwa 5800 Dollar je Unze.[121]

Ein weiterer möglicher Einflussfaktor auf den langfristigen Goldpreis sind das Ausmaß und die Gestaltung des ausländischen Dollarüberhangs – also die ungewollten Dollars und Eurodollars, die weltweit im Umlauf sind oder von Zentralbanken und anderen Institutionen gehalten werden. Eine vernünftige Einschätzung ihres Volumens kommt von Renaldo Levy, dem Vizepräsidenten der Marine Midland Bank of New York (eine der »Problembanken« auf der »Schwarzen Liste« von 1974):

> Zum Überhang zähle ich unerwünschte Dollarguthaben auf Konten von Zentralbanken in OPEC- und Industrienationen. Ich schätze diesen Überhang auf etwa 50–75 Milliarden Dollar.[122]

Vor demselben Kongressausschuss steckte Finanzminister Simon seinen Kopf in den Sand, was den ungewollten Dollarüberhang anging. Er rief den Ausschussmitgliedern entgegen: »Wer will ungewollte Dollars loswerden? Ich kann niemanden finden.«[123]

Wenn die Eigentümer kurzfristiger Ansprüche 50–75 Milliarden Dollar in Gold einfordern würden, würde der Goldpreis aus dem Stand durch die Decke schießen auf über 1000 Dollar pro Unze. Das ist der Hauptgrund, warum das Finanzministerium das Gold von der Währung loskoppeln will. Bedauerlicherweise haben sich amerikanische Politiker eingeredet, dass alle anderen in der Welt mitmachen werden, wenn die wirtschaftlich-politische Kaste in Washington das Gold als Währungsreserve abschreibt – was für den langfristigen Wohlstand der USA nichts Gutes bedeutet. Aber der Rest der Welt macht das eindeutig nicht mit. Andere Länder respektieren aus guten und gültigen historischen Gründen immer noch die Disziplinierung durch den Goldstandard – oder erkennen zumindest, dass der langfristige Sieg des Goldes unvermeidbar ist, und planen dementsprechend.

Das US-Finanzministerium als Absturzbeschleuniger

Der wichtigste kurzfristige Faktor, der Auswirkungen auf den Goldmarkt der späten 1970er- und frühen 1980er-Jahre hat, werden die Verkäufe der USA und des IWF sein.

Nachdem die Bürokraten des US-Finanzministeriums beschlossen haben, das Gold für immer aus dem internationalen Zahlungsverkehr zu verbannen, sah sich Washington mit den nicht leicht zu bewältigenden Problemen konfrontiert, diese ideologische Entscheidung auf der Welt durchzusetzen. Zumindest Finanzverwalter sollten wissen, dass ein bloßes Edikt des Finanzministeriums die Privatanleger kaum dazu bringen wird, Asche auf ihr Haupt zu streuen und ihre Goldbestände zu verkaufen – selbst wenn diese Finanzverwalter völlig geschichtsvergessen sein sollten, was die Südsee-Blase, den englischen Goldbarrenbericht von 1810, die französischen Assignaten, den Kontinentaldollar, die Greenbacks und das jahrhundertealte Tauziehen »Papiergeld versus Gold« angeht.

Was hat das Finanzministerium getan?

Der Goldmarkt brauchte einen »Dämpfer«. Der Privatkunde musste davon abgebracht werden, als Inflationsschutz in Gold zu investieren. Die Zentralbanker waren ausgestiegen; 1967 wurde die gesamte Goldproduktion von Privatkunden aufgekauft. Die logische Konsequenz der Demonetisierung des Goldes – sprich alle US-Goldreserven auf den Markt zu werfen – war und bleibt unmöglich. Sogar der fanatischste Goldgegner beim US-Finanzministerium würde sich nicht so weit aus dem Fenster lehnen. Die heimliche US-Politik (die offiziell geleugnet wurde) war, den Goldmarkt mit kleineren Goldverkäufen von Zeit zu Zeit zu dämpfen, zusammen mit lautstarkem Getöse und Propaganda, um den Goldpreis zu drücken. Mit anderen Worten, das US-Finanzministerium wollte eine permanente Baisse-Stimmung auf dem Goldmarkt erzeugen.

Die US-Regierung kann sich jedoch nicht offen als Marktmanipulator zu erkennen geben. Deshalb bestreitet sie offiziell jegliche Absicht, den Goldpreis zu drücken. Unter anderem könnten gewisse rechtliche Komplikationen auftreten, wenn die USA Gold nicht an den Meistbietenden verkaufen würden, wozu sie laut US-Rechnungshof beim Verkauf von sämtlichem Regierungseigentum verpflichtet sind.[124] Während die Regierung offiziell bestreitet, den Goldpreis zu drücken, hat ein Finanzministeriumsbeamter offiziell zugegeben:

> Man muss den Verkauf auch durchführen, um zu zeigen, dass das Gold demonetisiert ist. Man muss die Karten auf den Tisch legen. Die USA verkaufen Gold, um zu zeigen, dass es uns nicht schadet, sondern nützt – dass wir sogar Spaß daran haben.[125]

Diese Aussage ist so demagogisch, dass es einem den Atem verschlägt. Es geht hier natürlich nicht darum, was für die amerikanischen Bürger am besten ist, das ist klar. Es geht darum, was für die Regierung am besten ist, um eine ideologische Haltung zu unterstützen, die von Finanzbeamten scheinbar unter Druck von außen eingenommen wurde. »Wir behaupten nicht, dass das klug oder richtig oder gar ehrlich ist«, scheint dieser Finanzbeamte zu sagen. »Wir müssen es einfach tun. Deshalb machen wir gute Miene zum bösen Spiel.«

Auf jeden Fall war der erste Verkauf von 2 Millionen Unzen durch das US-Finanzministerium für Januar 1975 geplant. Es war vermutlich kein Zufall, dass im selben Monat der Goldbesitz für amerikanische Bürger wieder legalisiert werden sollte. Das US-Finanzministerium führte diese Aktion auf eine Weise durch, die scheinbar so wenig wie möglich Gewinn erzielen sollte, anstatt das Gold an den Meistbietenden zu Höchstpreisen zu verkaufen. Das Finanzministerium suchte Gebote, die zwischen 1 Dollar je Unze und 185 Dollar je Unze lagen. Es akzeptierte dann jedoch nur etwa 100 von 219 Geboten. Alle Gebote über einem scheinbar willkürlich gewählten Preis von 153 Dollar je Unze wurden angenommen. Alle, die darunterlagen, gingen leer aus. Da das Gold auf dem Markt in London bei 168 Dollar pro Unze lag, wurde der Preis in London durch die Versteigerung des US-Finanzministeriums effektiv gedrückt. Tatsächlich verkaufte das US-Finanzministerium jedoch nur 750 000 Unzen, nicht einmal die Hälfte der 2 Millionen Unzen, die angeblich im Angebot waren.

Um den Gewinn für die Regierung (und die US-Bürger), wie gesetzlich vorgeschrieben, zu maximieren, hätte das Finanzministerium vielmehr den Rechnungshof anweisen sollen, immer wieder kleine Mengen Gold zu einem Preis etwas unterhalb des gängigen Marktpreises zu verkaufen. Ein normaler Verkäufer preist sein Produkt an. Er erzählt seinen Kunden nicht, wie wertlos es ist. Wenn ein Verkäufer jedoch große Mengen auf den Markt wirft, nur die Hälfte der Angebote annimmt, seinen Verkauf in einem heruntergekommenen Lagerhaus in einem Washingtoner Hinterhof abhält und sein Produkt als überflüssiges, nutzloses, »barbarisches Relikt« beschimpft – dann will er offensichtlich den Preis drücken. Als die Auktion fertig war, sprach Finanz-

Tabelle 10-1: **Ausländische Käufer von US-Gold**

Auktion am 8. Januar 1975		
Ausländischer Käufer	**Menge (Feinunzen)**	**Preis (Dollar pro Unze)**
Credit Suisse	57 000	160,00–173,50 Dollar
Dresdner Bank	387 600	157,00–174,00 Dollar
N. M. Rothschild & Söhne	15 000	169,00–172,00 Dollar
Schweizerischer Bankverein	40 000	172,50 Dollar
Sharps, Pixley, Inc.	41 600	157,11–167,50 Dollar
Macotta Metals Corp.	7200	167,78–168,28 Dollar
Auslandsverkauf gesamt		548 400 Unzen
Goldverkauf gesamt		754 000 Unzen
Durchschnitt		165,67 Dollar
Ausländischer Anteil in Prozent		70,0 %

Auktion am 30. Juni 1975		
Ausländischer Käufer	**Menge (Feinunzen)**	**Preis (Dollar pro Unze)**
Credit Suisse	4000	165,05 Dollar
Compagnie de Banque et d'Investissements	29 750	165,05 Dollar
N. M. Rothschild & Söhne	75 750	165,05 Dollar
Schweizerischer Bankverein	140 000	165,05 Dollar
Johnson Matthey Bankers Ltd.	6250	165,05 Dollar
Samuel Montagu & Co. Ltd.	8000	165,05 Dollar
Sharps, Pixley, Inc.	58 750	165,05 Dollar
Macotta Metals Corp.	32 500	165,05 Dollar

Bank of Nova Scotia	10 000	165,05 Dollar
Auslandsverkauf gesamt		365 000 Unzen
Goldverkauf gesamt		499 500 Unzen
Durchschnitt		165,05 Dollar
Ausländischer Anteil in Prozent		73,0 %

minister Simon seine Genugtuung aus und bemerkte: »Die Amerikaner sind viel klüger, als manche Leute denken.« Er glaube nicht, dass die Amerikaner Gold kaufen würden, um sich gegen eine Inflation abzusichern.

Wie wir gesehen haben, drückten die Goldverkäufe des US-Finanzministeriums wie erwartet den Goldpreis in London. Vor der Auktion lag der Goldpreis stabil bei 173 Dollar je Unze. Nachdem die Ergebnisse der US-Auktion bekannt wurden, fiel der Preis in London um 7,50 Dollar je Unze auf etwa 168 Dollar. Ein Händler in London bemerkte: »Der Markt war sehr ruhig, bis die Amerikaner auf einmal auftauchten. Dann gab es eine Flut von Verkaufsordern – eine reine Einbahnstraße.«

Dieser Preissturz lag nicht an der Verkaufsmenge, sondern an der Preisdrückstrategie des US-Finanzministeriums. 750 000 Unzen sind etwas mehr als die Hälfte eines üblichen Tagesumsatzes. Außerdem war nur der private Goldmarkt betroffen. Die europäischen Zentralbanken hatten versprochen, an dieser Auktion nicht teilzunehmen. Das meiste Gold wurde von europäischen Privatbanken und Goldhandelsfirmen gekauft: 70 Prozent der Januar-Auktion und 73 Prozent der Juni-Auktion gingen nach Europa. Die Credit Suisse kaufte im Januar 57 000 Unzen und 4000 Unzen im Juni, der Schweizerische Bankverein kaufte im Januar 40 000 Unzen und 140 000 Unzen im Juni.

Die Goldmengen, die das US-Finanzministerium verkaufte, waren anteilig am jährlichen Angebot auf dem Goldmarkt minimal. Der

Druck auf den Preis war also eine irrationale Reaktion auf das baissebeträchtige Getöse der US-Regierung.

Die Gesamtmenge, die das US-Finanzministerium im Januar und Juni 1975 verkaufte, betrug 1 253 500 Unzen, etwas mehr als 46 Tonnen. Im Vergleich zu den 1500 Tonnen Gold, die jedes Jahr abgebaut wurden, ist das ein Klacks. Wenn solche Verkäufe öfters stattfinden, wird der psychologische Effekt auf den Preis abnehmen, und das US-Finanzministerium wird einfach nur als ein weiterer Goldverkäufer gesehen werden – einer der zugegebenermaßen viel Krach macht, ähnlich wie ein Schreihals bei einem Pferderennen oder einem Boxkampf. Die Absicht des Finanzministeriums ist offenbar, den Preis durch maximale Verunsicherung des Marktes zu drücken, aber das funktioniert nicht ewig. Das gelingt nur bei sporadischen, unberechenbaren Aktionen an kritischen Punkten im Markt, zum Beispiel in Phasen der Deflation zusammen mit maximaler Propaganda.

Der Goldvorratsüberhang, der etwa 12 Jahren südafrikanischer Goldproduktion entspricht, ist die schärfste Waffe des US-Schatzamts. Das US-Finanzministerium könnte niemals den gesamten Inhalt von Fort Knox verkaufen. Nicht einmal der überzeugteste Antigoldverschwörer würde sämtliche harten Währungsreserven der USA verkaufen. Es ist also die Drohung mit massiven Verkäufen und die Angst des Marktes davor, mit denen das Finanzministerium hantiert, anstelle der tatsächlich verkauften Menge. Wie wir in Kapitel 7 gesehen haben, sind die verbleibenden Reserven hauptsächlich »Münzschmelze« von einer geringeren Feinheit von 900, nicht die »Good Delivery«-Qualitätsbarren, die normalerweise in London und Zürich gehandelt werden – ein weiterer Grund, warum die Tagespreise in London nicht mit den Auktionspreisen des US-Finanzministeriums vergleichbar sind.

Während der Überhang eine Weile lang als psychologisches Druckmittel verwendet werden kann, wird es irgendwann eine Lernkurve oder eine geringere Reaktionskurve geben. Nach einem halben Dutzend Verkäufen mit dem Ziel, den Preis zu drücken, wird ein vorhersehbares

Muster entstehen. Der Markt wird dem Finanzministerium auf die Schliche kommen und seine angekündigten Verkaufsaktionen irgendwann mit einem Gähnen quittieren – mit der Einstellung: »Ach ja – die Jungs vom US-Finanzministerium machen schon wieder Wind.«

Die erste Verkaufsaktion des Finanzministeriums im Januar 1975 drückte den Goldpreis um 7,50 Dollar je Unze. Die zweite Aktion 6 Monate später verursachte nur noch eine kleine Welle auf dem Markt. Wenn das Finanzministerium also nicht beginnt, jede Woche *Tonnen* von Gold zu verkaufen, und diesen Druck über Monate aufrechterhält, kann es unmöglich den Goldpreis wieder auf das alte, amtliche Niveau drücken. Wenn die Inflation weiterhin zweistellig bleibt oder ein weiteres Ölembargo beziehungsweise eine andere große internationale Krise auftritt, können die USA den Preis vielleicht gar nicht mehr unter Kontrolle halten. Auch unter Menschen mit erfahrungsgemäß schwachem Gedächtnis, wie US-Finanzbeamte, muss es Leute geben, die sich immer noch an den Goldpool von 1968 erinnern können, als Privatkäufer an einem einzigen Tag 400 Tonnen Gold aufsogen. Diese Lektion ist noch nicht ganz vergessen, da können Sie sicher sein.

Der US-dominierte Internationale Währungsfonds will also unbedingt seine Goldreserven loswerden. Aber er bereitet sich ungewöhnlich träge darauf vor – vermutlich, um die Verunsicherung maximal in die Länge zu ziehen. Die avisierte Rückführung und der Verkauf des Goldes an die Mitgliedsländer werden so gestaffelt:

Rückführungen an Mitgliedsländer gegen Devisen .... 25 Millionen Unzen

Spenden an Entwicklungsländer (in Form von Gold) .... 7,5 Millionen Unzen

Über 4 Jahre zu versteigern .... 17,5 Millionen Unzen

Umtausch gegen Zinspapiere der IWF-Mitgliedsländer:	100 Millionen Unzen
Gesamt	**150 Millionen Unzen**

Die Dritte-Welt-Länder protestieren, dass sie lieber Gold hätten als die Währungsprofite aus den Goldverkäufen. Sie argumentieren, dass das Gold benutzt werden könne, um Kredite abzusichern, wie andere Länder bereits bewiesen haben. Das Argument der USA, dass dieser Ansatz nur dazu dienen würde, das Gold wieder in den Mittelpunkt des Weltfinanzsystems zu rücken, beeindruckt sie wenig.

Von den 150 Millionen Unzen IWF-Goldreserven kommen nur 17,5 Millionen Unzen (11,7 Prozent der gesamten Reserven) auf den freien Markt. Der Löwenanteil wird über die nächsten 4 Jahre bei monatlichen Auktionen verkauft, aber die Bank für Internationalen Zahlungsausgleich wird wahrscheinlich das meiste davon für europäische Zentralbanken kaufen. Um die baisseträchtigen Auswirkungen dieser Verkäufe zu lindern, hat Südafrika im März 1976 5 Millionen Unzen Gold an Schweizer Banken für ein Bündel an Auslandswährungen verkauft. Südafrika verpflichtete sich außerdem, dieselbe Menge in Goldoptionsscheinen in den nächsten 3 Monaten zu kaufen (mit einer Option, diese Abmachung zu »rollieren« beziehungsweise zu verlängern). Die verbleibenden 100 Millionen Unzen werden wohl niemals den freien Markt erblicken. Berichten zufolge werden sie gegen staatliche Wertpapiere getauscht werden. (Wie schön es sein muss, einfach mehr Wertpapiere drucken zu können und dafür Gold zu bekommen!)

Unter dem Strich ist es also offensichtlich, dass die USA direkt oder indirekt von 1974 bis 1976 einen wesentlichen Beitrag zum Goldpreis geleistet haben. Die US-Regierung wird sich weiterhin bemühen, den Goldmarkt zu drücken. Langfristig scheint eine solche Politik jedoch zum Scheitern verurteilt, wie schon während der 5000-jährigen Geschichte des Goldes als Wertträger.

Das Resultat auf dem Markt

Die verschiedenen Marktpublikationen und Rundbriefe schildern ausführlich und sehr kontrovers die kurzfristigen Faktoren, die den Goldpreis nach oben oder unten bewegen.[126]

Wenn man sich die nächsten Jahre ansieht, wird der Markt vermutlich von den Goldreserven der USA und deren Einflusssphäre weiter gedrückt werden. Zuerst gibt es in Fort Knox und anderswo die 12 Milliarden Dollar in Goldbarren, die zu 35 Dollar je Unze bewertet sind, hauptsächlich in geringerer als »Good Delivery«-Qualität. Zweitens gibt es den IWF-»Überhang« von 25 Millionen Unzen plus weitere 100 Millionen Unzen, die gegen Wertpapiere eingetauscht werden sollen.

Diese Bestände versetzen die USA in die Lage, Unsicherheit auf dem Markt zu schüren. Aber in Wahrheit scheinen die USA mehr als unwillig, ihre ganzen Goldreserven zu veräußern. Die Strategie besteht mehr aus Worten als aus Taten, es wird mehr Propaganda geschürt, als tatsächlich die Tresore zu entleeren. Außerdem unterliegt der IWF sehr viel Druck – sowohl von den europäischen Mitgliedern, die ihre Goldreserven nicht an Wert verlieren sehen wollen, als auch von den Entwicklungsländern, die auf einen Freifahrtschein hoffen. Kurzum gibt es ein großes Potenzial an Unsicherheit, das zweifelsohne von den USA auch bis zum Äußersten instrumentalisiert werden wird. Aber wenn Washington nicht vollkommen durchdreht, wird es sicher nicht all seine Goldreserven verscherbeln, auch nicht zu einem großen Teil.

Auf mittlere Sicht werden der drohende Kollaps der Schuldenpyramide und die immer wieder auftretenden Währungskrisen der Welt, die meist (aber nicht immer) die Halter von schwachen Währungen nach Gold gieren lassen, vermutlich ein Gegengewicht zu diesen markthemmenden Faktoren darstellen. Außerdem können unvorhersehbare Weltereignisse plötzliche Spitzen im Goldverkauf verursachen – so wie der Tod des chinesischen Premierministers Chou En-Lai 1976 die Goldkäufe in Asien anfachte, da eine aggressivere chinesische Außenpolitik befürchtet wurde.

Was in den USA wirtschaftlich und politisch passiert, ist die Ausgangsbasis für jede weitere Analyse der zukünftigen Goldmarktentwicklung. Wenn wir davon ausgehen, dass die USA mit ihrer »Etwas aus Nichts schaffen«-Wirtschaftspolitik weitermachen, zusammen mit einem Krieg um Gold, um ihre Papiergeldwährung zu beschützen, dann kann man im Groben absehen, wohin das führen wird. Diese Weltuntergangspolitik erzeugt immer größere Haushaltsdefizite. Das US-Haushaltsdefizit betrug für das Fiskaljahr, das am 30. Juni 1975 zu Ende ging, 64,6 Milliarden Dollar im Jahr. Im Jahr darauf war das Haushaltsdefizit über 50 Prozent höher. Für das Fiskaljahr, das am 30. Juni 1976 zu Ende ging, betrug das Haushaltsloch unglaubliche 98 Milliarden Dollar. Diese monumentalen Defizite müssen monetisiert werden und sind deshalb früher oder später unweigerlich inflationär.

Wenn wir davon ausgehen, dass Politiker sich weiterhin wie Politiker verhalten werden, wird unsere sozialistische Wirtschaft auch in Zukunft Inflation erzeugen – teils um Stimmen kaufen zu können, aber zunehmend auch, um die Liquidität der Wirtschaft erhalten zu können, wenn verschiedene Teile der Schuldenpyramide unter der Last der vergangenen Schulden und der durch Bürokratie erzeugten Ineffizienzen beginnen, zusammenzubrechen.

Inflation führt immer zur Depression. Deshalb kann man absehen, dass die Amplitude der Zyklen von Inflation und Depression vergangener Jahrzehnte zunehmen wird – aber vielleicht im Verborgenen, da die Zyklen beginnen, sich zu verzögern und zu überlappen. Am Ende

Grafik 10-3: **Faktoren, die den Goldpreis bestimmen**

wird die Papiergeldfabrik aufgrund der Inflation zusammenbrechen, mit der Möglichkeit eines deflationären Zusammenbruchs mancher Sektoren (sowie Immobilien und Gemeindeanleihen) unter einer allgemeinen Hyperinflation. In England gibt es die sogenannte »Stagflation«. Das wäre in diesem Fall eine Hyper-Stagflation. Der Investmentberater Thomas J. Holt und andere haben seit Langem solche Voraussagen getroffen. In jüngerer Zeit hat sogar der Vorsitzende von Chase Econometrics, Michael J. Evans, für 1977 eine zweistellige Inflation vorausgesagt und die schlimmste Rezession der Geschichte für das Jahr 1978.[127]

Ausgebuffte Investoren betrachten diese zusammenhängenden Ereignisse. Die Kennzahlen zur Geldmenge werden sorgfältig überwacht. Die Federal Reserve Bank of St. Louis gibt wöchentliche Schätzungen der US-Geldmenge M1 heraus und des breiter gefassten Geldmengenaggregats M2. Viele Analysten glauben, dass diese Zahlen bereits 6 bis 12 Monate im Voraus Aufschluss über inflationäre Vorzeichen geben. Genauer gesagt suchen manche Geldmengenbeobachter nach einem Anstieg kurzfristiger Zinssätze zusammen mit einer Zunahme von Unternehmensanleihen als Auslöser für eine Inflation. Diese Inflationswarnzeichen signalisieren auch die Erwartung eines Ansturms auf Gold als Inflationsschutz. Wenn die Zeichen auf einen Anstieg der Inflation stehen, wird mehr Gold gekauft, und die Goldpreise beginnen zu steigen. Das US-Finanzministerium kann dem vielleicht kurzfristig entgegenwirken, aber wenn entweder Südafrika oder Russland seine Goldproduktion drosselt, kann der Preis exorbitant in die Höhe schießen. In früheren Vorlaufphasen hat der private Aufkauf fast den gesamten Handel ausgemacht. Den europäischen Zentralbanken ist an einem höheren Goldpreis gelegen, damit ihre Goldreserven im Wert steigen und so ihre Bilanzen verbessern. Sie werden auch dafür sorgen, dass der Goldpreis nicht in den Keller fällt.

Goldminenaktien bewegen sich normalerweise mit dem Goldpreis, hinken aber etwas verzögert hinter diesem und den Inflationserwartungen hinterher. Der Multiplikator bei den Goldminenaktien ist jedoch höher und der Preishebel damit größer als beim Gold selbst. Die Sequenz im Zusammenhang lautet also: Wenn die Geldmenge zunimmt, wird auch die Inflation zunehmen. Damit werden sich die Investoren und Spekulanten erst dem Gold zuwenden und dann den Goldaktien als Schutz vor der Verwüstung der Inflation.

Die Grafik 4-1 auf Seite 82 zeigt, warum diese Strategie in der Vergangenheit von Erfolg gekrönt war und warum dieselbe Strategie in Zukunft unzweifelhaft auch erfolgreich sein wird – bis man das Gold endlich als Sieger im aktuellen Wettstreit anerkennt.

KAPITEL 11

Angriff auf Südafrika

»Die Interessen und das allgemeine Wohlergehen der Transkei (heute Teil der Provinz Ostkap) sind so eng mit denen Südafrikas verbunden, dass ein Angriff auf den einen auch ein Angriff auf den anderen darstellt. […] Sollte es nötig werden, würden die Soldaten von Transkei Seite an Seite mit den Soldaten Südafrikas kämpfen.«

Präsident Kaiser Matanzima, Herrscher des unabhängigen Homelands Transkei (1976–1986) und Neffe Nelson Mandelas, zur Gründung der Armee von Transkei (*Die Burger*, Kapstadt, Südafrika, 11. Dezember 1975, Seite 2)

Südafrika produziert zwei Drittel des neugeschürften Goldes der Welt und ist – nicht ganz zufällig – Ziel einer weltweiten, wütenden Kampagne gegen seine Politik der Apartheid oder der »getrennten Entwicklung«. Der Eigennutz dieser gnadenlosen Attacken und die zweischneidige Rolle der Vereinigten Staaten – die gern mit gespaltener Zunge zu dem Thema sprechen – legen eine nähere Betrachtung der Rolle Südafrikas im Krieg gegen das Gold nahe.

Welcher Zusammenhang besteht zwischen der weltweiten Kampagne gegen Südafrika und seiner Position als Nummer-eins-Goldproduzent der Welt? Als größter Goldproduzent der Welt* ist Südafrika natürlich ein Fürsprecher des Goldes als Fundament eines vernunftbasierten internationalen Währungssystems. Das geschieht natürlich aus Eigennutz, aber die Argumente für Gold haben unabhängig vom Thema Südafrika historisch Bestand. Wir haben in dieser Studie den weltgrößten Goldproduzenten kaum beim Namen nennen müssen. Südafrika bietet natürlich einige der eloquentesten Fürsprecher des Goldes – aber ihre Logik und Überzeugungskraft sind für den Krieg gegen das Gold nicht entscheidend, der sich eher um die Nordhalbkugel dreht. Staatspräsident und ehemaliger Finanzminister Dr. N. Diederichs ist in Südafrika auch als »Mister Gold« und für seine scharfzüngigen Kommentare über das Papiergeld und das Leben an sich bekannt. Zum Beispiel:

> Wie die Geschichte zeigt, waren die Finanzminister immer die beliebtesten Ziele von Todesdrohungen. Es wurden mehr Finanzminister aufgrund der von ihnen erhobenen Steuern gefoltert und gehängt als Generäle nach verlorenen Kriegen. 37 Finanzminister wurden zwischen 1315 und 1781 in Frankreich gefoltert und gehängt. Unser Berufszweig ist also ganz und gar nicht ungefährlich, sondern zweifellos einer der gefährlichsten Berufe, denen man nachgehen kann.[128]

Weder Dr. Diederichs noch sonst ein Südafrikaner hat öffentlich die wahren Gründe für den Krieg der USA gegen das Gold und die weltweite Kampagne gegen Südafrika dargelegt. Laut Diederichs hat die Feindseligkeit der Vereinigten Staaten mehr mit den US-Zahlungsdefiziten zu tun als mit irgendeiner fundamentalen Ideologie. Vielleicht

---

* Anm. d. Übers.: 2024 steht Südafrika nur noch an sechster Stelle der Goldproduzenten nach China, Australien, den USA, Russland und Peru und produziert nur noch ein Zehntel so viel Gold wie 1970.

wissen die Südafrikaner es nicht besser oder sind einfach zu höflich oder politisch umsichtig, um mit dem Finger auf die mächtigste Nation der Welt zu zeigen. Betrachten wir also zuerst die US-Politik gegenüber Südafrika, dann die Lage in Südafrika selbst und schließlich den Ursprung des gegenwärtigen Krieges gegen das Gold.

Südafrika und die Vereinigten Staaten

Um den Stellenwert Südafrikas beim US-Establishment richtig einzuschätzen, muss man hinter die Schlagzeilen blicken. Die Begegnungen zwischen hochrangigen Beamten sind dem Vernehmen nach höflich und konstruktiv. Von Zeit zu Zeit versicherte Finanzminister Simon oder Außenminister Henry Kissinger öffentlich, dass die beiden Länder freundschaftliche Beziehungen unterhalten, und ihre Nachfolger werden es vermutlich ähnlich handhaben.

Hinter dieser öffentlichen Höflichkeit sind die offiziellen Beziehungen aber wesentlich kühler. Als Außenminister Kissinger im April 1976 Afrika besuchte, ließ er Südafrika absichtlich aus und gab dabei zahlreiche öffentliche Erklärungen dazu ab, wie die Südafrikaner ihr Land zu regieren hätten. Die USA haben ein Waffenembargo gegen Südafrika verhängt. In den Worten des ehemaligen stellvertretenden Außenministers David D. Newsom: »Wir sehen dies als handfesten Ausdruck unserer Unterstützung für die Selbstbestimmung und unseres Wunsches, jegliche Unterstützung für die Durchsetzung der Apartheid zu vermeiden.«[129]

Vergleichen Sie diese Aussage mit der jahrzehntelangen wirtschaftlichen und militärischen Unterstützung der Sowjetunion durch die USA,[130] den 100 000 Amerikanern, die in Korea und Vietnam durch russische Waffen getötet wurden, und mit dem vermeintlichen Ziel der Entspannungspolitik, durch Handel mit der Sowjetunion den Weltfrieden herbeizuführen (was in der Praxis bedeutet, weiterhin den sowjetischen Imperialismus zu finanzieren). Das US-Establishment hat überhaupt nichts gegen die Einparteienherrschaft einer Minderheit durch die Kommunistische Partei der UdSSR, sehr viel aber gegen die Mehrparteienherrschaft einer Minderheit in Südafrika. Das Konzept der »Selbstbestimmung« der Völker kann im Falle der Sowjetunion getrost ignoriert werden, aber offensichtlich nicht, was Südafrika betrifft. Die Selbstbestimmung wird in Südafrika ganz ausdrücklich durch die Politik der Homelands realisiert – was von den Vereinigten Staaten aber nicht anerkannt wird. Produkte, die in die Sowjetunion exportiert werden dürfen, unterliegen im Falle Südafrikas einem Boykott. Unter anderem Oszilloskope, Autoteile, Flugzeug-Kommunikationssysteme und Flugzeugmotoren.[131] In den Worten des stellvertretenden Außenministers Newsom:

> Ich kenne kein anderes Land [als die USA], das so akribisch nicht militärische Exporte an diese Gebiete in Südafrika mit militärischen Anwendungen überwacht und einhält.[132]

Die wichtigste Frage lautet: Warum boykottieren die USA Südafrika, aber nicht die Sowjetunion? Die Unterdrückung ist in der Sowjetunion weitaus schlimmer. Außerdem ist die Sowjetunion unmittelbar für den Tod von etwa 100 000 Amerikanern verantwortlich. Genauso gut könnten wir fragen: Wenn eine Entspannungspolitik mit der Sowjetunion Frieden bringen wird, wie republikanische und demokratische Politiker immer wieder betonen, warum sollte dann nicht auch eine Entspannungspolitik mit Südafrika Frieden bringen? Die Antworten auf diese Fragen haben direkt mit dem Krieg gegen Gold zu tun.

Zuerst sollten wir uns das südafrikanische Problem näher ansehen. Die Südafrikaner haben angesichts der Unruhen in South Boston und anderer urbaner Unruhen ein einzigartiges Experiment unternommen. Ein Experiment, dem man in den USA Aufmerksamkeit schenken sollte, anstatt es von vornherein abzulehnen. Vor die Wahl gestellt, die politische Macht in einer einzigen politischen Einheit aller Volksgruppen zu vereinen oder aber unabhängige Volksgruppen und Territorien zu schaffen, die jeweils frei sind, nach ihren eigenen Traditionen und Gebräuchen zu leben, hat sich Südafrika bisher (1977) für Letzteres entschieden. So existieren mittlerweile unabhängige schwarze Bundesländer wie die Transkei, der im Oktober 1976 ihre volle Unabhängigkeit zugesprochen wurde. Diese Politik ähnelt auf gewisse Weise den Forderungen der radikalen schwarzen Bürgerrechtler in den USA wie den Black Panthers, die souveräne Territorien für die schwarze Bevölkerung fordern, damit sie nach ihrer eigenen Lebensweise glücklich werden können.

Ehrenwerte schwarze Beobachter in den Vereinigten Staaten haben dies durchaus zur Kenntnis genommen. Der ehemalige Anführer der Black Panthers, Eldridge Cleaver, der anders als viele andere Kritiker tatsächlich in Afrika gelebt hat, sagte: »Schwarze haben im weiß regierten Südafrika und Rhodesien mehr Freiheit als im diktatorischen Uganda.« Cleaver beschuldigte schwarze Amerikaner, ein politisches Spiel mit ihrer Hautfarbe zu treiben. Der Kampf in Afrika gehe nicht um Hautfarben, sondern um die gnadenlose Unterdrückung durch diktatorische Staaten, zu denen er jedoch nicht Südafrika und Rhodesien zählt. Das kommunistische Kuba nennt er als Land, wo »die Herrscher weiß und die Massen schwarz« seien. »Ich habe das dort bei der kubanischen Kommunistischen Partei angesprochen«, so Cleaver. »Sie haben mir dasselbe gesagt, was man bei uns auch in den 1930er-Jahren gehört hat: ›Die sind noch nicht bereit dafür. Nicht genügend von ihnen sind gebildet.‹«[133]

Derweil sind innerhalb Südafrikas große Veränderungen im Gange. Diese kann man in zwei Kategorien aufteilen:

a) Entspannung mit Schwarzafrika, darunter Sambia, die Elfenbeinküste, Tansania und Mosambik, auf Betreiben des südafrikanischen Premierministers Vorster;

b) interne Reformen gegen die »kleinliche Apartheid« und Aufnahme der »Farbigen« in die politischen Strukturen.*

Diese Veränderungen muss man vor einem Hintergrund sehen, der außerhalb Südafrikas wenig verstanden wird. Die Gesellschaft Südafrikas ist außerordentlich komplex. Sie speist sich aus europäischen Kulturen (hauptsächlich den niederländisch-deutschen Afrikanern und Engländern), aus asiatischen Kulturen, vor allem Indern und Chinesen mit ihren eigenen Religionen und Kulturen, ferner aus neun verschiedenen Bantu-Völkern, jeweils mit ihren eigenen Sprachen, sowie den Ureinwohnern, den Khoi-San oder »Buschmännern«. Daraus ergibt sich ein rein praktisches Problem: Wenn beispielsweise ein Schwarzer in der Regierung in Pretoria arbeiten will, muss er drei Sprachen beherrschen. In Südafrika weiß man nur zu genau, welche Probleme so ein Vielvölkerstaat mit sich bringt. Das Land will die Nord-Süd-Konflikte vermeiden, die andere Länder geplagt haben, die Rassenkonflikte, die in Boston, Los Angeles und zahlreichen anderen Ländern aufgetreten sind, die Kurdenunruhen und Tausend ähnliche Fälle in der Weltgeschichte. Wer will denn sagen, dass sie Unrecht haben? Ein »Experte« in Soziologie, der 16 000 Kilometer entfernt wohnt und noch nie näher an Südafrika war, als Long Island es ist?

Die Objektivität gebietet es, wenigstens zuzugeben, dass diese Probleme anderswo auch noch nicht gelöst wurden, und den Südafrikanern zuzugestehen, ihren eigenen Ansatz zu verfolgen. Im Oktober 1975 beschuldigte jedoch ein stellvertretender US-Außenminister Südafrika fälschlicherweise, Apartheidskritiker einzusperren. Diese Anschuldigung wurde als unwahr dementiert, und der Diplomat

* Anm. d. Übers.: *Coloureds* (»Farbige«) sind heute noch eine Volksgruppe in Südafrika. Der Begriff bezeichnet vor allem Mischlinge, die weder »weiß« sind noch den schwarzen Bantu-Stämmen angehören.

wurde von Südafrika gebeten, Beweise für diese Unterstellung vorzulegen. Diese blieben aber aus. Das US-Außenministerium hatte keine Beweise für die Behauptung. Die Geschichte war erlogen.

Was haben diese Geschichten mit dem Krieg gegen Gold zu tun?

Je tiefer wir graben, desto mehr finden wir heraus, dass die Feindseligkeit gegenüber Südafrika sogar so weit reicht, dass es US-Pläne für ein militärisches Vorgehen gegen das Land gibt. Solche Planspiele erklären vielleicht das strenge Waffenembargo gegen Südafrika und die dauerhaften, intensiven und oft falschen Attacken auf die »eigenständige Entwicklung« und die südafrikanische Innen- und Sicherheitspolitik. Diese Invasionspläne entstammen – genauso wie der Krieg gegen das Gold selbst – dem Herzen des liberalen Wall-Street-Establishments, das die US-Innen- und Außenpolitik dominiert. Nur mit einem Blick auf die Entscheidungsprozesse »hinter den Kulissen« können wir erkennen, was die wahre Absicht der Vereinigten Staaten ist. Schon 1965 gab es die ersten Forderungen nach einem Krieg gegen das Gold und vor allem gegen die finanzielle Dominanz Südafrikas, vielleicht sogar als Vorläufer einer militärischen Invasion. (Die Schreibtischgeneräle in New York City haben jedoch die Widerstandsfähigkeit der südafrikanischen Wirtschaft unterschätzt. Die Abwertung von 1975, ein Sparhaushalt 1976 und ein Tausch von Gold gegen Auslandsdevisen haben die Wirtschaft stabilisiert.)

Der eigentliche Grund für die Kampagne gegen Südafrika hat also wenig mit der Rassen- oder Innenpolitik zu tun. Es ist vielmehr ein Teil des Propagandakrieges gegen das Gold. Wenn man einen Moment lang drüber nachdenkt, wird einem klar, dass ein Henry Kissinger, der sich nicht um die Verfolgung von Juden und politischen Dissidenten in der Sowjetunion schert, sich auch nicht wirklich um das Wahlrecht in Südafrika kümmern wird. Der wahre Grund für die Feindseligkeit gegenüber Südafrika ist die Tatsache, dass das Land mit seinem riesigen Goldvorkommen geologisch eine absolute Ausnahmeerscheinung ist und daher ein lohnendes Ziel für alle imperialistische Kabale der Welt – der Sowjetunion und der USA gleichermaßen.

Die Carnegie-Stiftung und der Krieg gegen das Gold

1965 publizierte die gemeinnützige Carnegie-Stiftung für Internationalen Frieden (Carnegie Endowment for International Peace) – vorgeblich im Kampf gegen die Unterdrückung der Schwarzen in Südafrika – einen Bericht dazu, wie die Vereinten Nationen Südafrika militärisch attackieren könnten.[134] In dem Bericht wurden militärische Berechnungen angestellt über die Zahl der für einen Angriff erforderlichen Truppen (93 000), die benötigte Luftwaffe (3000 Flugstunden) und die geschätzten Verluste (18 900–37 800, mit der Anmerkung, dass »ein gewisser Anteil dieses Personals in den Wehrdienst zurückkehren würde«).

Sehen wir einmal davon ab, dass die Schätzungen der Amateurkriegsherren bei der Carnegie-Stiftung vermutlich stark untertrieben sind: Was hat eine angebliche »Friedensstiftung« damit zu tun, einen Krieg gegen den weltgrößten Goldproduzenten zu planen?

Der Carnegie-Bericht von 1965 mit seiner schrillen Kriegstreiberei gegen Südafrika wurde vom Stiftungspräsidenten Joseph E. Johnson unterschrieben. Johnson ist weniger für eine andere Position bekannt, die er innehat: Ehren-Generalsekretär für die Vereinigten Staaten für die Bilderberger-Treffen. Der Vorsitzende der Bilderberger-Gruppe ist der Prinzgemahl der Niederlande, Prinz Bernhard zur Lippe-Biesterfeld (bekannt vom Lockheed-Korruptionsskandal). Die Bilderberger-Gruppe hat sich offiziell der Stärkung der westlichen Werte verschrieben, in der Praxis setzt sie sich aber für die Einführung einer kollektivistischen »Neuen Weltordnung« im Sinne einer »Weltregierung« ein.

Natürlich würde so eine »Neue Weltordnung« von den USA und der Wall Street dominiert werden. Es wäre mit anderen Worten also derselbe Dollarimperialismus, der dem Krieg gegen das Gold zugrunde liegt.

Die Carnegie-Stiftung ist ein integraler Bestandteil des US-Establishments. Sie ist auf gewisse Weise für die US-Außenpolitik wichtiger als viele Beamte des Außenministeriums. Sie hat ihre ganz eigenen Beweggründe, den Dollarimperialismus zu befördern. Warum entwirft sie keine Pläne für einen »kollektiven Angriff« der Vereinten Nationen auf die Sowjetunion, wo Juden und politische Dissidenten härter verfolgt werden als jeder schwarze Arbeiter in Südafrika? Warum protestierte die Carnegie-Stiftung nicht während des Zweiten Weltkrieges oder des Koreakrieges gegen Südafrika, als die »Apartheid im Kleinen« viel schlimmer war als heute? Warum erkennen sie nicht die ernst gemeinten Reformschritte des heutigen Südafrikas an?

Der Südafrika-Bericht von Amelia Leiss empfahl als Teil der Carnegie-Strategie, um die Zukunft im Sinne des Dollarimperialismus zu gestalten, einen Goldboykott im Vorfeld einer militärischen Intervention. Der Bericht aus dem Jahr 1965 stellte fest, dass der Export von Gold und Goldnebenprodukten 77 Prozent des Bruttoinlandsprodukts von Südafrika ausmachten. Gold ist mit Abstand der größte Devisenbringer Südafrikas, so der Bericht. Diese »Studie« benutzte außerdem eine wackelige Argumentationskette, um zu behaupten, dass der Goldabbau bis 1970 abnehmen würde. »Bis 1981 werden vielleicht nur noch vier Minen am Witwatersrand in Betrieb sein«, so der Bericht.[135]

Laut Leiss-Report wäre es »auch bei einem vollständigen Wirtschaftsboykott beinahe unmöglich, den Handel mit Gold zu unterbinden.« Ein erfolgreicher Goldboykott würde entweder »extrem intensive Polizeimaßnahmen oder eine andere Möglichkeit, den Markt ganz oder teilweise zu schließen«, erfordern.[136] Mit anderen Worten, es wäre nicht genug, einen Boykott zu verhängen. Es bräuchte auch Waffengewalt.

So einen Schritt zu gehen, wäre natürlich problematisch für die Vereinigten Staaten. Daher fragt der Bericht, wem ein erfolgreicher Boykott des südafrikanischen Goldes mehr schaden würde: Südafrika oder dem internationalen Währungssystem?

Der Bericht kommt dann zum offensichtlichen Schluss: Der einzige Weg, wie die Vorteile des südafrikanischen Goldes dem Land verwehrt werden könnten, ohne den internationalen Handel zu zerstören, wäre, den Goldpreis zu zerstören – und gleichzeitig die US-Goldreserven zu erhalten, um die US-Liquidität zu wahren und die Reserve für strategische Zwecke zur Verfügung zu stellen.

Die Vereinigten Staaten haben sich in der Praxis an den Vorschlag der Carnegie-Stiftung gehalten und psychologische Kriegsführung gegen das Gold und gegen Südafrika geführt, den weltweit größten Goldproduzenten. Während sie den Krieg gegen das Gold führten, achteten die USA darauf, die eigenen Goldreserven zu erhalten.

1975 lieferte die russisch-kubanische Machtergreifung in Angola eine erschütternde Bestätigung dafür, dass der Carnegie-Plan für die militärische Intervention in Südafrika in seine finale Phase tritt. Der Angriff auf den Goldpreis durch das US-Finanzministerium und den US-dominierten Internationalen Währungsfonds war in den vergangenen 2 Jahren ausschlaggebend, um den Goldpreis auf 120–140 Dollar zu drücken. Offiziell befolgten die USA in Bezug auf Angola eine etwas unangenehme Politik der »Nichteinmischung«. Aber tatsächlich spielte die kommunistische Eroberung von Angola der US-Kampagne gegen Südafrika in die Hände. US-Außenminister Henry Kissinger versicherte den kommunistischen Regierungschefs Lateinamerikas, dass die USA sich in Angola nicht einmischen würden, trotz aller öffentlichen Kritik an der russisch-kubanischen Machtergreifung. Diese öffentlichen Aussagen waren nur dazu da, um die amerikanische Öffentlichkeit zu besänftigen, nicht jedoch, um in Angola zu intervenieren. Der Washingtoner Publizist Paul Scott schrieb:

> […] Insider sehen Kissingers Warnung als diplomatischen Trick einer Regierung, die Standhaftigkeit mimen, aber im Endeffekt nichts gegen diese ernsthafte Bedrohung unternehmen will.[137]

In Peru versicherte Kissinger Castros engem Freund, Präsident Morales Bermúdez, dass die USA nicht vorhätten, Südafrika in Angola wirklich gegen die Kubaner zu unterstützen. Als der Außenausschuss des US-Senats Kissinger bezüglich eines Hilfsgüterantrags des US-Präsidenten für die südafrikanische Allianz mit der FNLA* und China gegen die russisch-kubanische MPLA-Miliz befragte, nannte es Kissinger »nur eine diplomatische Geste«.

Der Londoner *Economist* zitierte Geheimdienstquellen, nach denen die USA in Angola ein doppeltes Spiel gespielt haben: Die CIA versprach Südafrika militärische Hilfe gegen die kommunistische MPLA, ließ sie dann aber im Stich. Im Prinzip haben die USA Südafrika ins offene Messer laufen lassen, so der *Economist.*

Für viele Leser mag das unglaublich klingen, aber diese Interpretation und die zugrunde liegenden Tatsachen decken sich mit drei fundamentalen Rahmenbedingungen: dem Krieg gegen das Gold, dem Propagandakrieg gegen Südafrika und dem Waffenembargo gegen Südafrika. Außerdem decken sie sich mit dem 50 Jahre alten Bündnis zwischen der kapitalistischen Herrscherklasse an der Wall Street und der bolschewistischen Herrscherklasse in Moskau.[138]

Alles in allem hat die Wall Street nichts dagegen, wenn Angola eine kommunistische Kolonie wird. Der Ölriese Gulf Oil, der der Familie Mellon gehört, konnte es kaum erwarten, die Gulf-Oil-Ölfelder in Angola wieder in Betrieb zu nehmen und den Kommunisten dabei eine Gewinnbeteiligung einzuräumen. Ausgerechnet

---

* Anm. d. Verlages: Die Abkürzung FNLA steht für die 1957 gegründete »Nationale Front zur Befreiung Angolas«.

das US-Außenministerium musste Gulf Oil dabei zügeln. So viel also zu unseren »antikommunistischen« Großkapitalisten.

Aber wird die Wall Street auch zulassen, dass Südafrika eine sowjetische Kolonie wird und die Sowjets auch noch das südafrikanische Gold zu ihrer Produktion hinzufügen? Im nächsten Kapitel wenden wir uns dieser interessanten Frage zu. Es ist also durchaus möglich, dass der Angriff auf die südafrikanische Rassenpolitik nur ein Vorwand ist, um Südafrika im Zuge des Krieges gegen das Gold politisch und militärisch anzugreifen, und dass es dabei in Wahrheit um Gold und Bodenschätze geht.

Der Krieg gegen das südafrikanische Gold geht vom Wall-Street-Establishment aus. Wir können an dieser Stelle nur auf die ganze Geschichte der unglaublichen Wall-Street-Intrigen hinter den Kulissen hinweisen. Der interessierte Leser sei auf eine genauere Betrachtung der Beteiligung der Wall Street an der bolschewistischen Revolution 1917 hingewiesen sowie auf die fortwährenden militärischen und wirtschaftlichen Hilfen an die Sowjetunion, deren Schutz durch das Wall-Street-Bankestablishment und das Streben nach einer US-beherrschten »Neuen Weltordnung« (gleichbedeutend mit einem Wall-Street-geführten Dollarimperialismus), in der die UdSSR eine technische und finanzielle Kolonie der USA werden soll.

Der Krieg gegen das Gold ist *außenpolitisch* einer der Hauptaspekte dieses imperialistischen Projektes. Er dient außerdem *innenpolitisch* dem Streben nach einer kontrollierten und manipulierten US-Wirtschaft mittels der Papiergeldfabrik des Federal Reserve System.[139] Der Leiss-Bericht der Carnegie-Stiftung für Internationalen Frieden 1965 war kein Zufallsprodukt. Er war ein Testballon, um die militärische Invasion eines befreundeten Partnerlandes in den Raum zu stellen. Der Bericht unterstrich die Notwendigkeit eines kalten Krieges gegen das Gold, um Südafrika finanziell zu brechen.

Das einleitende Zitat dieses Kapitels stammt von einem schwarzen südafrikanischen Anführer, der gegen die Bedrohung seines Landes von außen reagiert. Jeder, der das Land und seine Menschen kennt, weiß, dass die weißen Südafrikaner, ob Engländer oder Afrikaner, ihr Land gegen jeden äußeren Angriff verteidigen werden, ob durch die USA, die Sowjetunion, die UNO oder alle drei. Viele Salonrevoluzzer von Washington und New York werden allerdings erstaunt sein, dass auch die Schwarzen die umkämpfte Nation am Südzipfel Afrikas verteidigen wollen.

KAPITEL 12

Gold ist doch tot, oder?

»Man kann diejenigen, die das Gold nicht als Fundament des Weltwährungssystems sehen, vielleicht noch überzeugen, dass es wenigstens als Alternative bewahrt werden soll. Wenn der gegenwärtige Versuch, das Währungssystem der Welt mit frei flottierenden Papierwährungen zu betreiben, scheitert – und das scheint mir durchaus realistisch –, dann werden wir die Alternative Gold dringend brauchen. Gegenwärtig ist es also wichtig, die Alternative Gold zu erhalten, auch wenn sie nicht sofort wieder eingeführt werden kann.«

William Rees-Mogg, Chefredakteur der Londoner *Times*

In der Geschichte gehen Kriege gegen Gold meist mit Tyrannei und totalitärer Machtergreifung einher. Wenn Goldmünzen gleichzeitig mit Papiergeld im Umlauf sind (wie zum Beispiel im Fall des Kontinentaldollars und des Greenbacks in den USA und des britischen Papierpfunds von 1797), wird Gold immer begehrter sein als Papiergeld. Nach dem unausweichlichen Gesetz des Marktes wird die Papierwährung also weniger wert sein. Wenn ein politischer Machtapparat also von diesen überlegenen Wettbewerbseigenschaften des Goldes bedroht wird, werden allzu oft die Papierwährung oder die Schulden zur einzigen gesetzlichen Währung erklärt und das Gold ausgeschlossen (zum Beispiel bei , John Laws Banque Royale und dem Federal-Reserve-Dollar). Irgendwann wird im Krieg gegen das Gold physischer Zwang ausgeübt werden müssen, um dem unwilligen Volk eine politisierte Papierwährung aufzuzwingen.

Innenpolitisch begann unser gegenwärtiger Krieg gegen das Gold mit der Einrichtung des Federal Reserve System 1913 und außenpolitisch mit der Konferenz von Genua 1922, die den Goldumtauschstandard einführte. Die ersten innenpolitischen Zwangsmaßnahmen wurden 1934 eingeführt, als Präsident Franklin D. Roosevelt amerikanisches Gold konfiszieren ließ. Diese Zwangsmaßnahmen wurden international 1971 bestätigt, als Präsident Richard M. Nixon die Umtauschbarkeit des Dollars in Gold aufhob. Die Legalisierung des Goldbesitzes in den Vereinigten Staaten 1975 war vermutlich nicht eine Aufhebung der Zwangsmaßnahmen, sondern ein kurzfristiger Versuch, den Propagandakrieg gegen das Gold glaubwürdiger zu machen. Die Geschichte lehrt uns, dass das Gold in den USA wieder verboten wird und der willkürlichen Beschlagnahmung durch einen Polizeistaatsapparat ausgesetzt sein könnte.

Wenn man sich die Währungsgeschichte ansieht, sehen wir, dass das Gold immer die prominenteste Rolle als Schutz der individuellen Souveränität innehatte. Privater Goldbesitz widerstrebt den Zielen der Diktatur. Der Krieg gegen das Gold ist ein notwendiger Begleiter der Zentralisierung der politischen Macht. Kriege und Fiatwährungen gehen schon immer Hand in Hand. Vom 800-jährigen Byzantinischen Reich, das von einem Ende der bekannten Welt zum anderen Handel trieb, bis zur Industrialisierung Europas und der USA im 19. Jahrhundert sehen wir, dass wirtschaftlicher Erfolg mit einer goldbasierten Währung einhergeht. Diese Zeitalter der goldgedeckten Wirtschaftsstabilität waren im Laufe der Geschichte die Ausgangsbasis für anhaltenden wirtschaftlichen Fortschritt.

Es waren vergleichsweise Zeitalter des Friedens und des Wohlstandes – als Frankreich 100 Jahre lang von 1814 bis 1914 den Goldstandard einführte oder die Schweiz 86 Jahre lang von 1850 bis 1936. Europäische Länder bauten ihren industriellen Fortschritt auf der Stabilität des Goldstandards auf. Der Goldstandard ist nicht etwa einengend und liquiditätsfeindlich, wie unsere modernen Globalisten behaupten, sondern ein stabiler Rahmen, innerhalb dessen eine freie Gesellschaft Fortschritt und Wohlstand erzielen kann. Nur eben nicht mit verschwenderischen »Wünsch dir was«-Sozialprogrammen, sondern mit solidem, verantwortungsvollem Wachstum, das nie in Inflations-Deflations-Spiralen kollabiert (oder »Stagflation«, wie sie es nun in England nennen).

Was ist also der Grund für den aktuellen Krieg gegen das Gold?

Der aktuelle und andauernde Krieg gegen das Gold ist letztendlich ein politisches Ränkespiel ungeheuren Ausmaßes. Wer die politischen Ziele der Papierfanatiker ignoriert und nur unter einem Währungsaspekt betrachtet, ignoriert die ganze Fülle und Breite des modernen Strebens nach einer sogenannten »Neuen Weltordnung«. Die Disziplinierung durch das Gold hat politische Traumtänzer immer bei der Stange gehalten, ob es nun John Law, John Maynard Keynes oder die heutigen Globalisten an der Wall Street sind. Geld ist Macht. Gold ist ein universelles und zeitloses Zahlungsmittel – als Wertanlage unvergleichlich und nur zu Höchstpreisen zu bekommen. Papiergeld und Kreditgeld kann man dagegen leicht aus dem Nichts erschaffen. Mit einer Papiergeldwährung kann sich jeder, der das gesetzliche Monopol dazu hat, unbegrenzte Macht verschaffen. Wer die Papiergeldfabrik kontrolliert, kontrolliert das ganze System. Papier- oder Kreditgeld ist ein flexibles, unendlich expandierbares Ersatzgeld. Es ist genau diese Ersatzqualität des Papier- oder Kreditgeldes, die es für die Strippenzieher nützlich macht. Man kann es manipulieren. Gold kann politisch nicht manipuliert werden, deshalb ist es für sie unnütz und uninteressant.

Wenn das Angebot an Ersatzgeld (durch mehr Bankkredite, Gelddruck oder die »Special Drawing Rights« des IWF) aufgebläht wird, wird sich dadurch trotzdem nicht automatisch die Menge an Waren und Dienstleistungen erhöhen. Deshalb entsteht Inflation: wenn mehr Geld zur Verfügung steht, um dieselbe Menge an Gütern zu kaufen. Wenn das künstliche Fiatgeld das Wirtschaftssystem überschwemmt, wird pro Ware mehr Geld verlangt. Diese Preissteigerung ist unvermeidlich und führt immer zur Entwertung des Papiergeldes. Am Ende geht der Wert des Papiergeldes immer gegen null. Die Deutsche Mark von 1923 und 1946, der ungarische Pengo und die griechische Drachme sind nur einige von Hunderten Beispielen, bei denen Länder den Goldstandard für das Papiergeldabenteuer verlassen haben und in der Folge ihre Wirtschaft und ihre Währungen kollabieren sahen.

Gold kann natürlich auch von Inflation betroffen sein, aber durch die begrenzte Verfügbarkeit und die schwierige Abbaubarkeit ist seine Menge stets begrenzt. Daher ist die Gefahr einer Preissteigerung immer geringer als in einem Papiergeldsystem.

Heute sitzt eine gigantische Multi-Billionen-Dollar schwere Pyramide[140] von illiquiden Papierschulden auf einer wackeligen kleinen Spitze von liquidem, handfestem Gold. Jeder Papiergeldschein und jede Kreditlinie sind die Schulden eines anderen. Und das US-Finanzministerium behauptet, es wird auch noch diesen liquiden Goldanteil der Pyramide auflösen!

Zwei Faktoren treten bei fast jedem Krieg gegen Gold auf, um die Papiergeldhalter dazu zu verleiten, ihre Fantasiewährungen gegen Gold oder andere greifbare Vermögenswerte einzutauschen. Erstens die Preisanstiege, die eine Suche nach einer verlässlichen Wertanlage nahelegen. Gold war traditionell immer die zuverlässigste Wertanlage. Außerdem beflügeln Unternehmenspleiten eine Suche nach sicheren Häfen, wenn sich die Besitzer von Papiervermögen plötzlich mehr Sorgen um die Sicherheit und Liquidität ihrer Anlagen machen, als noch mehr Gewinne »auf dem Papier« machen zu wollen. Gold produziert keine Zinsen, es wirft keine sagenhaften Gewinne ab, aber dafür ist es absolut zuverlässig und liquide.

Während der letzten Jahre des aktuellen Krieges gegen das Gold sind die Preise in Europa bis zu 35 Prozent pro Jahr und in den USA bis zu 10 Prozent gestiegen. Die Depression von 1974 bis 1975 erzeugte Risse in der illiquiden Schuldenpyramide – zuvorderst im Immobilien- und Bankensektor. In den kommenden Jahren werden die Zyklen von Boom und Depression noch extremer ausfallen, bei zweistelligen Preisanstiegen (und zweistelligen Zinssätzen), gefolgt vom völligen Zusammenbruch einiger Sektoren der Schuldenpyramide.[141]

Unter Einzelpersonen wird die Hyperinflation und der Zusammenbruch einiger Wirtschaftssektoren eine »Rette sich wer kann«-Einstellung forcieren. Man wird verzweifelt nach Gold und anderen handfesten Wertanlagen gieren. Papiergeldhalter werden der Worte von Thomas Paine von vor 200 Jahren gedenken:

> Die Frage, die man sich stellen sollte – die einzige Frage –, ist, ob die Menge der auszahlbaren Banknoten, die eine Bank ausgegeben hat, größer sein kann, als die Bank in Gold und Silber auszuzahlen in der Lage ist.[142]

Während wir in Konkurrenz zu den professionellen Wahrsagern in die Zukunft blicken, sieht der US-Krieg gegen Gold folgendermaßen aus: Die Öffentlichkeit wird immer mehr begreifen, dass sich das Verhältnis von Gold zu Papiergeld immer weiter zugunsten des Goldes verlagert. Dass das öffentliche Vertrauen die Grundlage ist, um ein Papiergeldsystem am Laufen zu halten – und dass dieses Vertrauen schwindet. Diese zunehmende Erosion des Vertrauens sorgt für einen kurzfristigen Anstieg des Goldpreises, während es der Regierung zwischendurch immer wieder gelingt, das öffentliche Vertrauen wiederherzustellen, und das Gold wieder in seine üblichen langfristigen Wechselkurse zum Papiergeld zurückkehrt.

Irgendwann aber besteht die große Wahrscheinlichkeit einer Panik, wenn die Gläubiger sehen, wie die Schuldenpyramide zusammenbricht, oder es vorausahnen. Das wird vor allem dann zutreffen, wenn sich allgemein die Erkenntnis durchsetzt, dass Papiergeld eigentlich Schuldscheine sind und daher an sich wertlos ist. Es ist jedoch wichtig, den Unterschied zwischen Erkenntnis und Handeln einzuräumen. Investoren wissen vielleicht, dass die Pyramide vor dem Zusammenbruch steht und keine Liquidität mehr besitzt. Aber sie handeln trotzdem nicht nach dieser Erkenntnis. Aufgrund dieses Wissens werden nur ein paar wenige rechtzeitig aussteigen. Die meisten werden zu spät und in Panik handeln.

Jeder panikartige Run auf greifbare Wertanlagen (unter denen Gold schon immer die begehrteste war) könnte die 100 Millionen Unzen Gold des IWF und alle Reserven in Fort Knox in wenigen Wochen, wenn nicht Tagen, auffressen. In der Panik um den Goldpool wurden bezeichnenderweise in 2 Jahren 2500 Tonnen Gold durch Privatleute aufgekauft, obwohl bei der Panik 1967 der Durchschnittsanleger gar nicht dabei war. Die Profitmöglichkeiten für Gold bei einer solchen Panik sind beeindruckend. Aufgrund der riesigen Größe der Schuldenpyramide werden Zahlen beinahe bedeutungslos. Wie viele französische Assignaten, Deutsche Reichsmark von 1923 oder ungarische Pengo braucht man heute, um eine Unze Gold zu kaufen?

Eine Untergrenze für den Goldpreis stellt die Weigerung der europäischen Zentralbanken dar, ihre Reserven auch nur kurzfristig an Wert verlieren zu sehen. Privatinvestoren und institutionelle Anleger begreifen zusehends, dass die Zentralbanken sehr wohl ein Interesse am Gold haben.

Man muss die Wurzel des Problems immer im Auge behalten, die auf historischen Erfahrungen basiert – nicht auf dem selbstsüchtigen

Geschwafel heutiger Wirtschaftswissenschaftler oder den Machtspielchen der Imperialisten der »Neuen Weltordnung«.

Die grundsätzliche Frage, die wir uns immer vor Augen führen sollen, ist: Was ist Geld? Die Antwort ist: Geld ist, was die Leute dafür halten. Geld ist alles, worauf sich Menschen geeinigt haben, es gemeinsam und freiwillig gegen Güter und Dienstleistungen einzutauschen, und das, was als werthaltig angesehen wird. Geld muss vertrauenswürdig und glaubwürdig sein. Wenn sein Wert nur fiktiv ist, muss es eine glaubwürdige Fiktion sein. Eine Regierung kann vielleicht festlegen, was als gesetzliches Zahlungsmittel gilt. Aber sie kann nicht einfach festlegen, was die Menschen als Geld akzeptieren werden. Es gibt Dutzende historischer Beispiele, die diese fundamentale Lektion unterstreichen: Menschen, die untereinander Handel treiben wollen, verwenden dasjenige Zahlungsmittel, das ihnen am sinnvollsten erscheint, die Währung, die ihre Bedürfnisse im Zahlungsverkehr am besten erfüllt – und nicht das, was eine Regierung ihnen, egal wie streng, vorschreibt.

Wie passen diese wünschenswerten Anforderungen an eine Währung zu den »Special Drawing Rights«, Fiat-Federal-Reserve-Banknoten und dem Schuldscheingeld an sich? Gar nicht. Die »Special Drawing Rights« (SDRs) sind nicht einmal Papiergeld, sondern Computereinträge – elektronische Impulse im IWF-Computer in Washington, D. C. SDRs können von einem Informatiker nach Gutdünken auf Knopfdruck vervielfältigt oder gelöscht werden. Zum Beispiel erhöhte der IWF im Januar 1975 die »Bezugsrechte« der Mitglieder nach 10-minütiger Diskussion um 40 Prozent. Solche Bezugsrechte haben jedoch keinerlei Bezug zu echten, greifbaren Werten.

Die erklärte Absicht solcher neuen Reservewertanlagen und Papierschuldensysteme ist es, die monetäre Rolle des Goldes in der internationalen Währungsordnung zu reduzieren. Der Trugschluss liegt in der Annahme, dass sich die Menschen das Geld aufoktroyieren lassen. Den Golddollar zu demonetisieren und die Umtauschbarkeit gegen

Gold aufzuheben, wird trotzdem nicht das Gold abschaffen oder seine einzigartigen Qualitäten verändern. Die Goldkäufe auf dem Markt durch die europäischen Zentralbanken legen den Schluss nahe, dass außerhalb der USA und Großbritanniens die Demonetisierung des Goldes nicht von Erfolg gekrönt war. Nach der IWF-Konferenz auf Jamaika 1976 kündigte der französische Finanzminister Fourcade an, dass Frankreich IWF-Gold kaufen werde, um »den Bestand seiner Gold- und Währungsreserve zu harmonisieren«. Der Vorsitzende der Schweizer Nationalbank Fritz Leutwiler hat sich skeptisch gezeigt, was die Weisheit und Umsetzbarkeit der Abschaffung des Goldes aus der Weltfinanzszene angeht. »Die Schweiz hat nicht vor, sich dieser ideologischen Kampagne anzuschließen«, so Leutwiler.

Der grundlegende Wert des Goldes bleibt also erhalten – und erinnert uns immer daran, dass Gold noch sehr lange als wertvoll angesehen werden wird, während dieses ganze Papier schon lange wertlos geworden ist. 1974 sicherte Italien einen Kredit der Bundesrepublik Deutschland mit Gold zu einem Preis von 120 Dollar je Unze ab. Im Februar 1976 lieh sich Portugal 250 Millionen Dollar von der Deutschen Bundesbank, mit Gold als Sicherheit. Ein weiterer Kredit von 50 Millionen Dollar aus der Schweiz wurde ebenfalls mit Gold gesichert. Italien und Portugal hatten schließlich gar keine Wahl. Denn kein Land und keine Bank akzeptiert aktuell italienische Papierlira oder portugiesische Papierescudos als Sicherheit für einen Kredit. Gold ist und bleibt dagegen eine sichere Bank.

Im Mai 1976 führte die Great Western United Corporation bei ihrer Einkaufsvereinbarung für Zucker mit Azucarera la Victoria de Panama eine Gold- und Silberklausel ein, um sich gegen die Inflation in Panama zu schützen. Sie wollte nicht, dass zukünftige Forderungen in wertloser Papierwährung bezahlt werden. Der Vertrag verpflichtete die Tochterfirma von Great Western, 150 Millionen Dollar für den Kauf von Gold- und Silberbarren aufzubringen und diese auf Vorrat zu halten.[143]

Diese Diskussion zeigt nicht auf, warum die USA beschlossen haben, dem Gold den Krieg zu erklären. Vielleicht haben die USA jetzt keine Alternative angesichts des drohenden Zusammenbruchs ihrer Schuldenpyramide. Der wichtigste Grund ist jedenfalls, dass das Wall-Street-Establishment schon seit 1913 und vielleicht sogar schon früher sehr genaue Vorstellungen von der Welt hatte, die es mit seiner Finanzmacht durchsetzen wollte. Das Streben nach einer »Neuen Weltordnung«, der Rockefeller-Wall-Street-Plan für internationale Machtausübung mittels Dollarimperialismus nimmt Gestalt an. Die Sowjetunion ist auf den Status eines technischen Vasallenstaates reduziert worden. Vielleicht begehrt sie manchmal auf, aber entgegen Henry Kissingers Auffassung ist die Sowjetunion letztendlich für ihre Technologie auf den Westen angewiesen. Die Wall Street erlaubt der Sowjetunion momentan, ihren Einfluss auf der Welt auszudehnen. Möglicherweise, weil die kommunistischen Länder den Globalisten der Wall Street lukrative und wettbewerbsgeschützte Märkte bieten. Eine abhängige Diktatur ist ein sicherer Handelspartner.

Nach Südafrika ist Westeuropa als Nächstes dran, sich der kommunistischen Gewaltherrschaft zu unterwerfen. Wenn das passiert, wird der Großteil der Welt dem Wall-Street-Establishment technisch und finanziell hörig sein. Denn jeder neue kommunistische Staat ist garantiert Kunde amerikanischer Technik.

Beim Aufbau dieser »Neuen Weltordnung« spielt das Gold eine Schlüsselrolle. Der Dollarimperialismus setzt die Vormachtstellung des Dollars voraus – aber der Dollar ist nur ein wertloses Stück Papier. Er kann durch Gold und nur durch Gold angefochten werden. Die größten Goldproduzenten der Welt sind:

a) die Sowjetunion, die momentan aufgrund ihrer technischen Abhängigkeit keine wirkliche Gefahr für die Vereinigten Staaten darstellt;

b) Südafrika, das sehr wohl eine Bedrohung darstellt, denn der Erlös seines Goldverkaufs entzieht sich der Kontrolle der Wall Street.

Südafrika wird immer unabhängiger von den Vereinigten Staaten. Es betreibt dies ganz bewusst, um zu überleben. Die Sowjetunion ist mit ihren ständigen Ernteausfällen und großen technologischen Bedürfnissen auf dem Weg in die Abhängigkeit vom Westen, vor allem von den USA.

Südafrika ist daher unwissentlich das größte Hindernis für die »Neue Weltordnung«. Als die Kommunisten Mosambik besetzt haben, haben die Vereinigten Staaten nichts dagegen unternommen (außer ein paar ausgesuchten öffentlichen antikommunistischen Aussagen). Als Angola an die Kommunisten fiel, täuschten die USA wieder Unterstützung und Sympathie für die antikommunistische Seite vor ... und das wars auch schon.

Aus der Geschichte wissen wir, dass wirtschaftliche und finanzielle Konflikte oft Vorboten einer kriegerischen Auseinandersetzung sind. Ohne die marxistische Wirtschaftstheorie von Klassenkampf und Dollarimperialismus zu unterschreiben, wurden die Belagerungen von Mafeking und Kimberly und der Zweite Burenkrieg von der Entdeckung von Gold und Diamanten Ende des 19. Jahrhunderts in Südafrika ausgelöst.

Könnte der Krieg gegen das Gold zu einem heißen Krieg der USA gegen Südafrika eskalieren, um die größte, unabhängige Goldquelle der Welt und ein ärgerliches Hindernis für die »Neue Weltordnung« zu beseitigen? Alternativ – und noch leichter vor der amerikanischen Öffentlichkeit zu verstecken – könnten die USA die Sowjetunion ermutigen, gegen Südafrika vorzugehen. Aus der Beweislage, die wir in Kapitel 11 präsentiert haben, scheint es, als ob Henry Kissinger und seine Komplizen genau das vorhatten. Aus der Perspektive des Establishments wäre ein Goldvorrat unter sowjetischer Kontrolle besser als einer unter der Kontrolle eines unabhängigen Südafrikas.

Die Sowjetunion ist in Bezug auf Weizen und fortschrittliche Technologie von den USA abhängig und bezahlt dafür in Gold. Südafrika ist in keiner Hinsicht auf die USA angewiesen. Wenn die Sowjetunion das südafrikanische Gold kontrollieren würde, wäre sie ein noch größerer Markt für westliche Technologie. Die USA könnten über Nacht ihr ärgerliches Goldproblem aus der Welt schaffen und einen lukrativen, neuen Markt schaffen. (Vielleicht nicht ganz über Nacht – die Schreibtischgeneräle der Carnegie-Stiftung für Internationalen Frieden gehen davon aus, dass Südafrika in 130 Tagen erobert werden könnte.)

Das klingt vielleicht utopisch, aber nicht so utopisch für Menschen außerhalb der USA. Es gibt sogar Anzeichen, dass so eine Politik umgesetzt werden soll.[144] Wie wir in Kapitel 11 gesehen haben, hat die gemeinnützige Carnegie-Stiftung für Internationalen Frieden einen Bericht über die Notwendigkeit eines militärischen Angriffs auf Südafrika durch »Frankreich, die Bundesrepublik Deutschland, die Sowjetunion, das Vereinigte Königreich und die USA« herausgegeben.[145]

Wenn das wirklich die Geheimpolitik der USA ist, dann ist unseren Planern im Establishment eine wichtige Feststellung entgangen (wenn man davon ausgeht, dass sie nicht absichtlich unsere und ihre eigene Zerstörung planen): Jede herausragende Zivilisation der Geschichte basierte auf der Kontrolle des Goldvorrats. Wir haben ein paar Beispiele hierzu in Kapitel 1 beschrieben. Dann gab es das spanische Weltreich im 16. Jahrhundert, das auf der Kontrolle der meisten bekannten Goldminen der Welt basierte. Das britische Empire war am mächtigsten, als es die Goldminen der Welt in Südafrika, Kanada und Australien kontrollierte. In jüngerer Zeit kontrollierten die USA den größten Goldvorrat der Welt, etwa so viel wie 12 Jahre südafrikanischer Goldproduktion.

Wenn wir in die Zukunft blicken, sehen wir sowjetische Planer, die keine naiven Keynesianer oder leichtgläubigen Entspannungspolitiker sind, sondern gnadenlose, unumwundene Realisten. Sie erkennen die einfache Gleichung: südafrikanisches Gold + russisches Gold = fast die gesamte Weltproduktion = Weltherrschaft.

Die Wall Street glaubt vielleicht, dass die Sowjetunion eine sichere Geisel des technologischen Dollarimperialismus ist. Aber es könnte genauso gut auch die Wall Street und der Rest der nicht kommunistischen, halbwegs marktwirtschaftlichen »freien Welt« sein, die als Geisel des russischen Imperialismus endet. Hier könnten die USA sich verkalkuliert haben.

In der Vergangenheit wurde jeder Akademiker, der die Konsequenzen der technologischen Unterstützung der UdSSR und unserer unlogischen Goldpolitik hervorhob, diffamiert und ausgestoßen. Warum? Weil das Establishment nicht in der Lage ist, zu planen und zu analysieren. Diese Fähigkeiten werden extern outgesourct. Und meistens sind diese externen Berater selbstsüchtige Akademiker, die alle Beweise unterdrücken, die ihrem Ziel widersprechen. Akademiker, die sich der Wahrheit verpflichtet fühlen, bleiben eher in der Forschung und der Lehre – und niemals dauerhaft im Zentrum der Macht. Manchmal sind sie vielleicht kurzfristig und widerwillig Ratgeber. Aber es sind die Henry Kissingers, die Walt Rostows und Dean Rusks, die in den Machtzentren zu finden sind. Ihre Ratschläge kranken an denselben Schwächen wie ihre Persönlichkeiten. Sie sind im empirischen Wissen nicht versiert. Ihnen fehlt eine gewisse Zähigkeit. Ihre Empfehlungen entsprechen eher dem, was der Establishment-Kunde hören will. Deshalb scheitern ihre Empfehlungen oft, weil sie auf falschen Voraussetzungen, Unwissenheit und zögerlicher, halbherziger Umsetzung basieren. Haben diese wissenschaftlichen Speichellecker nicht den logischen Schluss ihrer Politik verstanden? Wir wissen es nicht. Wir hoffen nur, dass wir die Wahrheit nicht erst erfahren, wenn es zu spät ist.

Letztendlich geht es beim internationalen Krieg gegen das Gold um die größte Goldproduktion der Welt, die südafrikanische. Die USA haben scheinbar kein Problem damit, dass Südafrika an die

Wand gestellt wird. Warum? Es liegt zumindest teilweise daran, dass die keynesianischen Wunderknaben Washingtons keine Vorstellungen vom Gold als Wertanlage haben – als *Geld*. In der Außenpolitik sind die Wunderknaben um Henry Kissinger weder so zäh noch so schlau wie die sowjetischen Strategen. Vielleicht glaubt das Establishment, es könne die Sowjets mittels »Zuckerbrot« der US-Technik kontrollieren. Und wenn das scheitert, dann mit der »Peitsche«: amerikanische technische Überlegenheit als Friedensstifter auf der Welt. Aus Gründen, die zu komplex sind, um hier dargestellt zu werden, können die USA die UdSSR niemals durch reine Techniktransfers kontrollieren.[146]

Wir sind also zu unserer endgültigen Schlussfolgerung gelangt, dem Destillat unserer Diskussion: *Das Schicksal Südafrikas, des größten Goldproduzenten der Welt, ist auch das Schicksal der Vereinigten Staaten.*

Diese Schlussfolgerung könnte viele befremden, die sich ihre Meinung über Südafrika aus einer Entfernung von 16 000 Kilometern bilden und deren nächste Nähe zu einer Goldmine die United Nations Plaza in New York City war. Wir können dem Leser jedoch versichern, wenn das südafrikanische Gold direkt oder indirekt den Kommunisten in die Hände fällt, dann wird es irgendwann keine Wall-Street-Führungsriege und keine freie Gesellschaft in den Vereinigten Staaten mehr geben. Das wird die unausweichliche und unvermeidliche Konsequenz des Krieges gegen das Gold sein.

Wenn unser Establishment sein Schicksal, und das unsere, in die Hände von goldfeindlichen Akademikern und Politikern legt, werden sie, und wir, den Preis dafür bezahlen. Mit ihrem Krieg gegen das Gold spielen die USA mit einem Weltuntergangsszenario, das den amerikanischen Traum begraben könnte. Indem wir klammheimlich die sowjetische Ausbreitung in Afrika unterstützen – die mit an Sicherheit grenzender Wahrscheinlichkeit auf das rohstoffreiche Südafrika abzielt –, schreiben die USA das letzte Kapitel ihres Versprechens von menschlicher Freiheit und übergeben die Welt einem Sowjetimperialismus, der keine Widerrede und keinen Widerstand duldet.

Es ist noch nicht zu spät, den Krieg abzublasen, der die USA noch mehr kosten wird als Südafrika. Es ist immer noch Zeit, in unserer Finanzpolitik die Vernunft und in unserer Außenpolitik den Anstand wiederherzustellen. Aber viel Zeit bleibt nicht mehr. Und sobald wir die letzten Seiten des Geschichtsbuches aufgeschlagen haben, gibt es keine zweite Chance und kein höherinstanzliches Berufungsgericht, das uns retten könnte. Es heißt jetzt oder nie.

Anhang A

Brief von Hughes Hubbard & Reed (Anwälte des Nationalkomitees für Finanzreform) an Finanzminister William E. Simon, 27. Juni 1975

Hughes Hubbard & Reed
1660 L Street, NW
Washington, D. C. 20036

Handschriftlich

Dem Ehrenwerten William E. Simon
Finanzminister
Finanzministerium der Vereinigten Staaten von Amerika
15th Street & Pennsylvania Avenue
Washington, D. C. 20220

Sehr geehrter Herr Minister,

ich schreibe Ihnen im Auftrag unseres Mandanten, des National Committee for Monetary Reform (dt.: Nationalkomitee für Währungsreform), und anderer interessierter Parteien, um unseren Widerspruch gegen den vorgeschlagenen Verkauf von 500 000 Unzen Gold am 30. Juni 1975 auszudrücken und Sie aufzufordern, alle Angebote im Zusammenhang mit diesem Verkauf abzulehnen. Es gibt mehrere Gründe für diesen Einwand.

Erstens findet der Verkauf entgegen der klaren Regelungen der zuständigen Verwaltungsrichtlinie von 1949 zum Verkauf von Bundeseigentum, 40 U.S. Code § 484 (e) (2) (C), nach der Methode der holländischen Auktion (Rückwärtsauktion) statt, nach der die Preisgebote immer weiter fallen. Das bedeutet einen minimalen Ertrag für den Staat und minimale Preise für die Käufer – ein klarer Widerspruch gegen das gesetzliche Gebot, den besten Preis für den Start rauszuholen.

Zweitens: Trotz der Bestimmungen von 40 U.S. Code § 484 (a) und (c), wonach die Verwaltungsaufsicht der US-Regierung die endgültige Befugnis hat, angemessene Bedingungen für den Verkauf von »überschüssigem Regierungseigentum« festzulegen, gehen wir davon aus, dass diese Bedingungen vom Finanzministerium festgelegt wurden, ohne Beteiligung der unabhängigen Verwaltungsaufsicht der US-Regierung.

Drittens: Obwohl die Verwaltungsrichtlinie von 1949 zum Verkauf von Bundeseigentum der Verwaltungsaufsicht die Entscheidung überträgt, ob Regierungseigentum »überflüssig« ist und daher verkauft werden darf, wurde die Entscheidung, »überflüssiges« Gold zu verkaufen, vom Finanzministerium ohne unabhängige Aufsicht und Entscheidung der Verwaltungsaufsicht gefällt.

Viertens zielt die Entscheidung, Gold zu verkaufen, vor allem in Barren von 250 Feinunzen, mit einem Feingehalt von 995, offensichtlich darauf ab, den Marktpreis für Gold zu drücken. Barren dieser Größe werden im internationalen Goldhandel nicht akzeptiert. Außerdem wird für Finanztransaktionen oder künstlerischen Bedarf Gold mit einem Feingehalt von mindestens 995 für den »Good Delivery«-Standard vorausgesetzt. Die Nachfrage nach Gold von einem solchen Feingehalt ist niedriger als die Nachfrage nach »Good Delivery«-Gold. Käufer müssten erhebliche Kosten auf sich nehmen, um ein so unreines Gold der Verkaufsnorm anzupassen. Die Wahl des Gewichts und der Feinheit des verkauften Goldes wird die Nachfrage drosseln und daher den Preis künstlich drücken, den die Regierung dafür erhält. Der Ausschluss von ausländischen Regierungen und

Zentralbanken (nicht aber von ausländischen Personen und Institutionen) wird außerdem die Nachfrage und daher den erzielten Marktpreis des Goldes künstlich senken. Die Modalitäten dieses geplanten Verkaufs sind darauf angelegt, einen möglichst niedrigen Preis für den Verkauf dieses Eigentums der US-Regierung zu erzielen, und laufen daher den finanziellen Interessen der USA und ihrer Bürger entgegen, in deren Namen die Regierung dieses Gold besitzt.

Fünftens ist die Politik des Finanzministeriums, den Goldpreis zu drücken, was offensichtlich das Ziel des angekündigten Verkaufs am 30. Juni ist, willkürlich, unvernünftig und nicht zu rechtfertigen. Die Vereinigten Staaten halten momentan Goldreserven von etwa 276 Millionen Unzen. Als Konsequenz der angekündigten Politik des Finanzministeriums, den Goldpreis zu drücken, ist dieser bereits um 5 Dollar pro Unze gegenüber dem bisherigen Preis auf dem freien Markt gefallen. In der Folge wurde der Wert der US-Goldreserven vorsätzlich um etwa 1,38 Milliarden Dollar gemindert. Eine solche Politik verstößt gegen die Vorschrift 31 U.S. Code § 733, dass das Finanzministerium beim Goldverkauf »möglichst vorteilhafte Konditionen für die Öffentlichkeit« erzielen muss.

Sechstens muss die Münzbehörde laut 31 U.S. Code § 354 im Rahmen des Jahresabschlusses eine jährliche Inventur der physischen Goldreserven vornehmen. In seinem Brief an einen Kongressabgeordneten vom 5. September 1974 erklärt der Finanzminister, dass der Leiter der Münzstätte zu diesem Zwecke jährliche Inventurkommissionen ernennt, die in allen Münzämtern, Bewertungsstellen und Goldbarrenlagerstätten die Inventur vornehmen. Dennoch stellte der Vorsitzende des US-Rechnungshofes in seinem Bericht an den Kongress vom 10. Februar 1975 (B-87620) fest, dass die letzte Inventur der Goldreserven des Finanzministeriums 1953 vorgenommen wurde. Der Verkauf von größeren Mengen Gold – ob als »überflüssiges Eigentum« oder anderweitig – ohne eine Inventur oder Bestandsaufnahme nach allgemein akzeptierten Inventurrichtlinien, um die

Menge und den Feingehalt der Goldreserven der US-Regierung festzustellen, ist willkürlich, unvernünftig und nicht zu rechtfertigen.

Daher fordern wir Sie auf, alle Angebote im Zusammenhang mit dem avisierten Verkauf am 30. Juni abzulehnen und weitere öffentliche Goldverkäufe, die dem Gesetz zuwiderlaufen, zu unterlassen.

Hochachtungsvoll

Philip A. Lacovara

Anhang B

Vortrag des Autors über die internationalen Herausforderungen des Westens, London, April 1975

Der Autor interessiert sich seit 1958 dafür, wie die Sowjetunion an ihre Technik gelangt. Nicht wie viel Technik, sondern welche Technik die Sowjets haben und woher. Mit anderen Worten, wie die sowjetische Innovation in der Praxis erlangt wurde – nicht in der Theorie oder der Propaganda.

In den frühen 1960er-Jahren ergab sich aus den vorläufigen Beweismitteln eine erste Hypothese, die jetzt mit technischen Daten von 1917 bis in die Gegenwart belegt werden kann. Die Hypothese besagt, dass der größte Teil sowjetischer Technik aus westlichen, marktwirtschaftlichen Ländern stammt. Etwa 90 Prozent der sowjetischen Technik ist westlichen Ursprungs, so meine Schätzung. Natürlich gibt es auch einheimische sowjetische Technik, und in jüngsten Jahren gab es sogar einen gut angekündigten sowjetischen Technologieexport nach Westen. Aber dieser ist in der Realität verhältnismäßig unwichtig, abgesehen von seinem Propagandawert.

Kurz gesagt, kann man also nicht behaupten, dass alle sowjetische Technik westlichen Ursprungs ist, aber man kann sagen, dass der größte Teil davon westlich ist.

Dem Leser werden die frühen 1960er-Jahre als Zeitalter von Sputnik in Erinnerung bleiben. Beinahe jeder war damals der Meinung, dass die Sowjets den USA technisch voraus waren. Meinungsumfragen in England zeigten dasselbe Bild. 1963 sprach der Autor in Los Angeles, als die Frage gestellt wurde: »Wer wird zuerst den Mond erreichen, Russland oder die USA?« Die Antwort war, dass die Sowjets ohne die technische Hilfe der USA den Mond nicht erreichen könnten. Das Publikum lachte. Sie hielten das für einen Witz!

Die ersten Jahre meiner Forschung waren also zäh und ohne jede Unterstützung. Doch 1966 wurde mein erstes Manuskript fertiggestellt und 1968 von der Hoover Institution an der Stanford-Universität unter dem Titel *Western Technology and Soviet Economic Development 1917 to 1930* veröffentlicht. Danach ging es mit der Forschung zügiger voran. Band 2 zu den Jahren 1930 bis 1945 wurde 1971 publiziert – die Jahre der berüchtigten Fünfjahrespläne, die übrigens vollständig westlicher Konstruktion und Herkunft waren. Band 3 (1945 bis 1965) wurde Mitte 1970 fertiggestellt, ging aber aus politischen Gründen 3 ½ Jahre lang nicht in Druck und kam erst 1974 heraus. Vor Kurzem wurde *National Suicide: Military Aid to the Soviet Union* (dt.: »Nationaler Selbstmord: Militärhilfe an die Sowjetunion«) publiziert, ein erster Versuch, unsere langfristige und fortwährende Militärhilfe an die Sowjetunion zu untersuchen.[1]

Jeder der vier Bände folgt derselben Methodik: Wir sehen uns die wichtigsten Verfahren und Ausrüstungen an, die in der UdSSR verwendet werden, um den Ursprüngen ihres Designs auf den Grund zu gehen. In der Stahlindustrie untersuchen wir zum Beispiel die Einführung des klassischen Hochofens für die Produktion von Roheisen sowie Elektroöfen, Herdöfen, heiße und kalte Breitbandstraßen, Rohrwerke und so weiter. In jedem Fall betrachten wir die Einführung und Prozessgeschichte in der Sowjetunion: Dampflokomotiven, Elektrolokomotiven, Lkw-Motoren, chemische Prozesse und so weiter – die gesamte Bandbreite der modernen industriellen Produktionstechnik wird in ähnlicher Form untersucht.

Sehen wir uns einen Industriebereich, die sowjetische Handelsmarine, im Detail an. Dies wird die Methodik, die Menge an belegbaren technischen Details, die erworben werden konnten, und die allgemeinen Schlussfolgerungen veranschaulichen. Wir wählen die Handelsmarine, weil die Schiffstechnik bekannt und überschaubar ist (Rumpf plus Motor) und die Schlussfolgerungen in jeder großen Bibliothek nachvollzogen werden können.

Die sowjetische Handelsmarine hat laut sowjetischem Schiffsregister etwa 6000 Schiffe. Dieses Register enthält eine Fülle an technischen Details: Dimensionen, Masse, Motordaten bis zu Zylinderdurchmesser, Kolbenhub und Antriebsform (Diesel oder anderweitig).

Im Jahr 1930 beförderte die sowjetische Flotte nur etwa 4 Prozent des russischen Frachtguts. Die sowjetische Handelsmarine blieb bis in die 1950er-Jahre sehr klein. Anfang der 1950er-Jahre startete die Handelsmarine ein enormes Schiffsbau- und Schiffseinkaufsprogramm. Heute besitzt die Sowjetunion die modernste Handelsmarine der Welt und ist nach Schiffen und Tonnage mit die größte der Welt.

Die Untersuchung der sowjetischen Handelsmarine fokussierte sich hauptsächlich auf zwei Kriterien: a) Die Herkunft der Schiffsrümpfe und b) die Herkunft ihrer Antriebssysteme.

Wir haben jeden einzelnen der 6000 Einträge im sowjetischen Schiffsregister untersucht, welches ausführlicher ist als das Schiffsregister von Lloyd's of London. Daraus haben wir zwei Statistiken errechnet: 1) Wie viele Schiffsrümpfe *innerhalb* der UdSSR gebaut wurden und 2) wie viele Schiffsrümpfe *außerhalb* der UdSSR gebaut wurden. Außerdem haben wir kalkuliert: 1) Wie viele Schiffsmotoren *innerhalb* der UdSSR und 2) wie viele Schiffsmotoren *außerhalb* der UdSSR gebaut wurden.

Diese Methode ist sehr genau und nachvollziehbar. Bis auf Rechenfehler gibt es hieran nichts zu rütteln. Es hat auch noch niemand diese Zahlen kritisiert.

Die Ergebnisse dieser statistischen Analyse sind bemerkenswert: Das sind wohlgemerkt *sowjetische* Daten. Wenn wir diese sowjetischen Daten analysieren, finden wir von 1918 bis 1968: 1) Nur 34 Prozent (ein Drittel) der sowjetischen Handelsschiffrümpfe wurden *innerhalb* der UdSSR gebaut und 2) 80 Prozent (vier Fünftel) der Dieselmotoren sowjetischer Handelsschiffe wurden *außerhalb* der UdSSR gebaut.

Selbst das Fünftel der sowjetischen Schiffsdieselmotoren, die *innerhalb* der UdSSR gebaut wurden, wurde mit technischer Hilfe aus dem

Ausland konstruiert, entweder von Škoda oder Burmeister & Wain, und mit der technischen Unterstützung dieser Firmen hergestellt. *Das heißt, es gibt keinen rein sowjetischen Schiffsdieselmotor, und es hat ihn auch nie gegeben.*

Diese Zahlen sind für sich genommen vielleicht für Wirtschaftswissenschaftler interessant und weichen auf radikale Weise von gegenwärtigen Lehrbuchdarstellungen der sowjetischen Wirtschaftsentwicklung ab. Wenn wir diese Zahlen jedoch im Kontext der nationalen Sicherheit betrachten, dann erhalten sie erst ihre entscheidende Bedeutung, und wir verstehen, warum die Verfechter einer Entspannungspolitik solche Beweise gar nicht in Betracht ziehen wollen. Die Zahlen zeigen, dass »Entspannung« nicht nur eine Illusion ist, sondern sogar eine große Gefahr für das Überleben des Westens. Die Entspannungsbefürworter argumentieren zum Beispiel, dass Handelsschiffe »Friedensgüter« seien und dass wir »der Sowjetunion Handelsschiffe verkaufen können, ohne unsere Verteidigung dadurch zu gefährden«.

Aber stimmt das denn überhaupt?

Wir haben eine Liste der 96 sowjetischen Schiffe analysiert, die Nordvietnam über den Hafen von Haiphong beliefert haben. 84 dieser 96 Schiffe konnten identifiziert werden. Die anderen 12 waren zu neu, um im sowjetischen Schiffsregister eingetragen zu sein. 71 dieser 84 identifizierbaren Schiffe waren *außerhalb* der UdSSR gebaut, nur 13 nicht. Die 13 Ausnahmen wurden mit Dieselschiffsmotoren nach den Designs von Škoda oder Burmeister & Wain und mit deren technischer Hilfe *innerhalb* der UdSSR gebaut.

Mit anderen Worten hatte keines der sowjetischen Frachtschiffe, die Nordvietnam über den Hafen von Haiphong belieferten, einen Antrieb sowjetischer Bauart. Beinahe alle Motoren dieser Schiffe (71 von 84 wurden identifiziert) wurden *außerhalb* der UdSSR gebaut, und alle Motoren wurden *außerhalb* der UdSSR entworfen.

Noch wichtiger ist die Tatsache, dass die größeren und schnelleren sowjetischen Schiffe im Westen gebaut wurden. Die westlichen Schiffe, die Haiphong belieferten, waren etwa 20 Prozent schneller als in der Sowjetunion gebaute Schiffe. Das ist keine Schätzung, das sind präzise Kalkulationen.

Demzufolge hätten die Sowjets also Nordvietnam, das sie mit etwa 80 Prozent ihrer Waffen und ihres Kriegsmaterials versorgt haben, ohne westliche technische Hilfe und den Bau von Handelsschiffen nicht versorgen können. Die Sowjets hätten diese Schiffe nicht mit ihren eigenen Schiffen ersetzen können, da nur 34 Prozent der Schiffsrümpfe und 0 Prozent der Schiffsdieselmotoren aus sowjetischer Herstellung stammt.

Das bedeutet, dass die 100 000 Amerikaner und unzählige Verbündete, die in Korea und Vietnam gefallen sind, mit Waffen getötet wurden, die auf Schiffen geliefert wurden, die wir hergestellt und geliefert haben. Das ist eine logische, unausweichliche Schlussfolgerung. Man kann sie unmöglich leugnen. Es ist eine Tatsache und offenbar eine, die für die nationale Sicherheit von großer Bedeutung ist.

Der Westen hat Vietnam und Kambodscha jetzt verloren und zwar deswegen, weil wir im Westen das Material geliefert haben, um den Krieg gegen uns zu führen. Und dieser Schluss lässt sich nicht nur in Bezug auf die Handelsmarine, sondern auch für die meisten anderen sowjetischen Industriezweige ziehen, *sogar in Bezug auf Waffentechnik*.

Der Grund, warum dies in der Vergangenheit durch westliche Regierungen nicht erkannt und daraus nicht die richtigen Schlüsse gezogen oder überhaupt in Erwägung gezogen wurden, ist ein fundamentales Problem der Analyse. Denn wir haben die sowjetischen Handelsbeziehungen bisher mit falschen Methoden bewertet.

Man nennt es in der Wirtschaftswissenschaft das *Margenproblem*: In der Ökonomie gibt es die Regel: *Die Summe aller Margen ergibt den Gesamtumfang*. Das Problem bei unserer Analyse der sowjetischen Handelsbeziehungen ist, dass Geschäftsleute, Regierungen und Verteidigungsexperten immer nur die Marge angeschaut haben und nicht den Gesamtumfang – der zu ganz anderen Schlussfolgerungen führt.

Ein Schiffsbauer verkauft den Sowjets *ein* Handelsschiff. In der Wirtschaftswissenschaft nennt man das die Margeneinheit, die letzte verkaufte Einheit. Der Schiffsbauer geht zu einer Exportbehörde und sagt: »Wir wollen ihnen nur *ein* Schiff verkaufen, bekommen wir dafür eine Exportgenehmigung?« Da es nur um ein einziges Schiff geht, kann das ja nicht die nationale Sicherheit betreffen. Die Auswirkung auf die sowjetische Militärmacht ist marginal. Deshalb sagt die Exportbehörde: »Gut, es ist ja nur ein einziges Schiff, das gefährdet die nationale Sicherheit nicht.« Also erhält der Schiffsbauer die Genehmigung, ein Schiff zu exportieren, das der sowjetischen Handelsmarine hinzugefügt wird.

Dann kommt der nächste Schiffsbauer und bringt dasselbe Argument vor: Es ist ja nur *ein* Schiff. Und so weiter. Jede Werft, jeder Verkäufer, jeder Beamte sieht nur das einzelne Schiff, die Margeneinheit, die letzte verkaufte Einheit.

Wir haben dagegen bei unserer Analyse alle Einheiten angesehen, die zwischen 1917 und 1970 der Sowjetunion verkauft wurden – den *Gesamtumfang*. Die Summe aller Margeneinheiten. Und da ergibt sich ein ganz anderes Bild und andere Schlussfolgerungen. In den letzten Jahren haben wir – im Rahmen der sogenannten *Entspannungspolitik* – die Sowjetunion technisch auf ein ganz neues Niveau gehievt und ihr damit entscheidende Vorteile verschafft, mit denen der Westen jetzt umgehen muss. Das ist nicht die Schuld der Sowjetunion, es ist *unsere* – beziehungsweise die Schuld Henry Kissingers und der Globalisten. Kurzum: *Wir haben unseren Feind aufgerüstet.*

Dem Geschäftsmann geht es natürlich nicht um die Landesverteidigung. Ihn interessiert nur sein aktuelles Geschäft. Er will heute etwas verkaufen. Es ist ihm egal, was 1926 oder 1956 verkauft wurde oder was 1986 verkauft werden wird. Den Regierungsbeamten sollte es zwar nicht egal sein, aber sie sind politisch weisungsgebunden – und kein US-Regierungsbeamter wird sich mit Henry Kissinger anlegen.

Wenn also die britische Firma Imperial Chemical Industries (I. C. I.) der Sowjetunion ein Chemiewerk verkauft, geht es ihr dabei nur um diesen Deal, nicht um die russische Chemieindustrie in ihrer Gesamtheit. Wenn Boeing der Sowjetunion Flugzeugtechnologie verkauft, betrifft dies nur ein einzelnes Flugzeug oder ein bestimmtes Verfahren – zum Beispiel die Technologie, die bei den Türen der Boeing 707 verwendet wird – und nicht die gesamte russische Flugzeugindustrie. Wenn Fiat in der UdSSR ein Autowerk baut, kümmert es sich nur um dieses eine Autowerk und nicht um die gesamte sowjetische Autoindustrie.

Die Geschäftsleute und Regierungsbeamten sehen immer nur den einzelnen Verkauf, obwohl eine realistische Analyse das Gesamtbild aller Verkäufe in den letzten 50 Jahren betrachten müsste. Wenn wir das Gesamtbild ansehen, erkennen wir, dass wir nicht nur unsere eigenen strategischen und militärischen Probleme geschaffen haben, sondern den Revolutionären und Subversiven überhaupt erst die Möglichkeit geben, revolutionär und subversiv zu sein.

Was können wir also für unsere Sicherheit aufgrund dieser Forschungsergebnisse prognostizieren, wenn wir statt Einzelverkäufen oder kurzfristiger Politik – so wie Henry Kissingers *Entspannungspolitik* – den gesamten technischen Transfer über ein halbes Jahrhundert hinweg ansehen? Einige ziemlich klare Schlussfolgerungen sind hier möglich.

Erstens wird weder die Sowjetunion noch das kommunistische China in der Lage sein, eigenständig technische Entwicklungen voranzutreiben, solange sie an ihrer Planwirtschaft samt der politischen und ideologischen Manipulation wirtschaftlicher Entscheidungen festhalten. Beide Länder bleiben technisch vom Westen abhängig. Eine Planwirtschaft ist eine statische Gesellschaft. Sie ist technisch weder tragfähig noch zukunftsfähig. Eine Planwirtschaft kann allerdings Krieg führen und Revolutionäre erzeugen. Das müssen wir uns vor Augen führen.

Zweitens: Nur dank unserer stetigen Lieferung westlicher Technik können Sowjetrussland und Rotchina das allgemein akzeptierte Bild tragfähiger und lebendiger sozialistischer Gesellschaften aufrechterhalten. Sie können nur deswegen technisch mithalten, weil wir es ihnen ermöglichen. Diese technischen Hilfsleistungen des Westens haben den Kommunisten folgende Politik erlaubt: 1) Weltweite Expansion und 2) das ideologische Fundament für Terroristen und Revoluzzer zu liefern, die dem Westen ihre angeblich progressive sozialistische Gesellschaftsform aufzwingen wollen.

Die portugiesischen Linksradikalen wollen eine marxistische Gesellschaft erreichen. Aber wenn wir Russland und China erlauben würden, der Welt ihre wirtschaftliche und technische Unterlegenheit aufzuzeigen, hätten die portugiesischen Marxisten, die Terroristen in Afrika und die amerikanischen Revoluzzer nichts mehr, wofür es sich zu kämpfen lohnt. Nicht einmal der verbohrteste Revolutionär kämpft für ein offensichtlich überholtes und untaugliches System. Die meisten dieser Revolutionäre stellen sich eine glorreiche Utopie mit genug Essen und Wohnraum für alle vor, vielleicht ein Auto – nicht ein rückwärtiges, ineffizientes Armenhaus. Wir werden bei uns zu Hause von Revolution und Unterwanderung bedroht, weil wir mit unseren Hilfsleistungen an die ineffizienten sozialistischen Länder den Revolutionären ihre Utopie erst ermöglichen.

Die wichtigsten Unterstützer des Sozialismus sind damit westliche Geschäftsleute, die dem sowjetischen System durch technische Hilfslieferung den Fortbestand erst ermöglichen. Es sind dieselben Geschäftsleute, die damit der sozialistischen Revolution eine Perspektive geben. Diese Revolutionäre existieren also nur wegen unserer eigenen kapitalistischen Geschäftsleute, die ironischerweise oft dieselben sind, die ein hartes Vorgehen gegen jene Revoluzzer und Subversiven fordern, die sie selbst erschaffen haben.

Wenn wir unter dem Deckmantel der Entspannungspolitik also weiter die kommunistischen Länder subventionieren, wird das Ergebnis mehr Terrorismus sein und nicht weniger. Mehr Subversion und nicht weniger. Mehr Länder wie Portugal und mehr Revoluzzer wie Allende in Chile. So schaffen wir langfristig unsere eigenen Probleme. Der Schlüssel liegt in den Händen der westlichen Geschäftswelt. Wenn wir der Revolution, dem Terror und dem kommunistischen Imperialismus ein Ende setzen wollen, müssten sie einfach nur den Hahn zudrehen und den Strom westlicher Technik abstellen. Es ist tatsächlich so einfach. Doch sie werden es nicht tun. Und warum nicht?

Westliche Geschäftsleute übertreffen sich damit, ihr »soziales Gewissen« zu demonstrieren, das ihnen noch wichtiger als ihre Gewinne erscheint. Dieselben Geschäftsleute werden jedoch keine Sekunde zögern, Technik zu verkaufen, die ihren Landsleuten und Verbündeten millionenfach das Leben kostet.

Unter Antikommunisten gibt es ein großes Glaubwürdigkeitsproblem. Manche von ihnen haben längst erkannt, dass wir unsere eigenen Probleme verschuldet haben. Andere Antikommunisten, darunter viele Geschäftsleute, die mit der UdSSR Handel treiben, weigern sich, diese Tatsachen zur Kenntnis zu nehmen. Diese Spaltung unter den Antikommunisten tritt nun offen zu Tage – von Australien und Neuseeland bis Lateinamerika und den Vereinigten Staaten, wo es schon lange ruchbar war. In den USA darf man die kommunistische Weltrevolution nur insoweit kritisieren, solange man nicht diejenigen kritisiert, die die Revolution subventionieren und das langfristige Überleben der sozialistischen Ideen und Systeme erst möglich machen.

Angesichts des fundamentalen Problems unserer technischen Unterstützung des Kommunismus müssen wir über die Revolutionäre und Umstürzler hinausblicken und die Handlungen und Motivationen der Unterstützer betrachten, die die Aktionen jener Subversiven erst ermöglichen und fördern. Das wird die wahre Herausforderung für die Glaubwürdigkeit der freien Welt und der freien Marktwirtschaft in den kommenden Jahren.

Wenn wir die Unterstützung der sozialistischen Systeme betrachten, unterscheiden wir zwischen all jenen, die das Überleben unserer westlichen Welt sichern wollen und jenen, die Wortklauberei mit unserem Überleben betreiben oder unsere Zukunft aus persönlicher Gewinnsucht aufs Spiel setzen.

Misstrauen sollte das heutige Klischee einer Konvergenz der politischen Systeme in einer »Neuen Weltordnung« erregen. Konvergenz bedeutet eine statische sozialistische Welt. Indem wir die sozialistische Welt subventionieren, untergraben wir unsere eigene »Freie Welt«. Konvergenz bedeutet keinen Kompromiss auf halbem Wege, sondern den Sieg einer sozialistischen Weltordnung ohne persönliche oder wirtschaftliche Freiheit.

Diese Probleme kann man letztendlich nicht im luftleeren Raum betrachten. Auf der einen Seite haben wir die wirtschaftliche und militärische Macht der Sowjetunion subventioniert. Wir erlauben ihrem starren, gescheiterten Wirtschaftssystem das Überleben und spielen damit den Revoluzzern und Umstürzlern in die Hände. Auf der anderen Seite gibt es aufgrund unseres Strebens nach Vollbeschäftigung außer Kontrolle geratene Inflation. Unsere eigene, quasi-sozialistische Planwirtschaft enthüllt mehr denn je die Nachteile des Sozialismus. Wir stehen am Rande eines finanziellen Abgrunds, der die Finanzstruktur der westlichen Welt zum Einsturz bringen könnte. Oder, um eine andere Metapher zu bemühen, ein riesiger Schuldenballon aus Papiergeld schwebt über unseren Köpfen und droht uns unter sich zu begraben, wenn er platzt. Es ist nur eine Frage der Zeit. Und dann droht soziales und wirtschaftliches Chaos, das unsere westliche Gesellschaft wiederum zur leichten Beute der Marxisten, Revolutionäre, Umstürzler und ihrer Weggefährten machen wird.

Wenn man unsere Überlebenschancen betrachtet, kann man zwei verwandte Elemente feststellen: 1) die technische und finanzielle Subvention der Sowjetunion, die einem feindlichen, untauglichen System den Anschein des Erfolgs verleiht und damit die Revolutionäre und

Umstürzler anstachelt, und 2) die drohende Krise eines kollabierenden Weltfinanzsystems und das daraus resultierende Chaos, das die Grundvoraussetzung für eine erfolgreiche Revolution zum Umsturz der kapitalistischen Gesellschaft darstellt.

Wenn wir davon ausgehen, dass unsere Geschäftsleute lieber in der »Freien Welt« wohnen würden, dass sie ihr Land und dessen Tradition der freien Marktwirtschaft lieben, dann müssen politisch zwei Dinge geschehen, die grundlegend neu sind. Die Politik der letzten 50 Jahre hat uns jedoch an den Rand des Abgrunds gebracht. Die neue Politik, die ich hier vorschlage, ist der Rockefeller-Kissinger-Politik diametral entgegengesetzt.

Zweierlei muss also geschehen:

> 1) Die weitverbreitete Illusion muss entzaubert werden, dass sozialistische Gesellschaften technisch und wirtschaftlich überlebensfähig sind und dass der Sozialismus ohne unsere Hilfe erfolgreich sein kann. Dies ist in erster Linie eine Bildungsaufgabe. Sie kann nicht per Gesetz oder Erlass aufoktroyiert werden. Diese Aufgabe muss von privaten Organisationen und Privatpersonen übernommen werden.
> 2) Ein Weltfinanzsystem, basierend auf der Disziplinierung durch das Gold, muss errichtet werden – bestenfalls ein reiner Goldstandard, aber jede Art von internationalem System auf Goldbasis würde das Vertrauen in unsere Währung wiederherstellen. Das ist eine politische Aufgabe.

Wenn die Wirtschaft diese Politik bald annimmt und umsetzt, kann die freie Marktwirtschaft überleben und gedeihen. Wenn die Wirtschaft sich jedoch weigert, droht der westlichen Welt eine dunkle Zukunft: entweder ein weltweiter kommunistischer Einheitsstaat oder – was wahrscheinlicher ist – eine Weltgemeinschaft kommunistischer Staaten. Dies wird innerhalb weniger Jahrzehnte passieren, vermutlich bis zum Jahr 2000 oder sogar früher. Auf keinen Fall viel später.

Wir haben also noch Zeit, aber nicht mehr viel.

Anhang C

Organisationen, Investmentberater und Wirtschaftsnewsletter, die für Hartgeld stehen

Der Autor listet hier im englischen Original von *The War on Gold* (Seal Beach, Kalifornien: 1977) mehrere Organisationen auf, die sich der Aufklärung zum Thema »hartes Geld« widmen und Bücher, Broschüren und Newsletter veröffentlichen, um über aktuelle Ereignisse zu berichten. Die meisten dieser Organisationen existieren nicht mehr und wurden hier entfernt.

National Committee for Monetary Reform
(ehemals *National Committee to Legalize Gold*)
James U. Blanchard III gründete das »Nationalkomitee zur Legalisierung des Goldes« und veröffentlichte seit 1971 den »Gold Newsletter«, der 1993 von Brien Lundin übernommen wurde, CEO von Jefferson Financial, und immer noch erscheint: *www.goldnewsletter.com*.

American Institute for Economic Research (AIER)
Das Institut von Colonel Harwood. Seit vielen Jahrzehnten auf Forschung und Publizistik im Bereich Hartgeld spezialisiert. Jeder Leser, der Zweifel an der Genauigkeit der Regierungsprognosen und der akademischen Forschung hat, wird sich über den AIER-Bericht »Useless Economic Forecasting« (dt.: »Nutzlose Wirtschaftsprognosen«) vom 22. März 1976 freuen.

PO Box 1000, Great Barrington, MA 01230-1000, USA
Tel.: 888-528-1216 (Toll-Free) Fax: 413-528-0103
E-Mail: info@aier.org
www.aier.org

Marktbeobachter und Newsletter

World Gold Council: *www.gold.org*

The Bank Credit Analyst Research: *www.bcaresearch.com*

Institute of International Monetary Research: *mv-pt.org*

Ausgewählte Bibliografie

Allen, Gary: *None Dare Call It Conspiracy*. Seal Beach, California: Concord Press, 1972.

American Institute for Economic Research: *Is There an Upper Limit to the Price of Gold?* Dezember 1973.

The »New« International Monetary System. Part IV IMF Agreements, Massachusetts, 2. Februar 1976.

Economic Research Economic Education Bulletin, Volume XII, Number 12, *Paper Gold*. Hrsg. Ernest Welker, Massachusetts, Dezember 1972.

Aron, J.: *Annual Review and Outlook*. New York: Aron and Company, lnc., Januar 1976.

Gold Statistics and Analysis. Oktober 1975. New York: Aron and Company, lnc., 1975.

Bailey, Norman A.: *Brazil as a Monetary Model*. Monetary Tract, Number 10, Connecticut: Committee for Monetary Research and Education, Inc., Juni 1975.

Bakewell, Paul Jr.: *Inflation in the United States*. Idaho: The Caxton Printers, Ltd., 1962.

Berger, Rene: *The Failure of International Monetary Cooperation*. Monetary Tract, Number 1, Connecticut: Committee for Monetary Research and Education, Inc., November 1973.

Boarman, Patrick M.: *Floating Exchange Rates and World-Wide Inflation*. Monetary Tract, Number 13, Connecticut: Committee for Monetary Research and Education, Inc., Februar 1976.

Brahmananda, P. R.: *The Gold-Money Rift*. Bombay: Popular Prakashan, ohne Datum.

Bresciani-Turroni, Costantino: *The Economics of Inflation*. New York: Kelly, 1968.

Brown, Robert S.: *Monetary Mismanagement and the Role of Gold.* Monetary Tract, Number 14, Connecticut: Committee for Monetary Research and Education, Inc., April 1976.

Burns, A. R.: *Money and Monetary Policy in Early Times.* London: Kegan Paul, Trench, Trübner und Co., Ltd., 1927.

Busschau, W. J.: *Gold and International Liquidity: The Flow of Credit in Relation to Gold in the International Monetary System.* Johannesburg, Südafrika: The South African Institute of International Affairs, 1961.

Cannan, Edwin: *The Paper Pound of 1797–1821.* London: P. S. King and Son, Ltd., 1919.

Carroll, Charles Holt: *Organization of Debt into Currency and Other Papers.* New Jersey: D. Van Nostrand Company, Inc., 1964.

Cobbett, William: *Paper Against Gold.* London: William Cobbett, 1828.

Consolidated Gold Fields Limited:

The Chairman's Review for 1975. London: 1975.

Gold 1975. London: Juni 1975.

Del Mar, Alexander: *The History of Money in America.* Reprint, Hawthorne: Omni, 1966.

Dines, James: *The Invisible Crash.* New York: Random House, 1975.

Federal Reserve System: *The Federal Reserve System: Purposes and Functions.* Washington, D. C.: Federal Reserve System.

Fisher, Irving: *100 % Money.* New York: Adelphi Company, 1935.

Forbes, William: *Memoirs of a Banking House.* Edinburgh, Schottland: privat, 1859.

Friedman, Milton; Schwartz, Anna Jacobson: *A Monetary History of the United States, 1867–1960.* Princeton: Princeton University Press, 1963.

Gire, David E.: *Social Security: You Pay More – But Will You Get More?* Monetary Tract, Number 12. Connecticut: Committee for Monetary Research and Education, Inc., Januar 1976.

Gold in South Africa. South Africa: Chamber of Mines of South Africa, ohne Datum.

Gouge, William M.: *A Short History of Paper Money and Banking in the United States.* New York: Augustus M. Kelley Publishers, 1968.

Greaves, Percy L., Jr.: *Understanding the Dollar Crisis.* Boston: Western Islands, 1973.

Green, Timothy: *The World of Gold Today.* New York: Walker and Company, 1973.

Hazlitt, Henry: *The Failure of the New Economics.* New York: Arlington House, 1959.

Hillendahl, Wesley H.: *Big Government's Destruction of the American Economy.* Monetary Tract, Number 4. Connecticut: Committee for Monetary Research and Education, Inc., Juli 1964.

Holloway, John E.: *Inflation and Un-Earned Money*, Monetary Tract, Number 9. Connecticut: Committee for Monetary Research and Education, Inc., April 1975.

International Monetary Fund: *International Financial Statistics.* Volume XXVIII, Number 12. Washington: 1975.

International Monetary Reform, Documents of the Committee of Twenty. Washington, D. C.: 1974.

Proposed Second Amendment to the Articles of Agreement of the International Monetary Fund. A Report by the Executive Directors to the Board of Governors. Washington: International Monetary Fund, März 1976.

Selected Decisions of the International Monetary Fund and Selected Documents, Seventh Issue. Washington, D. C.: 1. Januar 1975.

Summary Proceedings Annual Meeting 1974. Washington, D. C.: 30. September – 4. Oktober 1974.

Investors' Press: *The Gold Boom of the 70s*, Commentary and Forecasts on Gold and Gold Shares 1969–1974. New Jersey: 1974.

Kemmerer, Donald L.: *The Gold Standard and Economic Growth*, Monetary Tract, Number 6. Connecticut: Committee for Monetary Research and Education, lnc., Oktober 1974.

Kemp, Arthur: *The Legal Qualities of Money*. New York: Pageant Press, 1956.

Kenan, H. S.: *The Federal Reserve Bank*. Los Angeles: Noontide Press, 1966.

Keynes, John Maynard: *The General Theory of Employment Interest and Money*. New York: Harcourt, Brace and Company, ohne Datum.

A Treatise on Money, Volume I, The Pure Theory of Money. London: Macmillan & Company, Ltd., 1958.

A Treatise on Money, Volume II, The Applied Theory of Money. London: Macmillan & Company, Ltd., 1960.

Kriz, Miroslav: *Washington and the Future of Gold*, Monetary Tract, Number 3. Connecticut: Committee for Monetary Research and Education, lnc., Mai 1974.

Laursen, Karsten; Pedersen, Jørgen: *The German Inflation, 1918–1923*. Amsterdam: North Holland Publishing Company, 1964.

Leiss, Amelia C.:.: *Apartheid and United Nations Collective Measures*. New York: Carnegie Endowment for International Peace, 1965.

Littlepage, John D.: *In Search of Soviet Gold*. London: George G. Harrap, 1939.

Marker, Richard A.: *The IMF – Engine of Inflation, The Future of Currencies and Gold and How You Can Survive and Profit.* California: Forecaster Publishing Company, 1975.

McLaughlin, Donald H.: *The Triumph of Gold*, Monetary Tract, Number 2. Connecticut: Committee for Monetary Research and Education, lnc., Februar 1974.

von Mises, Ludwig: *Human Action – A Treatise on Economics*. London: William Hodge and Company, Ltd., 1949.

The Theory of Money and Credit. New York: The Foundation for Economic Education, Inc., 1971.

Mullins, Eustace: *The Federal Reserve Conspiracy*. New Jersey: Christian Educational Association, 1954.

Nugent, Walter T. K.: *Money and American Society 1865–1880*. New York: The Free Press, 1968.

Oudard, Georges: *The Amazing Life of John Law*. New York: Payson & Clarke, 1928.

Palyi, Melchior: *The Twilight of Gold, 1914–1936*. Chicago: Henry Regnery Company, 1972.

Paris, Alexander P.: *The Coming Credit Collapse*. New York: Arlington House Publishers, 1974.

Pick, Franz: *1975 Pick's Currency Yearbook*. New York: 21 West Street, 10006, 1975.

Rees-Mogg, William: *The Reigning Error*. London: Hamilton Publishers, 1974.

Rickenbacker, William F.: *Death of the Dollar*. New York: Dell Publishing Company, Inc., 1968.

Ridgeway, William: *The Origin of Coin and Weight Standards*. Cambridge, 1892.

Ringer, Fritz K.: *The German Inflation of 1923*. London/New York: Oxford University Press, 1969.

Robbins, John W.: *The Case Against lndexation*, Monetary Tract, Number 16. Connecticut: Committee for Monetary Research and Education, Inc., Juli 1976.

Royal Institute of International Affairs. *The International Gold Problem*. **London:** Oxford Press, 1931.

Rueff, Jacques: *Balance of Payments.* New York: The Macmillan Company, 1967.

The Monetary Sin of the West. New York: The Macmillan Company, 1972.

The Worldwide Inflation and lts Causes, Monetary Tract, Number 8. Connecticut: Committee for Monetary Research and Education, Inc., März 1975.

Salter, F. R.: *Sir Thomas Gresham 1518–1579.* London: Leonard Parsona and Boston: Small, Maynard and Company, ohne Datum.

Schloss, Henry H.: *The Bank for International Settlements.* Amsterdam: North-Holland Publishing Company, 1958.

Sennholz, Hans F.: *Gold is Money,* Contributions in Economic History, Number 12. Westport, Connecticut: Greenwood Press, 1975.

Smith, Adam: *Supermoney.* New York: Popular Library, 1975.

Snyder, Leslie: *Gold and Black Gold.* New York: Exposition Press, 1974.

Spahr, Walter E.: *Our lrredeemable Currency System,* Monetary Tract, Number 15. Connecticut: Committee for Monetary Research and Education, Inc., Juni 1976.

Sumner, William Graham: *The Financier and the Finances of the American Revolution.* New York: Dodd, Mead, 1892.

Sutton, Antony C.: *National Suicide: Military Aid to the Soviet Union.* New York: Arlington House, 1973.

Wall Street and the Bolshevik Revolution. New York: Arlington House, 1974.

Thornton, Henry: *An Enquiry lnto the Nature and Effects of the Paper Credit of Great Britain, 1802.* New York: Farrar & Rinehart, Inc., 1939.

Triffin, Robert: *Europe and the Money Muddle.* New Haven: Yale University Press, 1957.

Gold and the Dollar Crisis, The Future of Convertibility. New Haven: Yale University Press, 1960.

Unger, Irwin: *The Greenback Era*. New Jersey: Princeton University Press, 1964.

U.S. House: *Implementation of the U.S. Arms Embargo*. Hearing before the Subcommittee on Africa of the Committee on Foreign Affairs. Washington: 1973.

Report of the Subcommittee on International Trade, Investment and Monetary Policy of the Committee on Banking, Currency and Housing. *Exchange Rate Policy and International Monetary Reform*. 94th Congress, First Session. Washington: August 1975.

Hearings before the Subcommittee on International Trade, Investment and Monetary Policy of the Committee on Banking, Currency and Housing. *International Monetary Reform and Exchange Rate Management*. 94th Congress, First Session. Washington: 17./18./21. Juli 1975.

Report of the Subcommittee on International Economics of the Joint Economic Committee, *The Proposed IMF Agreement on Gold*. Washington: 1975.

Vissering, W.: *On Chinese Currency, Coin and Paper Money*. Taipei: Ch'eng-wen Publishing Company, 1968.

Webster, Pelatiah: *Not Worth A Continental*. New York: The Foundation for Economic Education, 1950.

White, Andrew Dickson: *Fiat Money Inflation in France*. Toronto: Canada, privat, 1914.

Wiegand, G. C. (Hrsg.): *Inflation and Monetary Crisis*, A Symposium of the Committee for Monetary Research and Education. Washington, D. C.: Public Affairs Press, 1975.

Toward a New World Monetary System, Proceedings at First Arden House International Monetary Conference. New York: McGraw-Hill, ohne Datum.

Wormser, Rene A.; Kemmerer, Donald L.: *Restoring »Gold Clauses« in Contracts*, Monetary Tract, Number 7. Connecticut: Committee for Monetary Research and Education, Inc., Januar 1975.

Endnoten

Hauptteil

1 *San Francisco Chronicle*, 27. September 1973.
2 *Business Week*, 19. Mai 1973.
3 William Ridgeway, *The Origin of Metallic Currency and Weight Standards* (Cambridge: 1892), Seite 132.
4 A. R. Burns, *Money and Monetary Policy in Early Times* (London: Kegan Paul, Trench, Trübner & Co., 1927), Seite 181–183.
5 Dieser Abschnitt bezieht sich in erster Linie auf die Arbeit des chinesischen Wissenschaftlers Ma Twan-Lin, »Abhandlung über Währungen«, nach einer Zusammenfassung von W. Vissering, *On Chinese Currency: Coin and Paper Money* (Leiden: E. J. Brill 1877); nachgedruckt 1968 von der Ch'eng-wen Publishing Company, Taiwan.
6 Erste reguläre Ausgabe. 1574 wurde ein Notgeld ausgegeben, als Leyden unter spanischer Belagerung stand. Der Leydentaler war eine runde Pappmünze, aus den Deckeln von Kirchenbüchern gemacht.
7 Zitiert aus Henry Yules Ausgabe von *The Travels of Marco Polo,* abgedruckt bei W. Vissering, ebd., Seite 26–28.
8 W. Vissering, *On Chinese Currency: Coin and Paper Money* (Leiden: E. J. Brill 1877), Seite 172.
9 Ebd., Seite 174.
10 Ebd.
11 Ebd., Seite 15.
12 Oder die in Fort Knox vermutet werden. Es ranken sich Gerüchte um die Existenz der US-Goldreserven, die seit Jahrzehnten nicht mehr inventarisiert wurden. Mehr zum Feingehalt der Goldreserven ab Seite 127.
13 A. R. Burns, *Money and Monetary Policy in Early Times*, Seite 464.

14 Andrew Dickson White, *Fiat Money Inflation in France* (Toronto: Eigenverlag, 1914), Seite 36.

15 Ebd., Seite 41.

16 Ebd., Seite 43.

17 Ebd., Seite 121.

18 Ebd., Seite 79.

19 Ebd., Seite 92.

20 William Forbes, *Memoirs of a Banking House* (Edinburgh: privat veröffentlicht, 1859).

21 Edwin Cannan, *The Paper Pound* (London: P. S. King & Sohn, 1919), Seite XXii. Dieses Buch enthält einen Nachdruck des Goldausschussberichts.

22 Der Bankier und Wirtschaftswissenschaftler Henry Thornton (1760–1815) war ein bedeutender, jedoch heute in Vergessenheit geratener Geldtheoretiker, dessen Hauptwerk *An Enquiry into the Nature and Effects of the Paper Credit of Great Britain (1802)* mit einem Vorwort von F. A. von Hayek neu verlegt wurde (New York: Farrar & Rinehart, 1939), (dt.: *Der Papier-Credit von Großbritannien. Nach seiner Natur und seinen Wirkungen untersucht* (Halle: Ruff, 1803). Thornton ist eher als religiöser Schriftsteller und prominentes Mitglied der evangelistischen Clapham-Sekte bekannt. In *An Enquiry* stellt Thornton eine methodische und rigorose Untersuchung der Auswirkungen einer Währungserhöhung an; es ist eine Analyse, die mit Gewinn in den 1970er-Jahren im US-Finanzministerium hätte gelesen werden können.

23 Bullion Report, Seite 36.

24 Ebd., Seite 66.

25 William M. Gouge, *A Short History of Paper Money and Banking in the United States* (Philadelphia: T. W. Ustick, 1833). Gouge entwarf und verwaltete das US-Notenbanksystem, das bis zur Einrichtung des Federal Reserve System 1914 existierte.

Siehe Illustration 7, Teil II bei Gouge für eine Tabelle der Wertverhältnisse.

26 Ebd., Seite 9, Teil II.

27 Ebd., Seite 24.

28 William Graham Sumner, *The Financier and the Finances of the American Revolution* (New York: Dodd, Mead, 1892), Band 2, Seite 142.

29 Ebd.

30 William M. Gouge, *A Short History of Paper Money and Banking in the United States* (Philadelphia: T. W. Ustick, 1833), Teil II, Seite 27.

31 Ebd., Teil II, Seite 28.

32 Ebd., Teil II, Seite 29.

33 Alexander Del Mar, *The History of Money in America* (Hawthorne: Omni, 1966), Seite 114.

34 William M. Gouge, *A Short History of Paper Money and Banking in the United States* (Philadelphia: T. W. Ustick, 1833), Seite 31.

35 Ebd., Teil II, Seite 230.

36 Mehr zu heutigen rechtlichen Anfechtungen siehe Seite 101–105 dieses Buches.

37 William M. Gouge, *A Short History of Paper Money and Banking in the United States* (Philadelphia: T. W. Ustick, 1833), Teil II, Seite 228.

38 Ebd., Seite 10.

39 Nach Franz Pick, *1975 Pick's Currency Yearbook* (New York: 21 West Street, 10006, 1975).

40 Irwin Unger, *The Greenback Era* (New Jersey: Princeton, 1964).

41 Zitiert nach Walter T. K. Nugent, *Money and American Society 1865–1880* (New York: The Free Press, 1968).

42 Der Vorstand des Federal Reserve System: *The Federal Reserve System: Purposes and Functions* (Washington, D. C.: Federal Reserve System, 1947, 2. Auflage).

43 Ebd., Seite 104.
44 1975 zogen beispielsweise die arabischen Staaten ihr Gold aus New York ab.
45 Ebd., Seite 106.
46 *Business Week*, 19. Mai 1973.
47 Zur Frage des Goldpreises siehe American Institute for Economic Research: *Is There an Upper Limit to the Price of Gold?*, Dezember 1973. Der Bericht kommt zu dem Schluss, dass das Gold, basierend auf den historischen Kursen zu Eisenerz und Kupfer von 1850 bis 1934, bei 245–345 Dollar pro Unze liegen sollte.
48 Georges Oudard, *The Amazing Life of John Law* (New York: Payson & Clarke, 1928), Seite 203.
49 Ebd., Seite 255.
50 Ebd., Seite 254.
51 Siehe *Foreign Affairs*, April 1974: »The Hard Road to World Order«.
52 Dem Leser, der sich eingehender mit dem Verhältnis zwischen Staat und Fiatgeld beschäftigen will, sei die Lektüre Ludwig von Mises ans Herz gelegt, vor allem *Nationalökonomie, Theorie des Handelns und Wirtschaftens* (Genf: Wirtschaft und Finanzen, 1940) und *Theorie des Geldes und der Umlaufsmittel* (Berlin: Duncker & Humblot, 1924).
53 John D. Littlepage, *In Search of Soviet Gold* (London: George G. Harrap, 1939), Seite 37–39.
54 Aus einer Rede in Lausanne, in: *Gold Newsletter* (Band IV, Nr. 120, Dezember 1975).
55 Den Begriff »Inflation« verwendet man heute hauptsächlich für »Preisanstieg«. Ursprünglich ist damit aber ein Anstieg der Geldmenge gemeint. Dabei muss man verstehen, dass jedem Preisanstieg heute ein Anstieg der Geldmenge vorausgeht. Auch ein Anstieg der Goldmenge führt zu einem Preisanstieg.

Da ihre Motive in erster Linie politisch sind, müssen heutige Geldmanager die Geldmengentheorie ignorieren und obige Unterscheidung verwischen, denn die den Preisanstiegen zugrunde liegende Geldmenge zu reduzieren, würde ihre politischen Projekte unmöglich machen.

56 Siehe beispielsweise Merrill Lynch, Pierce, Fenner & Smith, Inc., *Gold – A Special Study* (New York: 1973), Seite 1: »Die Rückkehr Großbritanniens zum Goldstandard zu überteuerten Kursen führte ins Desaster.« Diese Verwechslung eines traditionellen Goldstandards mit einem Goldumtauschstandard zeugt von einem fehlenden Verständnis des Problems Gold versus Schulden.

57 Royal Institute of International Affairs, *The International Gold Problem* (London: Oxford Press, 1931).

58 Ebd., Seite 86.

59 Siehe Costantino Bresciani-Turroni, *The Economics of Inflation* (New York: Kelley, 1968) und Fritz K. Ringer, *The German Inflation of 1923* (New York: Oxford, 1969).

60 U.S. News & World Report, 24. Dezember 1973.

61 *American Opinion*, März 1967.

62 *Coin World*, 19. November 1975.

63 *Business Week*, 27. Oktober 1975, Seite 40.

64 Timothy Green, *The World of Gold Today* (New York: Walker and Company, 1973).

65 *Reuters*, 28. Februar 1974; zitiert nach: James Dines, *The Invisible Crash* (New York: Random House, 1975), Seite 341.

66 Alternativ könnte man in verzinste Wertpapiere investieren und vom Zinseszins-Effekt profitieren. Der mögliche Kollaps der Schuldenpyramide (siehe Kapitel 8) lässt diese Strategie jedoch zweifelhaft erscheinen.

67 Dies ist keine Empfehlung dieses Verfahrens, sondern ein Kommentar zur Politik des US-Finanzministeriums. Das Thema sollte vermutlich näher beleuchtet werden.

68 Für eine rasche Übersicht siehe: Gary Allen, *None Dare Call It Conspiracy* (Seal Beach: Concord Press, 1971). Zwei weitere kurze, aber lohnenswerte Untersuchungen sind: Eustace Mullins, *The Federal Reserve Conspiracy* (New Jersey: Christian Educational Association, 1954) und H. S. Kenan, *The Federal Reserve Bank* (Los Angeles: Noontide Press, 1966).
69 Siehe Federal Reserve System, *The Federal Reserve System: Purposes and Functions* (Washington D. C.: 1954).
70 William Cobbett, *Paper Against Gold* (London: W. M. Cobbett, 1828).
71 *Strictures on Tender Acts*, reprinted as *Not Worth A Continental* (Irvington on Hudson: The Foundation for Economic Education, Inc., 1950), Seite 12.
72 »Gold: The International Means of Payment«, in: G. C. Wiegand (Hrsg.), *Inflation and Monetary Crisis* (Washington, D. C.: Public Affairs Press, 1975), Seite 143.
73 Milton Friedman und Anna Schwartz, *A Monetary History of the United States, 1867–1960* (Princeton: Princeton University Press, 1963), Seite 696.
74 Ebd.
75 *Coin World*, 30. Mai 1973.
76 Arthur Kemp, *The Legal Qualities of Money* (New York: Pageant Press), Seite 11.
77 Diese wurden unter anderem in der Londoner *Times* und der *Fortune* in den USA nachgedruckt.
78 J. Rueff, *The Monetary Sin of the West* (New York: MacMillan, 1972), Seite 23.
79 Robert Triffin: *Europe and the Money Muddle* (New Haven: Yale University Press, 1957), Seite 297.
80 Ebd., Seite 298.
81 Siehe Kapitel 4, Seite 83.
82 Ebd., Seite 299.

83 J. Rueff, Seite 117.
84 J. M. Keynes, *A Treatise on Money* (London: MacMillan & Co., Ltd., 1960) Band II, S. 293.
85 Ebd., Seite 229.
86 *Barron's*, 27. Mai 1968.
87 Siehe Anhang A.
88 Aristophanes, *Die Frösche*, zitiert nach A. R. Burns, *Money and Monetary Policy in Early Times* (London: Kegan Paul, Trench, Trübner & Co., 1927), Seite 467.
89 Ludwig von Mises, *Human Action - A Treatise on Economics*, (London: William Hodge and Company, Ltd., 1949), Seite 447.
90 Zitiert nach F. R. Salter, *Sir Thomas Gresham (1518–1579)*, (London: Leonard Parsons, ohne Datum), Seite 37.
91 William Cobbett, *Paper Against Gold* (London: W. M. Cobbett, 1828), Seite 4.
92 Joel D. Rettew, »Gresham's Law Explains Shortage of U.S. Half Eagles of 1814–1834«, *Coin World*, 14. Januar 1976.
93 Siehe Bibliografie, Seite 258, Liste der AIER-Veröffentlichungen.
94 Mehr dazu in: »Who is guarding the interests of investors?«, American Institute Counselors, Inc., 11. Oktober 1974.
95 Mehr dazu in: »Malefactor or Martyr – In the Harwood Affair, more questions than answers«, *Barron's*, 23. Februar 1976.
96 Der Autor versuchte bereits vor der Klageerhebung des SEC gegen Harwood, die Klageschrift und Kopien sämtlicher Kundenbeschwerden nach dem Informationsfreiheitsgesetz einzusehen. Beim ersten Versuch erhielt er nur Harwoods Antwortschreiben; die Kundenbeschwerden wurden nicht einmal erwähnt. Nach einem zweiten Antrag (mit Kopie an die Abgeordnete Bella Abzug) erhielt der Autor die Kopie eines einzigen Kundenbriefes vom 22. Februar 1976, also nach der Klageerhebung durch die SEC. Darin beklagte sich der Kunde über die SEC, nicht über Oberst Harwood!

97 Das Original ist nicht von Exter, sondern erschien in einer Rohversion bei Irving Fisher, *100 % Money* (New York: The Adelphi Company, 1935), Seite 50.

98 Percy L. Greaves, Jr.: *Understanding the Dollar Crisis* (Boston: Western Islands Publishers, 1973), Seite 198.

99 *Wall Street Journal*, 5. Januar 1976.

100 *New York Herald*, 23. Januar 1877.

101 *Forbes*, 1. September 1975, »Too ambitious?«.

102 Siehe auch »Bank failures and public policy« von R. Alton Gilbert in: *Review of the Federal Bank of St. Louis*, November 1975.

103 *Wall Street Journal*, 12. Januar 1976.

104 Zur selben Zeit versuchte Davids Bruder Nelson dem Kongress und der Presse einen 100 Milliarden Dollar schweren Energieplan zu verkaufen. Das Schuldendebakel des Bundesstaates New York kann man wohl auch Rockefeller zuschreiben, der offenbar nicht genug davon bekommen konnte, das Geld anderer Leute für Hirngespinste auszugeben.

105 *Wall Street Journal*, 23. Januar 1976.

106 *Wall Street Journal*, 22. Januar 1976.

107 »Adam Smith«, *Supermoney* (New York; Popular Library), Seite 155.

108 »Can the U.S. Economy Collapse?«, *World Oil*, Dezember 1975.

109 Wesley H. Hillendahl, *Big Government's Destruction of the American Economy* (Connecticut: Committee for Monetary Research and Education, Inc., Juli 1974), Monetary Tract, Nr. 4.

110 *London Economist*, 22. November 1975.

111 Eine der wenigen kritischen Stimmen war der Chefredakteur der *Times* (London), dem Organ des britischen Establishments. Siehe: Sir William Rees-Mogg, *The Reigning Error* (London: Hamilton Publishers, 1974).

112 Das Märchen wurde in mehreren Büchern und Artikeln lanciert und wird immer noch als Argument gegen den Goldstandard ins Feld geführt. Siehe beispielsweise: The Royal Institute of International Affairs, *The International Gold Problem* (London: Oxford University Press, 1931).

113 Siehe Anhang A.

114 Zitiert nach *Coin World*, 30. Mai 1973.

115 U.S. House of Representatives, *Exchange Rate Policy and International Monetary Reform*, Report of the Subcommittee on International Trade, Investment and Monetary Policy, (Washington, D. C.: 1975).

116 Siehe Anhang B.

117 *Evening Post* (Port Elizabeth, South Africa), 29. Oktober 1975.

118 *The Review of the News*, 19. Januar 1977.

119 US-Kongress, Presseerklärung des Joint Economic Committee, 18. Dezember 1975.

120 *Focus on Key Economic Issues: Gold* (University of Pretoria, November 1973).

121 Richard A. Marker: *The IMF – Engine of Inflation* (Tarzana, Kalifornien: Forecaster Publishing Co., 1975).

122 US-Abgeordnetenhaus, Bericht des Unterausschusses zum internationalen Handel: Exchange Rate Policy and International Monetary Reform (Washington, D. C.: 1975).

123 Ebd., Seite 137.

124 Für eine rechtliche Bewertung siehe Anhang A.

125 *U.S. News and World Report*, 14. Juli 1975.

126 Übersicht siehe Anhang C.

127 Zitiert nach *Financial Mail* (Johannesburg, Südafrika), 31. Oktober 1975, Seite 437.

128 *Argus* (Kapstadt, Südafrika), 30. Januar 1975.

129 Anhörung des Unterausschusses Afrika im Außenausschuss des US-Abgeordnetenhauses, *Implementation of the U.S. Arms Embargo* (Washington: 1973).

130 Siehe Antony C. Sutton, *National Suicide: Military Aid to the Soviet Union* (New York: Arlington House Publishers, 1973). Siehe auch ähnliche Werke in der Bibliografie.

131 Ebd., Seite 145–146.

132 Ebd., Seite 151.

133 *Associated Press*, 17. Mai 1976.

134 Amelia C. Leiss, *Apartheid and United Nations Collective Measures* (New York: Carnegie Endowment for International Peace, 1965).

135 Ebd., Seite 114.

136 Ebd., Seite 121.

137 »Kissinger's Cover operation«, *Utah Independent*, 4. März 1976.

138 Siehe Antony C. Sutton, *Wall Street and the Bolshevik Revolution* (New York: Arlington House, 1974), in dem der Autor Beweise für ein Komplott der Wall Street (Morgan und Rockefeller) vorlegt, um die provisorische konstitutionelle russische Regierung 1917 zu stürzen. Henry Kissinger ist ein Schützling der Rockefellers aus derselben Wall-Street-Blase, zu der auch Gulf Oil (Mellon) mit seinen Tantiemen an die Kommunisten in Angola und die Carnegie-Stiftung mit ihren militärischen Planspielen für eine Invasion von Südafrika gehören.

139 Siehe Anhang B.

140 Die Schuldenpyramide kann auf unterschiedliche Weise berechnet werden. Die Nationale Steuerzahlervereinigung schätzte 1977 die Schulden der Regierung auf 5 Billionen Dollar.

141 In Europa verlaufen die Wirtschaftszyklen anders als in den USA. Zum Beispiel ist im Vereinigten Königreich in den

letzten Jahren der sekundäre Bankensektor kollabiert, während in den USA die Banken erst auf der »Problemliste« stehen.

142 Zitiert nach Cobbett, Seite 141.

143 *Wall Street Journal*, 3. Juni 1976. Wenn sich solche Verträge einbürgern und Edelmetalle für Geschäfte auf Vorrat eingelagert werden, wird die Nachfrage nach Gold und Silber dramatisch steigen.

144 Siehe auch *Wall Street and the Bolshevik Revolution* dieses Autors, um mehr zur Wall-Street-Unterstützung für die Bolschewiken bei der Errichtung der ersten kommunistischen Diktatur zu erfahren. Eine heimliche US-Unterstützung für einen sowjetischen Angriff auf Südafrika würde sich mit der langfristigen US-Politik in der Praxis decken.

145 Ebd., Seite 151.

146 Der Autor hat mehr über den Techniktransfer an die UdSSR geschrieben als jeder andere Autor. Rein an der veröffentlichten Seitenzahl gemessen ist er fachkundiger als New York oder Washington zum Thema Bändigung der Sowjetunion durch Wirtschaftshilfe.

Anhang

1 *National Suicide* wurde ursprünglich 1973 veröffentlicht. Der Autor arbeitet derzeit an einer überarbeiteten und erweiterten Fassung, die 1978 unter dem Titel *Wall Street and Soviet Military Power* von '76 Press veröffentlicht werden soll.

Index